U0907658

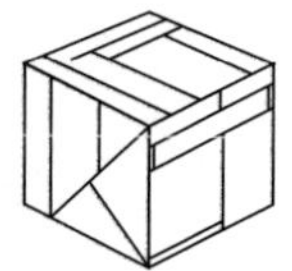

经济与改革

厉以宁文选 2011—2014

厉以宁 著

中国大百科全书出版社

图书在版编目（CIP）数据

经济与改革：厉以宁文选（2011—2014）/厉以宁著．—北京：中国大百科全书出版社，2019.1

ISBN 978-7-5202-0337-1

Ⅰ．①经… Ⅱ．①厉… Ⅲ．①中国经济—经济体制改革—文集 ②中国经济—经济发展—文集 Ⅳ．①F121-53 ②F124-53

中国版本图书馆 CIP 数据核字（2018）第 192859 号

策 划 人 郭银星
责任编辑 张 岚
封面设计 今亮后声 HOPESOUND pankouyugu@163.com
版式设计 程 然
责任印制 魏 婷
出版发行 中国大百科全书出版社
地 址 北京市阜成门北大街 17 号 邮政编码 100037
电 话 010-88390093
网 址 http://www.ecph.com.cn
印 刷 小森印刷（北京）有限公司
开 本 787 毫米 ×1092 毫米 1/16
印 张 34.5
字 数 355 千字
印 次 2019 年 1 月第 1 版 2019 年 1 月第 1 次印刷
书 号 ISBN 978-7-5202-0337-1
定 价 88.00 元

出版说明

厉以宁先生的《经济与改革》共6册。其中“文选”按年代分为《厉以宁文选（1980—1999）》《厉以宁文选（2008—2010）》《厉以宁文选（2011—2014）》《厉以宁文选（2015—2017）》4册，另有《西方经济学说读书笔记》2册，计1767千字。

厉以宁是中国经济非均衡理论创立者和中国最早提出股份制改革理论的学者，是中国经济年度人物终身成就奖、吴玉章人文社会科学终身成就奖获得者。2018年12月18日，纪念中国改革开放40周年大会在北京人民大会堂召开，厉以宁获得了中共中央、国务院授予的“改革先锋”称号。他在经济学研究领域成就卓著，著述丰厚，影响深远。数十年来，他发表了大量论文，刊载于各个时期不同的期刊、报纸上，如果不加以整理、辑录则系统性不易呈现，也难以为学界更好地使用。基于此，我们将厉以宁自中国改革开放以来所发表的主要论文及读书笔记等进行系统梳理、编辑，并在统一体例下辑录成册，向读者集中展示厉以宁多年的学术精华。所选文章基本保持原貌，在保留其大量学术成果的同时，也为研究厉以宁个人学术史提供了基础资料。

“文选”还收录了厉以宁尚未发表的分析新时代中国经济现状和展望前景的文章。《西方经济学说读书笔记》（上下册）是厉以宁20世纪80年代在北京大学讲授西方经济学理论和西方经济学史相关课程时，阅读西方经济学著作后所写的读书笔记，珍藏30余年，首次结集出版，弥足珍贵。

《经济与改革》篇目经典、学术价值重大，它的编辑与出版对于认识和研究中国经济政治改革开放的实践历程及学术理路、对中国今后的经济改革方向与发展道路等都具有重要的意义，将是一部为学界瞩目、令读者喜爱的大家之作。

2019年1月

《论信托》一书的序言 / 488

中国道路与混合所有制经济 / 492

从北京到延安，青春的梦想与回忆
——《北京知青与延安丛书》笔谈 / 517

经济低碳化的理论和实践 / 524

2011年

中国经济发展十问

一、资本大量进入资产市场怎么办?

金融危机后，中国经济首先回暖。但进入实体经济的资本并不多，大量的资本流入资产市场。这是每次金融危机后，都会呈现的一个普遍现象。尽管经济回升了，实体经济的盈利情况并不清晰明朗，投资者仍在迟疑观望。于是大量资金流入楼市、股市和其他资产进行炒作。到目前为止，这种现象还没有完全消失。因而，形成了泡沫。如不警惕，一旦泡沫再次破裂将有可能出现二次探底。因此，一年以来，不少经济学家呼吁要警惕二次探底。

解决问题的办法就是要让民营企业、民间资本有足够的信心进入到实体经济领域。《国务院关于鼓励和引导民间投资健康发展的若干意见》（国发【2010】13号，以下简称“非公经济新36条”）的公布实际上就为它创造了前提。长期以来民营经济担心受到不公平待遇，担忧投资前景没有保证。所以切实可行的措施就是要认真落实“非公经济新36条”，为民间资本进入实体经济领域创造制度保障，以此分流资本大量进入资产市场的问题。

二、怎样扩大内需？

扩大内需是重要的，因为我们不能再单纯依靠投资增长来拉动经济，更不能把希望寄托在出口贸易上。出口贸易也是重要的，但如果变成出口依赖型的经济增长就是不可持续的。投资需求只是中间需求，最终的需求还应是居民的消费需求。扩大内需的办法有很多，最要紧的还是要提高农民的收入。比如家电下乡和农机补贴，但都不解决根本问题。再如国家提高农产品的收购价格也是有用的，但提高的幅度仍不算大。国家还有其他的一些措施，都能够提高农民收入，但都不是主要的，最主要的是要给农民财产权。农民没有什么财产，自己辛苦盖了房子没有产权证，这应该引起重视。中共十七大一再提出要让农民有财产性收入，而现在农民没有什么财产。所以首先要给农民发房产证，有房产证了，整个内需扩大问题就解决了。

2010年6月5日，上海《文汇报》第一版登了上海市嘉定区的经验，把农民的房子拆掉以后盖了新村，每户农民分三套住房，面积都不大，60平方米一套，80平方米一套，110平方米一套，农民自己选两套住，一套出租，三年以后房子可以自由买卖。这是上海经验。在山东威海离城不远的农村里有一个社区，是由几个行政村合并而成的，叫“小城故事”社区，农民们盖了新村，每家人分两套房子，大概都是100平方米左右的，自己住一套，出租一套，农民有了房产证，就可以出租房子，他的收入就大幅度提高，内需就扩大了。农村的土地是集体所有，山东莱阳的农村是真正的农村，农民的住房同样发房产证。有了房产证农民就可以抵押了，抵押就有钱了，可以用于扩大再生产，内需也就扩大了。

三、就业问题如何得以缓解？

就业问题的主体人群是下岗工人、进城农民工、大学毕业生、残疾人、库区移民。要通过大力发展中小企业，特别要发展扶植微型企业来缓解就业压力。微型企业是包括业主本人在内，雇工人数加在一起不超过20个人的，创业投资的资本金10万元以下的企业。对微型企业要实施更为优惠的政策，包括：财政补助、减免税收、职工培训、银行贷款的政府担保、开业、登记注册简化手续、银行开户快办等。这样有利于形成创业高潮，带动就业。因此，中国要解决就业问题，就要靠发展民营经济，发展微型企业。假定有大量的微型企业，每个微型企业可以雇到20人的话，中国的就业问题就会缓解很多。

四、经济发展方式转变的要点是什么?

经济发展方式的转变主要靠产业升级，自主创新。重点要培育一批优质的民营企业，促进其走在创新前面。从深圳的经验来看，民营经济的自主创新是很有潜力的，要充分发挥他们的潜力，加强培育优质民营企业。同时，既要完善既有的资本市场，又要开发新的资本市场，从而形成完整的资本市场体系，包括主板、中小企业板、创业板、第三板（第三板是指未上市公司的产权的流通场所）。这有利于加快中国经济的快速转型。

五、怎样对待当前农产品价格上涨的趋势?

当前农产品价格上涨是所有人，特别是城镇中的工薪阶层所担忧的事情。

稳定农产品价格主要靠什么？主要靠增加供给，供给不足价格就势必会上涨。解决这个问题时，不应靠限价，限价并不能从根本上解决问题。因此，一方面应实行有差别的信贷政策，发展农业、扩大供给；另一方面应鼓励民间资本进入广大农村，民间资本进入后，情况就会大为改观。

六、如何应对人民币汇率的变动？

人民币大幅度升值是不可行的，因为我们的经济难以负荷人民币的大幅升值。但小幅升值是可以的。小幅升值实际上就是放宽浮动上下限，由市场在其中起作用，可能升也可能降，升升又降降，降降又升升。

对此，我国的国际贸易要相应地做两个调整。首先，根据国际贸易形势的变化调整出口的产品和出口的地区，使其更为多样化。其次，加快自主创新，进一步放宽领域，加大民间资本介入高端出口产业，认真贯彻“非公经济新36条”。带动自主创新的新高潮，进一步实现产业优化升级。

七、地方财政怎么来应对城镇化和城镇化进程中需要解决的民生问题？

目前，我们正在进行城镇化，城镇化进程中要循序渐进地解决民生问题，如教育、卫生、公共福利、社会保障和整个生活条件的改善等。解决问题的关键还在于民营资本的参与，先有序地进行一些试点，发行公共建设投资基金，吸引民营资本让其参与到第三产业和公用事业的建设中来。要让民营经济预期到将来的收益。假定是垄断的，只让政府部门和国有企业承担，城镇化进程将会遥遥无期。

八、怎样满足中等收入以下居民购买住房的基本生活需求?

中央政府反复出台了一系列限制房价增长过速的措施，提出了“限制投机性购房”的措施。这是必要的，但也是不够的，还应增加供给，增加更多的廉租房和平价房。廉租房和平价房是政府采取的积极有效的调控手段，应当值得肯定。但不应采取谁报价高谁就中标的方式，其结果只能使得地价越抬越高，房价日益高涨。

我认为，应该采取政府采购的方式，根据市民的购买力规定土地的价格、面积，房子的规格、质量。谁报价低，质量好，就让谁中标。

九、中国经济长期增长的动力是什么?

中国经济增长的主要动力在于充分调动广大群众的积极性。在中国可以酝酿群众的积极性，并充分地调动起来。1979年的农村承包责任制，调动了广大农民的积极性。乡镇企业的兴起调动了广大农村的积极性。股份制也调动了群众的积极性。所以中国经济增长的动力还在于公众的积极性。一定要吸取以前的经验教训，避免挫伤积极性，要激发群众的创业积极性，增强群众促进中国经济增长，以及提高自己生活质量的积极性。一旦积极性发挥出来了，中国巨大的增长潜力也就实现了。

十、在经济增长中怎么加快生态建设?

当前最要紧的是要加快生态建设，要继续推行集体林权制度改革，加快改革国有林场的产权制度。

集体林权制度改革后，农民开始自发植树造林。如湖南、江西、福建、云南这几个省，规定了70年承包期不变，上一代种树下一代收成。这既增加个人的生活收入，又满足市场的需求；既改善了环境又激发了地方林权制度改革。因而，要进一步把激励林权制度的改革经验通过试点，推广到国有林场，从而形成经济发展和生态建设并重的良好局面。

（原载《全球化》杂志2011年第1期）

关于中国企业文化的几个问题[①]

中国企业文化的哲学基础是什么？如何把握企业文化与“效率”“公平”等重要学术范畴的关系？企业文化建设和消费文明建设之间存有什么样的关联？企业在这方面可以发挥什么样的作用？如何服务于“和谐社会”等目标？如何融入“可持续发展”“低碳经济”和“生态文明”等更多的新理念？这类问题多年来一直发人深思、值得更多重视。本文拟就以下六个问题进行探讨：①认同和企业凝聚力；②效率和企业管理模式；③公平和企业内部矛盾的化解；④处理企业和政府之间关系的原则；⑤家族企业的继承问题；⑥企业文化的趋同与差异。

① 本文摘自厉以宁教授于2010年7月11日为王超逸研究员主编的《比较企业文化学原理》一书所写的序言。

一、“认同”与企业凝聚力

任何一个企业，不管是什么时代和什么国家的企业，也不管它是私人创办的、合伙建立的还是政府设置的，企业的投资者总希望这家企业自成立后能够兴旺发达，而不愿它会垮掉、倒闭、破产。如果企业职工和投资者缺乏凝聚力，人心涣散，那么资本再雄厚，技术再先进，也无法避免企业萎缩和被淘汰的命运。所以企业文化的核心总是把增强企业凝聚力放在首位。中国的企业如此，西方的企业如此，日本的企业同样如此。

我们可以把企业（不管是大企业还是中小企业，甚至是微型企业）看成是一个群体，职工每一个人是这个群体的一员。认同，就是这个群体的一员承认自己同群体是一致的，他把自己看成是本企业的一分子。认同的程度有高有低，认同程度的高或低反映了一个成员对群体关切程度的大或小。从一些案例可以了解到，一个企业在走向兴盛的时候，职工的向心力是高涨的，离心力相对说来不那么明显；而当一个企业走向衰弱时，向心力减弱了，离心力增大了，这反映了职工们对企业这个群体的认同程度发生了重大的变化。职工的向心力就是企业的凝聚力，它是因认同程度的加强而加强的。无论是什么样的企业都必定关心这个问题。

企业当然是希望职工同本企业同甘苦，共患难的。尤其是在企业遇到困难时更希望职工们能同心同德，共渡难关。企业文化在这种场合更能显示其重要性。人们常说要“同甘共苦”，其实，“同甘”与“共苦”并不是一回事：“同甘”靠制度，“共苦”靠精神，靠认同。也就是说，在企业兴旺时，企业如何分配盈利，使职工们“同甘”，这必须依靠规章制度，一切按规章制度办；而在企业陷入困境时，企业如何渡过难关，仅靠规章制度是不够的，职工要跳槽，企业能拦得住吗？规章制度这时不一定能保证企业闯过这一关。更重要的，这种情况下要靠职工的自觉，靠职工的认同感。只要职工从心里把企业当成自己的家，凝聚力就产生了并能发挥作用。这就是企业文化的力量。

由此看来，各国的企业文化的共性之一在于培育职工的认同感和增强企业的凝聚力。不同之处在于：主要依靠什么方法来做到这一点。比如在西方基督教社会中，企业可能倾向于从宗教信仰方面来加强文化建设；[①]在日本的某些时期，政府和企业曾经用“忠君爱国”的信念来增加企业的凝聚力。[②]

二、“效率”与企业管理模式

效率，从经济学考察，是指资源的有效配置和有效利用。资源的闲置、资源的无效配置、资源的不合理使用，等等，都是低效率或无效率的反映。

任何一个企业都会重视效率的变化，因为这关系到企业的

① 参见王超逸主编的《比较企业文化学原理》一书第九章“基督教文化与西方工业模式”。

② 参见王超逸主编的《比较企业文化学原理》一书第十章“日本文化的特质”。

现状和今后的命运。效率下降意味着企业竞争力的削弱。在市场的角逐中，竞争力下降的企业是注定没有前途的。即使是垄断企业，迟早也会被改组，被合并，甚至被淘汰。

效率显然同企业管理模式紧密地联系在一起。从《比较企业文化学原理》一书第十六、十七、十八章有关美国企业文化的形成和发展过程的阐述可以了解到，美国企业文化的发展与美国企业管理模式的演进几乎是平行的、并进的。而企业管理模式的演进又以提高企业效率为核心，以达到增强企业竞争力为目标。

经济学对效率的解释经历了三个阶段。第一阶段着重解释的是生产效率，即一定的投入会有多少产出，或一定的产出需要多少投入，投入产出之比反映了生产效率的变化。第二阶段着重解释的是资源配置效率，即在投入量不变的前提下，用A方式配置资源会有N产出，用B方式配置资源会有N+1产出，而用C方式配置资源则会有N-1效率。资源配置效率和生产效率是并存的，也是并重的。第三阶段出现了一种新的效率概念，即所谓x效率和x负效率。x效率和x负效率概念的产生同实证的效率分析有关。从投入产出之比看，从理论上推算，那么多投入本来应该有那么多的产出，但实际效果却并非如此；有时产出更多了，但大多数情况下则是实际产出少于理论推算的产出。为什么会多了一部分产出或少了一部分产出？x是未知数，于是多了一部分产出被解释为x效率的作用，而少了一部分产出被解释为x负效率的作用。

显然，三种效率都同企业管理模式有关。企业管理模式的不断改进，或者可以提高生产效率，或者可以提高资源配置效率，或者可以提高x效率或减少x负效率。同时，三种效率又同企业文化有关。生产效率的升降与职工的积极性联系在一起，资源配置效率的升降不仅关系到职工的积极性，而且在更大程度上关系到管理层的积极性，因为管理层主要从事资源配置工作。那么，为什么会形成x效率和x负效率，那就直接同企业管理模式和企业文化有关，x负效率的产生尤为明显。

根据经济学的解释，一个企业之所以会产生x负效率，主要有三个原因：第一，企业目标和职工个人目标不一致，从而使职工缺少积极性；第二，职工个人与个人不协调，矛盾重重，以致效率普遍低下，或彼此效率抵消；第三，职工个人的惰性作怪，发挥不了积极性。针对这三个原因，企业管理模式和企业文化建设应当：第一，使企业目标与职工个人目标尽可能一致；第二，通过各种活动和多方面的工作，使职工个人与个人之间减少隔阂，消除成见，使人际关系趋于协调；第三，通过奖惩规则的实施，特别是职工激励制度的完善，调动每一个职工的积极性。

可见，不同文化背景下的各国企业，可能会采取不同的方式来减少x负效率，x负效率的产生和对x负效率的重视却是共同遇到的问题。

三、“公平”与企业内部矛盾

不同时代、不同国家和在不同的本土文化传统的影响下，对公平的看法往往是有差异的，这种差异不可避免地在不同的企业文化中表现出来。

按照经济学的解释，公平首先意味着机会的均等，即在经济生活中，人们都站在同一条起跑线上，客观上不存在对一部分人的歧视，包括对不同宗教信仰的歧视、对不同种族的成员的歧视、对妇女的歧视，等等。假定这一认识被大家所接受，那么企业文化就应当表现出对机会均等的追寻和竭力使机会均等的原则得以实现。然而在各国工业化的过程中我们所能看到的事实则是：相当长的时间内，在一些国家的企业中，对不同种族成员、不同宗教信仰者的歧视是明显存在的，对妇女的歧视也同样存在；只是随着时间的推移，这些歧视才逐渐被淡化，或被法律所禁止，企业文化也相应地同现实保持一致。可见，在最初这些歧视存在的时候，企业文化并未肯定这些歧视是不合理的。时代进步了，企业文化也随之改变。

又如，按照经济学的解释，收入差距的存在并不一定意味分配的不公平。收入分配协调只不过把收入差距保持在职工们认为可以接受的范围内。但是，这一与公平有相当密切联系的收入分配协调的概念本身是模糊的。假定职工分为不同技术等级，那么谁也说明不了这一等级的职工与另一个等级的职工的工资差别多大可以被认定为“公平”。假定职工由于工龄不同而在工资上有差别，那么也没有人能说清楚工龄相差一年的工资收入差别多少才算是公平。既然收入分配协调概念是模糊的，所以“公平”的界定也只能模糊一些而无法量化。

从企业实际情况看，企业内部矛盾有不少是由公平问题引起的。机会是不是均等？收入差距是不是合理？这些都可能造成职工之间的隔阂、个人之间的不服气，以及对管理层的不满意。这种情形历来都存在于企业中。于是就产生了不同文化背景下的企业文化的共性，即企业文化的任务之一在于化解企业内部矛盾，主要是化解职工们对公平的认识不一致而引起的职工之间的隔阂和对管理层的不满。基于各国文化传统不一样，各国的企业会采取符合本土文化传统的化解企业内部矛盾的做法，但这并不否定企业文化的共性的存在，即任何时期企业文化都把化解企业内部矛盾（尤其是因职工们对公平的认识不一致而造成的企业内部矛盾）作为增强企业凝聚力的途径之一。

四、处理企业与政府间关系的原则

企业总是存在于一定的政府监管的环境之中。企业界流行过这样的观点："哪怕是最坏的政府，也比无政府好。"这是因为，如果没有政府，社会极有可能出现秩序混乱，企业不但不可能正常经营，甚至连企业投资人的生命财产安全都难以得以保证；相形之下，即使存在的政府是一个横征暴敛、贪污腐败的政府，企业处境非常艰难，但企业的经营仍能继续下去。当然，企业希望的是有一个好政府；如果只能在坏政府和无政府之间做出选择，根据"两害相衡取其轻"的原则，企业是绝不会选择无政府的。

由此看来，企业必须妥善处理自己同政府之间的关系。假定企业无权选择什么样的政府，即好政府还是坏政府都不是企业能够自己决定的，那么，企业就不得不采取自保的方式来维持自身的利益，适应现实，把自己的损失降到最低点，争取在尽可能维持自己生存的前提下，保全自己，再求发展。古往今来，任何一个国家的私人企业都必须学会“先生存，再发展”的处世之道。企业文化，从保护企业利益和职工利益的角度出发，也自然而然地会把妥善地处理企业和政府之间的关系作为企业生存之道、发展之道。这一点同样可以被看成是不同文化传统之下的企业文化的共性之一。

要知道，企业经营需要良好的法制环境。有了良好的法制环境，企业就懂得什么是可以做的，什么是不可以做的。与此同时，企业经营也需要良好的社会道德环境。有了良好的社会道德环境，企业就懂得什么是应该做的，什么是不应该做的。企业和政府之间关系的处理，离不开企业的自律。法律的约束通常被认为是硬约束；法律底线是否被突破，既关系到企业对法律的自觉遵守，也关系到企业对法律的强制遵守。在这里，自觉遵守和强制遵守是统一的。说到极点，“法律底线就是生死线”，企业的生死或兴亡全系于此。道德的约束通常被认为是软约束，因为道德规范主要靠企业的自觉遵守。然而不能忽略的是，企业同样不能突破道德底线。因此，“道德底线也是生死线”。不顾道德底线而为所欲为的企业，最终会被客户所抛弃，被职工所疏远，被社会所鄙视。

这就告诉人们，即使企业为了保全自己，为了求得“先生存，再发展”，但在处理自己和政府之间关系时，依然需要有法律的约束和道德的约束，而不能突破法律底线和道德底线。企业文化中必须始终贯彻守住法律底线和道德底线这一原则。这也是各国企业文化的共性。

五、家族企业的继承与家族企业现代化

私人企业在任何时期和任何国家都会遇到继承问题而无一例外。从这个意义上说：继承问题是每一个企业所无法回避的大事。不言而喻，继承问题同企业管理模式是分不开的。有什么样的企业管理模式就会有什么样的继承制度或什么样的选择接班人的制度。

私人企业在开始创立时一般都是家族企业或家庭企业。创业者大多数是强人、能人，他们依靠家族凝聚力，加上本人有组织能力和经营能力，家族企业诞生了，成长壮大了。于是家族企业转入第二代手中。第二代中的继承人可能从小是在企业创业阶段就参与了决策和经营管理活动，也积累了一些经验教训，加上本人也有一定的组织能力和经营能力，所以企业通常会继续成长。然而，到了第三代和第四代手中，情况就可能发生变化。首先，企业规模比创业大多了，要管理好这样一个大企业，对接班人的

要求比过去严格多了，后代家族成员不一定具有第一代或第二代那样的魄力、号召力和能力。其次，家族成员越来越多，难免会出现互不服气和竞相争夺企业最高权力的斗争，内部不协调和裂痕的产生看来是不可避免的。再次，后代家族成员生长从小就过着富裕的、娇生惯养的生活，他们未必能适应家族企业壮大后所面临的复杂局面，于是出现了家族企业的危机。

从古到今，家族企业由盛到衰的事件数不胜数。意大利经济学家帕累托在100年前提出的“精英分子循环理论”，或中国历史上多次被人们提及的“富不过三代”的例证，说明了企业始终停留在家族经营制框架内的局限性。企业文化在这方面的关切程度之所以一直很大，绝非偶然。

不同时期、不同国家、不同文化传统基础上的企业文化对企业继承问题的注意，无疑是企业文化建设的共性之一。选择接班人“唯贤”还是“唯亲”是家族企业的一件大事，几乎所有的企业文化研究者都倾向于“唯贤”，同时考虑到家族企业的特点，对血缘关系也不能不予注意，从而结合企业管理模式的演进，出现了“亲中选贤”“贤中选亲”或“委托代理制”等解决企业继承问题的可供选择的方案。而对家族的年轻成员则有一套让他们从小就接受良好的教育，从完成学业后就到本企业接受实习、锻炼、逐级实践等行之有效的做法。更重要的是企业应当建立一套科学的决策体制和监督、制衡体制。这样方能从旧式的家长主导制逐步过渡到符合现代企业制度的家族持股制或家族控股制。

不能否认家族企业转向家族持股制或家族控股制同“委托

代理制”并存的大趋势。但在具体的做法上，各国在不同的文化传统影响之下会有差异。但这既不否定企业文化建设的共性的存在，更不否定家族企业管理模式随时代而演进的必然性。

六、中外企业文化的趋同性与差异性

以上已经就中外企业文化的共性发表了我的几点看法。这里所涉及的一个可能引起争议的问题是：在中外企业文化中，是企业文化的差异更重要，还是企业文化的共性更重要？据我所知，许多企业文化研究者和企业文化工作者都认为二者同样重要。这大体上是同实际情况相吻合的。但如果再深入一步进行分析，能不能得出下述推断，即时代不同了，企业文化的差异和企业文化的共性不会总是停留在“同样重要”的位置上，企业文化的差异和企业文化的共性的相对重要性不会持久不变。我的看法是：企业文化的共性可能比企业文化的差异更重要，更受到人们的关注。

为什么我会有这样的看法？简要地说，出于以下三点考虑：

第一，随着经济国际化的进展，在今后一段时间可以明显地看到各国经济交往范围的扩大和经济交往的频繁，从而企业之间的相互联系日益增多。这势必会使不同文化传统影响下的企业文化的变化，即属于企业文化共性方面的内容，越来越受到重视，而属于本土文化的特点则会逐渐被淡化。也就是说，在经济的国际化的大背景下，企业文化的共性的相对重要性是会不断增大的。

第二，随着全世界对生态环境问题的越来越重视，对人们的生活质量问题的越来越强调，不同文化传统影响下的企业文化都会把节能减排，保护环境，走经济低碳化道路和实现经济社会的可持续发展作为企业文化的重要内容，从而生态文明建设也会相应地越来越受到企业界的重视。尽管不同文化传统影响下的各国企业文化今后仍会存在各种差异，但由于经济低碳化的趋势和实现经济社会可持续发展的压力是任何一个企业都无法抗拒的，否则企业迟早会被国际社会所抵制，被本国政府依据法律法规而取缔，或者因自身无法继续经营而关闭，所以任何一个企业迟早都会自觉或不自觉地向有成绩的经济低碳化企业学习。这是直接关系到今后企业生死存亡的头等大事。谁都扭转不了这一趋势。因此可以展望，企业文化必将适应这一趋势而发展，企业文化中的共性问题也会越来越凸显出来。

第三，随着科学技术的进步和市场竞争的不断激化，企业的管理模式今后也会适应科学技术进步和市场竞争激化的形势而发生变化。比如说，在新的形势下如何增加企业凝聚力，如何调动职工和管理层的积极性，如何化解企业内部矛盾和构建和谐的企业氛围，如何以双赢的方式来协调企业同政府之间的关系，如何以更妥善、更有效、也更符合现代企业特点的方式来处理家族企业的继承问题，等等，都会在企业文化发展中被突出，因为这些属于企业文化共性的问题的解决，对新形势下企业的兴衰是至关重要的。这不仅从另一个角度说明了企业文化的共性继续存在的原因，而且还说明了有关这些企业文化共性问题的研究会继续受到重视并被进一步充实的原因。

当然，企业文化共性的相对重要性的日益增大，并不否定不同企业文化在各自文化传统的影响下都会显示自身的特色。企业文化的共性和差异性的并存将是持久的。

（原载《北京大学学报（哲学社会科学版）》2011年1月）

中国将经受长期成本推进型通胀的考验

在西方国家，有关成本推进型通货膨胀的研究主要是20世纪70年代以后开始的，因为当时美国发生了滞胀，而滞胀的主要因素是成本推进型的通货膨胀。治理成本推进型的通货膨胀，凯恩斯的宏观政策是没用的，因为凯恩斯政策只对需求拉动型通货膨胀有作用。

一、中国首次遭遇成本推进型通货膨胀

中国经济当前遇到的新问题是成本推进型通货膨胀。我国计划经济时代也有通货膨胀，但那是属于隐蔽的通货膨胀，表面上物价没有涨，但有钱买不到东西。改革开放过程中，中国也出现了通货膨胀，主要是需求拉动型通货膨胀。针对需求拉动型通货膨胀，采取紧缩政策是有效的，但后来紧缩过了头，以至于20世

纪90年代后期的时候，又发生了通货紧缩的现象。

最近几年才开始出现成本推进型通货膨胀，尤其是从2010年开始变得尤为明显。造成成本推进型通货膨胀的原因有四个方面：一是原材料短缺引起价格上涨；二是农产品供不应求，引起整个成本上升；三是劳动力成本上升引起物价上涨；四是土地价格和房产价格上升推动生产、生活成本增加。

对成本推进型通货膨胀，紧缩性的宏观政策是没有多大作用的。宏观紧缩政策不能解决原材料的短缺，不能解决农产品价格上涨的问题，也不能把劳动力成本上升的问题消除掉，可能对房价、土地价格上涨有一定的抑制作用，但既然土地和房产价格已经上升了，相应成本还会继续推动总价格的上升。所以，这是我们当前需要注意的新问题。

二、中国劳动力成本上升出现的新变化

“十二五”规划要注意的重要问题是劳动力成本上升。改革开放以来，中国经济取得的成就得益于保持中国出口竞争优势的低廉劳动力。但是，现在工资成本呈现上升趋势。从国家政策来讲，最低工资标准是不断提高的，因为要增加劳动收入在国民收入中的比重。

从农村现在的情况来看，农民考虑的问题已经不单纯是城里工资比农村高就行。与20世纪80年代出来的农民工不同，那时出

来的农民工，只要是城里工资比农村的收入多，他就愿意出来打工，所以农民工的供给是源源不断的。现在情况已经不一样了，有三个方面值得注意：

1. 集体林权制度改革以后，农民成为林区的创业者。因为林区承包70年不变，山都划了界，包山到户，农民在承包的林里可以养鸡，可以种蘑菇，还可以种树。他把那些同村的或者附近的农民都吸引到山区，这样他本人是创业，而其他来工作的人是就近就业，他何必花那么多成本到城市打工呢。所以，农村劳动力是不够的，比如从湖南、江西到广东的打工人数就减少了。

2. 小城镇发展起来了，县城也发展起来了，这些地方也需要劳动力，农民工就不必坐火车外出打工了，与其长期两地分居，还不如就近打工。就近打工对他们来说，既方便，也容易照顾到家，而且收入也不低。

3. 沿海一带雇不到人，现在新疆也雇不到人了。以前新疆摘棉花都是从河南、陕西、甘肃、宁夏等地区招人过去的。今年摘棉劳动力短缺，这些地方的人都不去了。即便是加了工资，他们还要计算整个收益和成本。

劳动力成本上升不是坏事，从政策上讲，中国的经济规模这么大，工资标准是应该提高，因为廉价劳动力成本的时代已经结束了。但是问题在于劳动力成本上升是具有刚性的，一上去就下不来了，而且是在逐步提高。这种刚性如果累计起来看，不谈物价上涨以后工资应该上涨的因素，即使物价不变劳动力成本同样还会上升，因为劳动力供给越来越有限。因此，有的经济学家预言，“10年之后中国将缺少蓝领，中国城市将雇不到保姆”。这不是危言耸听，现在已经这样了。这会造成什么样的结果呢？很多企业已经机械化了。例如，新疆现在还有一部分人靠摘棉为生，如果长期找不到摘棉工的话，那就要采用美国的技术，用摘棉机，通过喷农药和化学药品，把棉花叶子全打掉，然后用机器来摘棉桃。另外，缺少保姆怎么办，现在北京市雇保姆已相当困难了。

三、中国劳动力成本上升带来的重要启示

当然，最近几年还不会产生这个问题，这既是一个新的挑战，也是新的机遇。对此，我们必须转变经济发展方式。为什么要加快转型呢？从三个方面来讲是需要这样做。

1. 对企业来讲，应该由此得到一种认识和启示，靠低廉劳动力成本参与出口的时代从此结束了。我们应该靠自主创新、产业升级、技术进步，使我们的产品打入国际市场。

2. 对广大农村劳动力来讲，他们也认识到了干粗工是没有前途的。工资始终是低下的，因此要加快自我技术提升和能力训练。目前，各地都把劳动力职业技术教育培训工作放在重要位置。我到广东调查了解到，凡是职业技术学院毕业的学生99%都就业了。人力资源结构非常重要，这对中国长远来说是一个重要的问题。举个例子，鸦片战争的时候，中国的人口是4亿人，英

国当时才1000多万人。可是人力资源结构不一样，中国的农民和妇女绝大多数是文盲，这还不算，中国的知识分子都是读四书五经的，整天忙着考科举，没有几个懂现代科学技术、经济管理和经营。而英国就不同，英国工业化已经开始半个多世纪了，在此期间，英国的义务教育、中学教育、大学教育、技工培训，不断培养出很多科学家、工程师，人力结构就不一样。对我们来说第二个启示是加快人力资源结构的调整，要做到工业强国，还要做到人力资源强国、人才强国。

3. 对中国来说，意味着在劳动力成本上涨的背景下，现代服务业将会有更好的发展机会。比如请不到保姆，加快了家庭服务的智能化。工人在减少，熟练技工增多了。整个现代服务业同样有发展，这些都给我们很多启示。

（原载《中国国际经济交流中心会员通讯》2011年第2期）

宏观调控下的中国当今经济

一、调结构的重要性

就全国而言，当前经济发展的转换重点，不是数量，而是结构。

说到这个问题，我们不妨从1840年中英鸦片战争谈起。在当时，中国国内生产总值（GDP）总量比英国大得多，但是GDP结构却比英国差很多。中国当时的GDP成分主要是由农产品构成，如粮食、大豆、棉花、茶叶等。中国的手工业产品不少，以棉布为主。而英国当时的GDP结构，则以钢铁、机器制造业为主。英国生产机器设备、火车、轮船，英国的棉布也是由机器制造的。可以说，虽然当时中国的GDP总量大，但英国的GDP结构则符合世界技术进步的潮流。

今天，中国的GDP总量是超过了日本，但中国的人均GDP比日本差很多，中国的人口比日本多10倍。更重要的是，中国的

GDP结构不如日本。日本高新技术产业所产生的产品，在GDP中所占的比重很高。

2010年，我应邀同日本经济学家进行会谈，在东京、大阪考察。从城市规模看，日本的城市规模在二十几年中没有很大变化，可是当你进入日本居民家庭中去，情况就不同了：家里设备全电脑控制，厨房智能化、卫生间智能化。

关于GDP结构的一个重要问题，是人力资源结构。1840年鸦片战争时，中国有4亿人口，但是中国当时的人力资源结构无法跟英国相比。那时，英国的工业革命已经完成了七八十年，英国的小学教育已经普及，中学教育大发展，新建很多大学，每年培养出大量的科学家、工程师、研究人员。此外，当时英国的技工很熟练，英国的经济、金融管理人才非常普遍。而那时中国的人力资源结构是什么情况呢？绝大部分农民是文盲，绝大部分妇女是文盲，读书人读的是四书五经。有几个人懂得近代科学技术？又有几个人懂得近代金融管理？所以，那时的中国，人力资源结构不可能合理。

那么，今天跟日本比呢？我们的人力资源结构同样不如日本。日本的熟练技工很多，我们的熟练技工很少；我们各方面的专业人才都很少。无论GDP的结构，还是人力资源结构，我们同日本都差很多。就全国而言，当前经济发展的转换重点，不是数量，而是结构。

二、关于通货膨胀

当前通货膨胀中最重要的，是成本推进型通货膨胀。我们国家第一次出现这种通货膨胀。

从理论上讲，通货膨胀分三种类型：需求拉动型、成本推进型、国际输入型。

由需求拉动型通货膨胀主要是说，需求扩大，导致投资过多，信贷跟着膨胀。生产资料的加速上升，带动了所有物价的上升。对待这种通货膨胀，经济学中的凯恩斯理论是可以应付的。凯恩斯理论的宏观调控，着重调理总需求。总需求扩大了，财政和信贷闸门一关，总需求就下去了。

但是20世纪70年代，美国出现了滞胀现象。什么叫滞胀呢？一方面经济停滞了，另一方面通货膨胀了。新问题出来以后，凯恩斯主义无法解释。滞、胀一起发生，刺激它也不是，压缩它也不是，该何去何从呢？这种新型的通货膨胀，叫作成本推进型通货膨胀。这种通货膨胀的发生，不在于需求扩大，而是成本在扩大。因此，出现了一个新的学派——供给学派。他们认为，这种通货膨胀，主要是供给不足所引起的。供给不足，导致成本上升。他们主张采取减税和增加供给的方式来应对。

国际输入型通货膨胀主要通过两个渠道：传统渠道和新的渠道。

什么是传统渠道呢？主要是通过商品流动的渠道。国际上石油涨价了，需要进口石油的国家受影响；国际上粮价上涨了，需要进口粮食的国家受影响。

20世纪70年代以后，新的渠道——资本的流动渠道起了更大作用。国际间交往增多，产生了大量游资。由于各国的经济发展情况不同，投资前景有差别，资本为了追求高利息率，就从这个地方流到那个地方。比如受金融危机影响，西方经济回暖慢，他们的利率比较低，而中国的利率相对比较高，热钱就会流入中国，导致中国的货币流量增多。

那么，我们当前的通货膨胀是什么类型呢？三种通货膨胀都有，是综合型的通货膨胀。前两年为应付国际金融风暴，4万亿投资下去了。这种情况是需求拉动型。国际输入型通货膨胀也有。石油涨价、有色金属涨价、粮食涨价……都会影响我国经济。另外，中国的利息率比国外高，中国的赢利前景大。所以从利润角度，热钱选择流入中国。

但是，当前通货膨胀中最重要的是成本推进型通货膨胀。我们国家第一次出现这种通货膨胀。在20世纪80至90年代，我国有过通货膨胀。当时的通货膨胀，是由于投资需求过大而引起的，所以我们关上财政和信贷闸门，很快就把通货膨胀治住了。甚至90年代后期，我们还出现紧缩过度。

而这次，我们以成本推进型通货膨胀为主。有四个原因：

1. 原材料、燃料价格上升，这是由于供给不足造成的。

2. 农产品成本上升，农产品价格上升，也与供给不足有关。原因很复杂，一是自然原因造成了短缺，比如2010年的气候条件不好；二是农产品进入市场，中间环节太长，中间环节层层加价；三是农产品中的部分农产品，有人为炒作的因素，比如绿豆、大蒜，等等；四是农业用地减少。比如，北京五环以内基本上没菜地了。北京的菜很多从山东运来，最远从海南运来。运费增加，农产品价格上升。

3. 用工成本上升。工资的上升是合理的。现在的农民工，被称为新生代的农民工。他们是“80后”“90后”，他们有以下几个特点：①学历比较高，2/3是高中毕业以上的，而以前出来的是初中生、小学生，甚至文盲；他们找工作不仅要看收入，还要看发展前途。②他们考虑外出打工的成本；问卷调查显示，不仅旅费，夫妻两地分居、孩子没人照顾，都被认为是成本；他们更愿意就近打工、开店、创业。③国家统计局数据显示，独生子女的比例上升。城郊农民特别挑工作，还出现了“啃老现象”。有经济学家预言，中国在10年之后，将没有人愿意做蓝领工人，家庭也将请不到保姆。

4. 土地价格和房价上升。有人说，这种上升不是需求拉动型通货膨胀的救星，但怎么又成了成本推进型通货膨胀的原因呢？道理很简单，举个例子，理发店的理发价格上涨，你问，怎么上涨这么多啊？他答，房价上涨，房租上涨，我不涨价，我拿什么交房租呢？房价是生活费的构成之一。房价上涨，生活费也就上涨。

经济学和自然科学不一样。比如周末，大家都希望天晴出去玩，大家都说天晴天晴天晴，天不一定晴。但是经济学不一样，大家都说，股票要上涨，股票真的上涨了；大家都说大米要上涨，大米真的供不应求了。消息通过手机，一传十，十传百，每家多买一袋，市场上大米就不够了。

所以，目前最重要的工作是稳定通货膨胀的预期。同时，在成本推进型通货膨胀中，国家一定要管好市场，打击囤积居奇的行为。另外，还要向西方国家学习市场管理经验。

西方国家怎么管理市场？他们规定了两种储备：重要的产品国家储备；大型超市的每一种商品必须有卖够多少天的商业储备。这样，一遇风吹草动，不用国家拨给，超市自己也能应付。目前，中国只有国家储备，没有商业储备，所以大超市经不起抢购。

再者，在成本推进型通货膨胀中，必须重视控制房价。因为房价是影响整个成本的，影响生活费的。

我2010年建议：不要去炒地。土地一招标，地价越抬越高，出现所谓“地王”。应该多建设社会保障性住房。居民一般购买的房屋，都应该采用政府采购的方式和招标方式。比如一块地准备盖保障性住房，地价先定好，然后公开招标，户型需要多少平方米，建筑质量怎么样，各方面指标规定好，谁报价最低找谁。中标者必须按照约定的技术规格做，如果到期完不成，或者质量不合格，要对其进行处罚、禁入，等等。

2011年，我的建议是针对北京市的限购令的。限购不如限售。购房是公民的权利。你不让我买房，你凭什么不让我买房？我第一套房才40平方米，那我孩子长大了，我不买房子怎么办？我们应该学新加坡的样子，如果你当年买房当年卖，按照上涨后的房价的16%抽税，第二年减到12%。

三、关于就业问题

中国的就业问题既是个结构性问题，也是个制度性问题。

经济周期变动和就业周期变动是不对称的。在经济学中，这叫奥肯定律。奥肯定律认为，经济开始滑坡时，就业并不跟着立刻滑坡。经济滑坡发生时，企业并不立刻裁人，它会存在拿到订单的侥幸。它要观望一段时间，实在没有订单，才开始裁人。所以就业滑坡滞后发生。经济开始回升时，就业并不会立刻复苏。企业为了不增加成本，会挖掘现有人力的潜力。把潜力挖掘完了，再招人。每次经济复苏阶段，都是技术进步的阶段。

但是单用奥肯定律来解释中国经济还不够。因为，中国就业有自己的特点。2008年11月，我在西欧讲学。那时中国的GDP为6%。外国经济学家提问：在西欧，每年保持GDP增长2%至3%，就不会发生大的失业问题。可是你们中国为什么要9%，甚至更高呢？你们现在的6%，在我们看来是多好的数字啊，可是你们怎么就惊慌起来了。

我说，西欧国家的工业化已经进行200多年了。在这200多年里，农村多余的劳动力都释放完了。现在西欧农民占全国人口的比重很低，他们有土地、家庭农场、农村住宅，社会保障覆盖全社会，城乡生活条件一样。西欧人口增长接近零。在这种情况下，2%～3%的经济增长率非常好。

而中国的就业问题既是个结构性问题，也是个制度性问题。中国有两种户口制度：城市户口和农村户口。农民进城不完全为了收入，还要与城市市民取得一样的权利和地位，所以农民不断地从农村出来。

中国要解决就业问题，主要靠什么？靠民营经济的发展。现在全国每年新增劳动力就业的75%都是民营经济解决的。国有企业的确也需要人，但解决不了那么多人的就业需求。国有企业的方向很清楚，向高精尖发展。

中国第三产业发展缓慢。世界发达国家，第三产业在GDP中的比重占70%以上，而中国只占40%多。农村根本不需要第三产业。现代的服务业跟城镇化密切相关。但是营业税率太高，阻碍了它们的发展。

再来看我们的劳动力的结构问题。在西方国家，熟练技工占劳动力的1/3，一般技工占1/3，简单劳动力（粗工）占1/3。而据现有数据，中国现在的熟练技工大约只有6%到7%。

就业问题的解决，我有两个建议。第一，为民营企业、中小企业（约1000万家）、个体工商户（约3000万家）减免税。只要税收降降，把政策放宽点，他们的日子就好过了。3000万的个体工商户，把自己的一个亲戚朋友招来工作，全国就解决了3000万个岗位；1000万家中小企业因此每家平均新增3至5个人，全国又是好几千万人就业。

第二，大力发展微型企业。微型企业的标准是什么？包括业主本人，工作人员不超过20人；创业者的资本，不超过10万元。对于微型企业，①政府提供减免税优惠；②为银行贷款提供担保；③政府出钱，提供免费培训；④简化注册、登记、银行开户的程序。这种形式最适合大学毕业生、下岗工人、农民工、退伍军人、残疾人、三峡库区移民等。这就在重庆掀起了创业热，重庆市从去年7至8月份开始实行到年底，新增微型企业1万多户。

四、关于扩大内需

首先，我们讲扩大内需的必要性。

经济增长有三种形式。第一，投资冲动型的经济增长。比如，中央有积极性，地方更有积极性，一致要求国家采取支持投资、扩大投资的政策。这样就进入了一个怪圈。投资起来了，通货膨胀紧随而来，然后紧缩，经济又衰退。地方政府受不了，再次呼吁中央的投资。如此循环。

第二，出口依赖性的经济增长。出口是重要的，但不能依赖。如果说把国民经济增长跟出口捆在一块的话，那就会产生一系列问题，会受制于人。我们现在的出口增长模式对我们没好处。好多名牌是贴牌生产，知识产权掌握在别人手里；大量出口高耗能产品，消耗的能源是中国人的能源，排的废水废渣都留在了中国。

我们一定要有第三种经济增长，既不是投资冲动，又不是出口依赖，而是一种良性循环式的经济增长。良性循环式的方式重在扩大民间的消费，用民间的消费来带动中国的整个经济，但现在还做不到。

假定现在不靠投资只搞民间消费的话，我们的增长不会超过5%，而且消费也不会被带动起来。现在是过渡发展时期，从投资冲动型，逐步过渡到投资与消费并重型，然后从投资与消费并重型，逐步过渡到扩大到以民间消费为主型。

在这个过程中，如何扩大民间的消费能力呢？第一，解决老百姓的后顾之忧。老百姓有后顾之忧，就不敢消费。

20世纪30年代初，西方发生一场重要的经济学争论。1929年，西方国家发生了经济大危机。于是经济学家讨论失业问题的解决之道。当时占主流的英国新古典学派认为，一个人的工作两个人做，一个人的饭两个人吃，所有的企业都别裁员，把工作分一下。

瑞典学派则提出：解决老百姓的后顾之忧，搞福利政策，教育免费，医疗免费，大建廉租房、低价房，失业保险，失业救济，养老保险等。老百姓的后顾之忧解决了，就敢于消费了。在消费扩大的过程中，经济就增长了。

两派正在争论，英国经济学家凯恩斯在1936年又提出，用政府财政赤字来举办公共工程，把人们吸引到工程队伍中去，就可以解决就业问题。

不久第二次世界大战爆发，各国转入战争轨道。战后很多年，西方经济学家总结30年代的争论，认为瑞典学派是对的，新古典学派是错的。一个人的工作两个人做，这是工厂内部可以解决的就业问题，但它解决不了全社会的就业问题。因为社会购买力没有扩大，就不能解决就业问题。而瑞典学派的观点，在解决了老百姓的后顾之忧之后，把全社会的资源都动员起来了，扩大了消费，有更多的人就业。凯恩斯的观点也是对的。通过国家公共工程，创造就业机会，这样也能够化解就业压力。

所以，战后西方国家把凯恩斯的主张和瑞典学派的主张结合起来，一方面采用宏观调控政策，一方面吸收福利国家的想法，就是说从摇篮到坟墓，我全给你包了。

在我国，加快社会保障制度也是必要的。社会保障制度的加快，是扩大内需最重要的保证。同时，要提高居民的收入。“十二五”规划提出，经济增长率不要太高，稳定在7%左右。居民收入和GDP增长率要实现同步，GDP增长率为7%，居民收入也要提高7%。假定增长率到8%了，居民收入也要增加8%，而不是说居民收入就定在7%。

最低工资标准也要提高。这不仅是为了激励，还要跟消费物价指数挂钩。因为消费物价指数表明，在中国更重要的是提高农民的收入。现在国家正在采取积极有效的措施，直接给农民补贴。农民买拖拉机给一定的补贴，提高粮食的收购价格等。

在这次政协经济委员会上，我提出，当前提高农民收入最重要的一点是给农民发产权证。城市土地国有制，居民在土地国有制的前提下，祖传的房子有产权证，居民新购买的房子也有房产证。而农村，土地集体所有制，祖传的房子没有产权证，宅基地上新盖的房子也没有产权证。没有产权证意味着不能抵押，不能转让，甚至出租也很困难。所以，农村应发房产证，承包地、宅基地使用权证。

1789年法国大革命时期，地主逃亡，1792年雅各宾派专政，贵族、地主的土地被没收，分配给无地的农民。拿破仑执政后，为了巩固自己的统治，用法律把土地制度固定下来了。波旁王朝复辟了，什么制度都倒退了，土地却没人敢动，因为涉及好几百万的农民，所以法国一直保持着小农所有制。

19世纪中叶，法国的工业化没有导致社会混乱。农民有房产证、土地证，可以进行抵押。法国专门成立了一个银行——不动产银行。抵押和质押是不一样的。抵押只要交证。房子你照住，土地你照耕，到期不能偿还的，通过法院处理，采用拍卖等形式。法国农民要进城了，房产证、土地证一抵押，到了城里可以租房子、买房子、开店，攒了钱再把贷款还清。

所以，我们要扩大内需，让农民带资进城。几年前，我们曾估算全国农民的房子价值大约18万亿，如果1/3的农民住房拿出来抵押，就有6万亿。中国扩大内需的路非常宽。

五、关于城乡一体化

中国要加强城乡一体化，就要加快城镇化的建设。1949年前后，中国的城镇化率是20%。到2009年时，城镇化程度是46%，这个增长率是非常慢的。经济学家希望每年提高一个百分点。2019年，我们的城镇化程度将达到56%；到2039年的时候，将达到76%。

城镇化率一个百分点的提升，意味着1000万人进城。这是中国面临的最好机遇。要盖更多的学校，要有水电暖的配套设施，要有公共交通、环保设施、环卫设施、垃圾回收、园林设施……中国将面临最大商机。

可是，钱从哪里来？土地财政已经走到尽头。不能再靠卖地来维持了，也没多少地可以卖了。政府要做政府该做的事情，比如说建廉租房我们可以吸收澳大利亚的经验，成立公用事业投资基金。金融机构、社会保障机构、机构投资者等参股，基金就建设起来了，然后发行城市建设债券，吸收大量民间资本。因利率比国债高，比银行存款更高，资金很快就到位了。他们再用市场化的方式运作这些资金，不断地扩大自己。公共事业投资基金是一条可供选择借鉴的道路。

中国长远发展的动力何在？调动民间的积极性。我们的城镇化建设，关键需要民间的积极性。民间的积极性调动起来了，资本就从民间聚集起来了。发展是有前途的。

六、关于企业文化建设

在经济学里面，最难解释的两个问题是：公平和效率。

什么是公平？公平有三种解释。第一种解释，平均分配是公平。经济学家解释，特定条件下平均分配是公平，一般条件下平均分配不是公平。比如某地发生洪水，灾民断粮。空投面包下来。一人一块，这叫公平。一个城市严重缺水，水定量分配，一人一天一桶。这叫公平。在生存权上，所有人一律平等。

第二种解释，机会均等是公平。就像运动场上的赛跑，大家都站在一条起跑线上。谁有多大本事，谁就跑多快。差别是竞赛的结果。这叫公平。但问题是，大家是否站在一条起跑线上。

第三种解释，收入的合理差距是公平的。所有的经济学家都承认，收入要有合理的差别。难就难在“合理”两字怎么解释。你能解释吗？没法解释。

三种解释都是对的。那么，难道三种解释之外，就没有第四种解释吗？我在《超越市场与超越政府》（经济科学出版社，2010年出版）一书中指出，公平也来自认同。

认同是什么？在社会中，每个人都有一定的群体生活，小到家庭，大到企业，再大到社会。群体中的一分子，会把认同看得更加重要。比如一个家庭有三个孩子，当年家庭困难，老大初中毕业，必须出来工作，挑起家庭生活的重担。情况渐渐好了，老二可以读到大学，但大学毕业后必须立刻出来工作。情况更好一些，老三可以读研究生了。因为三个孩子对家庭是认同的，对父母当年的处境是谅解的，他们不会认为自己受到不公平待遇。比如一个家庭中的三个女孩子。从小，老大穿新衣，老二穿旧衣，老三穿补丁衣。多少年后，三姐妹聚在一起说起当年的事，哈哈一笑。最小的绝对不会感到歧视。

一个家庭可以这样，一个企业为什么不可以这样呢？文化建设主要是搞什么呢？主要是培养职工的认同感。认同产生凝聚力。

第二个是效率。效率有两个基础：物质技术基础和道德基础。

什么叫物质技术基础呢？有多少先进的设备、优质的原材料和熟练的劳动力，等等。但仅仅有效率的物质技术基础，只能产生常规效率；有了效率的道德基础，就能产生超常规效率。比如汶川大地震，1998年的洪水，人们全力投入救灾。这是道德基础在起作用。三峡是个移民社会，这么快能把三峡建设好，这也是道德力量在起作用。把道德基础建设好，公平和效率可以互相促进。

我们讲市场调节是第一种调节，是靠市场供求规律这只无形的手来调节的。政府调节是第二种调节，是靠政策、法律这只有形的手来调节。难道就没有第三种调节吗？几千年前市场出现，市场调节才慢慢产生；政府调节出现得更晚，要等国家出现以后才产生。

在漫长的岁月中，没有市场就没有市场调节，没有政府就没有政府调节。可是社会延续下来了。是什么力量？是道德力量。有了市场，有了政府以后，发生了多少次大动乱？古人云："小乱居城，大乱居乡。"那个时候，市场失灵了，政府瘫痪了，社会却仍在运转。道德力量在起作用。

我们可以看得很清楚，在没有市场、没有政府调节的情况下，道德力量是唯一的调节。有了市场调节，同样也需要道德力量的调节。第三种调节——道德力量的调节是不可缺少的。没有道德力量的调节，市场会出乱子；没有道德力量的调节，政府调节的效率是低下的。道德力量的调节，要靠文化建设。

我相信三峡工程的经营和管理是有效率的。管理指的什么？是资本既定前提下的职能。经营指什么？资本是可变的，资本本身要增值。所以，对三峡工程而言，无论经营还是管理，我们都需要企业文化，并以此调动每一个职工的积极性。

（原载《中国三峡》2011年第6期）

“国进民退”中的民企出路

编者按

2010年冬季以来，厉以宁先生频繁参加各种会议和调研，在多种场合谈论“国进民退”背景下民企的困境和出路。“两会”结束后，厉以宁先生在家接受了本刊记者专访，并在率全国政协经济委员会委员赴重庆调研期间不辞辛劳，就本刊整理的采访实录进行了亲笔审定。本文的标题和小标题为编辑所加。

一、计划经济还没有退出舞台

受2008年金融危机冲击后，大家都很关心“国进民退”的话题。其实经济紧缩的时候，民营企业受到宏观调控的现象比国企明显，从而会出现退缩。但不能认为“国进民退”是一种正常现象。

从1979年以来的30多年，中国经济之所以有巨大变化和发展，首先归功于体制的改革，也就是从计划体制转向市场体制。但是，能不能说计划经济已经退出了历史舞台？没有。计划经济体制有两个支柱：一个支柱是国有企业无法自主经营的制度，另一个支柱是城乡二元体制。不把这两个支柱搞掉，计划经济就还没有退出历史舞台。当然，并不是说市场经济中就没有计划。

实际上，国有企业和民营企业不是非此即彼的“对立”关系。为什么要有国有企业？是因为国有企业应当自觉地完成国家发展战略，如果国有企业连这个职能都不能履行，那么要国有企业干什么？这就要求国有企业朝着符合国家发展战略的方面发展和改革。国有企业下一步的任务主要是进行重组，同时，国有企业中还有一些问题需要进一步改革，比如行业垄断、激励机制和监管机制结合，等等。

要使民营企业符合国家发展战略，就要通过国家的财政政策、税收政策、货币信贷政策和产业政策，给它们以影响、对它们有吸引力，这样它们才会转到符合国家的发展方向的战略上来。国际金融危机以来，为什么大量民间资本不投向实体经济，而投向虚拟经济或者参与资产炒作？一个重要的原因是：很多领域是限制民营经济进入的。民间资本没有好的去向，于是纷纷流到资产市场。即使民间资本可以进入的领域，由于竞争不公平，利益常常得不到保证。“非公经济新36条”是一个重要信号，要把民间资本引导到国家需要发展的领域和行业。

国企和民企是各有优势的。国企的优势是资本雄厚、技术力量强、人才多；民营企业的优势在于机制灵活、自负盈亏、敢于冒风险，所以应该把二者优势结合起来，二者可以更好地合作。今天，国有企业能够保持盈利的现状，如果没有民营企业的协作配套行吗？假定民营经济萎缩了，难道国有企业就能够一枝独秀吗？不可能。

应该说，无论“国退民进”，还是“国进民退”，都不是政策追求的目标。我们政策目标应该让国民经济更好更快地发展，人们生活水平得到不断的提高。至于国有企业和民营企业的进退机制，前提应该是公平竞争。谁的竞争力强，就把其他企业淘汰掉。

从国有企业的角度看，民营企业既是竞争对手，又是合作伙伴。大型国有企业，离开一大批民营企业怎么能发展起来？计划经济时代国企没有竞争对手，自身也难以有大的发展。现在有了竞争对手，在市场中各自应取长补短，才能有所提高。

从民营企业的角度看，民企也并不需要追求“国退民进”。尤其在国际市场上，无论是国企还是民企，都是中国的企业，都是民族企业。无论哪个企业，只要竞争力强，能打入国际市场，扩大市场份额，就是我们的骄傲。

国有企业和民营企业应该形成互赢、共赢的格局。

二、政策是民企转型的障碍

但是，有些国有企业似乎不愿意和民营企业共赢。我在调研中发现，国有企业拖欠民营企业债款的情况并不鲜见。有的地方，小企业交货后至少三个月后才能收款，很多拖到半年以上。很多国有企业、大企业还在推行“零库存”制度，即把仓库腾空。小企业作为供货方竞争激烈，为了拿到订单就要有超常规储备，以便随叫随到。小企业本身资金非常紧张，遇到拖欠问题更是雪上加霜。

企业拖欠问题还要和融资难问题结合在一起考虑。我们在调研中发现，没有一个地方不反映融资难。人民银行汇报说解决了融资问题，但民营企业仍反映融资难，为什么？因为统计方法有问题。雇员3000人以下的企业都属于中小企业，占到企业总数的90%以上。银行说给中小企业贷款，实际受益的都是中等偏上企业，至于中等企业、中等偏下企业拿不到贷款，小企业更不可能拿到，这些才恰恰是民营企业的主体。我们在与小企业家闲谈中了解到，很多小型民营企业融资实际上靠高利贷、地下钱庄，它们没有正规融资途径。

商场不是战场。战场上，一方吃掉另一方为胜利。商场上，我们今天是竞争者，说不定明天就成为合作伙伴。只要市场能够做大，企业者都能得到好处。肥水要流入外人田，企业自身能做大，市场也能做大。一家企业兼并另一家企业，目的应当是实现双赢、共赢。企业家要有这种眼光。

有了这种眼光，就会发现国有企业和民营企业在经济发展中是有广阔前景的。国有企业跟民营企业应该发展、平行发展，走到国外的企业不管是国有还是民营都是中国的企业，不管是国有企业还是民营企业创造的品牌都是民族品牌。

事实证明，国有企业和民营企业可以很好地合作共赢。

大家都知道，最近几年我们都在谈经济转型。要知道，经济危机是逼迫企业进行转型的重要因素，但转型尚未完成，经济已经很快回升，转型没有达到预想目标。经济转型是国家发展战略，应该是国有企业的主要责任，但是因为投资决策的体制改革还没有完成，国企在很多投资决策方面还没有承担作为市场主体投资的决策权；资源定价体制的改革又遇到了困难，资源定价的不合理加剧了结构的不协调；由于结构调整可能在一段时间内影响地方的国内生产总值（GDP）增长率，地方政府下不了决心，从而影响了国企的转型；尤其是既得利益的存在，让国企对行业垄断的利益感到满足，大大减少了创新的动力，这些因素决定了国企的优势没有发挥出来，经济转型没有收到预料的效果。

而民企没有体制的束缚，但是也不急于转型，主要是因为政策上还存在障碍。一是对民营企业非常重要的融资问题没有解决。二是企业技术人才，包括熟练工人储备不足，人才引进又存在各种问题。在辽宁调研中我发现，职称、户口、社会保险等问题都是技术人才流向民营企业的重要障碍。三是技术转型必须有市场，这样才能有效益，但市场对民营经济存在很多限制，甚至准入问题尚待解决。在广东和辽宁，民营企业家都对进入政府采购名单难反应强烈。不被列入政府采购名单，即使产品创新做得再好，也无法得到市场，产生效益。总之，以上融资问题、技术力量问题、市场准入问题得不到解决，民营企业靠一己之力，很难完成经济转型的任务。

国企的优势在于技术力量雄厚、规模大，民企的优势在于机制灵活、敢于创新、敢于自担风险。2011年年初的“光华新年论坛”上，我给国有企业的掌门人提出了一个思路，告诉他们民营企业在很多方面是可以成为国有企业的合作伙伴或配套的协作单位的。最近，国企跟民企在自主创新方面，正在探索合作的形式，大约有三种合作形式：一是纵向模式，即同一条产业链上的各个环节，都有国企和民企，要共同探讨本产业链上的薄弱环节，以取得自主创新的突破。二是横向模式，即同一个行业中有代表性的国企同民企合作，共同解决本行业中的重大技术难题，解决发展中的瓶颈问题。三是子公司模式，双方出资、出人，建立子公司，把国企和民企的优势都吸收进来，专门从事研究、开发、推广。

在自主创新上，国企和民企可以合作。在扩大就业、打造品牌、抵御危机等方面，国企和民企也可以很好地合作。

三、市场是“开发”出来的

对于民营企业来说，重要的是做精、做稳、做强。企业不在大小，精才能强；稳才能做大，大而不稳，迟早要垮。我经常讲，小富靠勤奋，中富靠机遇，大富靠智慧。今天正是我们靠智慧的阶段。要大发展必须有大智慧。要有大局意识，要了解当前形势和经济走向。

有了大局意识，就会时刻关注形势和经济走向，就会发现市场是变化的。静态地看待市场，市场就这么大，你占的份额多了，我占的份额相应的就少了。但GDP是增长的，人均收入是提高的，所以市场将扩大。不仅如此，市场还是可以创造的。民营企业的体制决定了它的灵活性，加上大量民营企业规模不大，船小好调头，民营企业要千方百计去寻找和创造新的市场。

市场是怎样开发出来的?

1. 开发新产品，就等于创造了一个新市场。假定国外已经有了某种产品，而某个企业能在原有的基础上进行创新，同样意味着创造了一个市场。这叫作再创新。再创新不等于侵犯别人的专利和知识产权。

2. 赋予产品以新功能，等同于开发一种新产品，创造一个新市场。今天的手机同十多年前的手机相比，功能增添不少。消费者不断购买功能更新的新手机，新市场也就产生了。

3. 消费者的需求发生了变化，为了适应这种变化，需求创造供给，创造市场。快餐食品、方便面，都是先有对消费品的需求，供给就产生了，市场就创造了。

4. 随着新产品的开发，与之配套的一系列服务就兴起了，市场也就扩大了。这方面的例子可以举很多。例如，许多家用电器被开发出来以后，与之配套的一系列服务，如修理服务、租赁服务，等等，随之兴起，市场必然相应扩大。

5. 换一种营销方式，可能发生一场市场革命，从而也就创造了市场。房地产市场上的按揭，还有各种消费信贷方式，都导致了市场的革命，创造了新市场。

6. 在变动的市场中抓住机遇。这与不同行业、不同商品的销售规律有关。以服装和粮油市场为例，一般说来，服装和粮油的收入、价格和销售量的关系是不一样的。假定价格上涨，以及收入下降，粮油的销售量变化不大。因为低收入者和高收入者都需要购买粮食和食用油。服装销售量却不一样，低档服装可能销路减少较多，因为低收入者在减少收入时，首先顾吃的，服装可买可不买的不买。高档服装的销路不一定下降，因为购买者是高收入者，他们只要想买衣服就会购买。从这个例子可以联想到其他商品的情况。

总之，一个有眼光、有胆量，又有组织能力的企业家，就是一个善于创造市场、扩大市场的企业家。企业家可能也是某一专业的专家，但也可能不是某类专家，企业家就是经营管理专家，他站得高，看得远，能用人。这就是他的过人之处。

四、企业家要学会看政策

我们天天讲“挑战与机遇并存”，但民营企业的机遇究竟在何处？其实国家出台的一系列政策已经讲得很明确了。

经济转型后，经济增长的突破口可能在四个方面。一是新能源和汽车行业技术改造。新能源能够减少污染，节省石油，带来全球汽车行业的改造。国际上对环保、节能减排的要求越来越严格，如果我们的技术不符合标准，我们的产品就无法走出去。中国必须对此心存警觉。二是新材料和信息化带动装备制造业和房屋建筑业的改造。如果能够在新材料方面有所突破，在数控、智能装备制造方面有所创新，建造出全新的住房，我们就打开了市场。三是环保产业。要大力发展我们自己的环保产业，带动中国经济进步发展。四是生物科技新医药，包括新型农业。这些行业未来前景很广阔，百姓衣食都在其中，大有发展潜力。

这四个突破口都需要技术创新。民营企业机制灵活，敢于承担风险，在自主创新方面具有的潜力是国企不具备的，但是很多民企没有利用好这个优势。企业当然要重视现实收益，但未来收益却更加重要。企业要兼并另一家企业，重视的不是它目前值多少钱，能给自己带来多少收益，而在于今后值多少钱，能带来多少收益。企业的任何投资，都应当从这个角度来分析。有眼光的企业家一定是能清醒地、准确地判断投资和未来收益的企业家。自主创新，既着眼现实，更着眼未来。贴牌生产不可能持久维持，即使引进技术，不等于引进技术创新能力。真正的核心技术不是买来的，也是买不来的。

调研中，我们发现有的企业一边抱怨“用工荒”，一边死守着沿海不走。但真实的情况是：一方面“人找事”，另一方面“事找人”。我们遇到的其实不是“用工荒”，而是“技工荒”。目前，国家大力增加基础建设投资，修建公路、铁路主要需要农村青壮年男性为主的劳动力，但仍无法解决返乡农民工的就业问题，部分返乡农民工还是找不到工作。为什么？其中有些人外出打工多年，体力不如农村中刚出来的年轻人。而且，他们多年来在沿海制造业中工作，已经掌握一定技术，有一定经验，他们不愿到基建工地工作。对这些人，可以扶植他们回乡后创业。

而另一方面，农民工的子女教育、医疗保障、社会保障问题正在逐步解决。民营企业不要老把眼睛放在传统的沿海发达地区，应该放在内地。在那里，民营企业不但能解决“用工荒”问题，还能比国企更容易地招到合适的技工。但企业的内迁绝不要带来污染源的内迁。该淘汰的就淘汰，不要把技术落后、有污染的企业内迁。技术落后和有污染的企业，要先技术改造，改造了再内迁。

让我再回到一开始的话题，国家通过财政政策、税收政策、货币信贷政策和产业政策吸引民营企业在符合国家发展战略的前提下迅速发展。

我最近到重庆调研。重庆出台了一个政策：大力扶持微型企业发展。什么是微型企业呢？一是包括业主本人在内，工作人员不超过20人的，就是微型企业；二是创业时的资本不超过10万元。微型企业可以得到政府所给的优惠政策，如减免税；资金全补助；帮助得到小额贷款以解决融资难问题；政府承担职工培训费用；加快注册登记、银行开户手续，等等，这就掀起了全民的创业热。

哪些是国家需要发展的领域呢？民营企业家需要明白，我国的GDP应该由更多的高科技产品构成，因为这代表中国未来发展的方向。要知道，GDP是总量，我们更应看重它的构成。现在，中国的GDP已经超过日本了，但从GDP的构成来看，我们还不如日本，因为我们高新技术产业不如日本。

此外，科技创新、农业产业化和农民专业合作社、县城和中心镇的建设，都提供了扩大内需的很多选择，民营企业家应该根据当前形势调整自己的发展战略。

（原载《商界》2011年6月）

六卷本《方显廷文集》总序

一、写序缘由

我是1951年9月进入北京大学经济系的，1955年毕业，毕业后留校工作至今。陈振汉先生是我的老师，也是我研究经济史的领路人。从1951年我进入北大到2008年陈振汉先生逝世，我们作为师生和同事相处了58年之久。陈振汉先生毕业于南开大学经济系，方显廷先生长期执教于南开大学，是陈振汉先生的老师。

我没有见过方显廷先生，但我不仅从陈振汉先生那里了解到南开大学经济研究所和方显廷先生的学术成就，而且也了解到方显廷先生的人品和治学态度，使我很早就对方显廷先生十分仰慕。商务印书馆在2006年出版《方显廷回忆录》之后，立即准备出版6卷本的《方显廷文集》，原来是请陈振汉先生撰写序言的，但陈振汉先生这时已卧病在家（2006年他已94岁高龄了），他嘱咐我代为执笔，我应允了。这篇序言，既可表达我对方显廷先生这样一位学术界前辈的崇敬与仰慕，又可作为我对我的老师陈振汉先生的纪念与追思。

二、方显廷先生与南开大学经济学传统

方显廷先生的早年生活是很艰苦的。据他在回忆录中的记述，他原籍浙江宁波，1906年他3岁时家里遭了一场大火，一切尽化为灰烬。7岁时，父亲病故，家业衰败。他在家乡只受过初等教育。14岁那年（1917年）经亲戚介绍来到上海厚生纱厂当了学徒。厚生纱厂的经理是著名民族企业家穆藕初先生，他同时也是学徒们的师傅。由于方显廷先生刻苦学习英语，英语程度较高，所以只做了半年学徒，就被调到办公室工作。他工作出色，得到穆藕初先生赏识。1921年，方显廷先生18岁，在穆藕初先生资助下，赴美国继续学习，先后在美国威斯康星大学读预科，在纽约大学读完本科，获学士学位，再进入耶鲁大学攻读经济学，1928年获哲学博士学位。这一年他25岁。第二年（1929年），他回国任教于南开大学。陈振汉先生是1931年考进南开大学经济系，1935年毕业的，在这段时间内受业于方显廷先生。

陈振汉先生多次和我谈起，方显廷先生的治学方法有着明显的特点，可以归结为经济理论、经济史研究、统计学三者并重和交融。经济理论被认为是经济研究的基础，如果经济理论缺乏深厚的功底，研究难以深入，更难以有新的见解。经济史研究，

是指研究者应当具备广博的经济史知识，因为现实经济中的重大问题绝不是凭空出现的，总有其历史的渊源以及其产生、发展、演变的过程。脱离历史背景去进行研究，往往难以认清规律，难以做出清晰的判断。而统计学，则被认为是一种必不可少的方法论基础，如果不能运用科学的统计方法，结论通常是缺乏依据的，或者会误导研究者得出错误的结论。陈振汉先生自称他在治学方法上受到了方显廷先生的影响，所以多年来一直强调把经济理论、经济史研究和统计学三者结合在一起的必要性。陈振汉先生还说，这也是南开大学经济系和南开大学经济研究所多年坚持的治学方法。从方显廷先生的著作中，我们可以处处看到经济理论、经济史研究和统计学三者的融合。

方显廷在纽约大学和耶鲁大学学习期间，受过严格的西方经济学训练，功底十分深厚。他在耶鲁大学的博士论文，题为《英格兰工厂制度之胜利》，赢得了国外学术界的好评。据方显廷先生在回忆录中所述，19世纪中期前后的英国工厂组织，传统的分类方法是按照个体手工工匠、家庭作坊制和工厂制度来划分的，而方显廷先生在博士论文中则按照另一种划分方法，即按照手工艺人、商人雇主和工厂制度分类，这种分类主要突出了商人雇主在工业化初期的作用，工厂制度的胜利实际上也就是工厂组织取代商人雇主制度的胜利。[①]这篇博士论文不仅可以看成是工业经济史研究的成果，而且也可以看成是企业组织理论的一项突破。

① 方显廷：《方显廷回忆录》，商务印书馆，2006年版，第47页，135页。

三、方显廷先生的成就

方显廷先生回国以后，除了对欧洲经济史继续进行研究以外，他的主要研究领域转入了中国近代工业史和中国近代地区经济发展史。在这次出版的6卷本的《方显廷文集》中，至少有一半以上的内容是中国近代工业史和中国近代地区经济发展史方面的著作。1934年由国立编译馆出版的《中国之棉纺织业》是方显廷先生的力作，也是第一本对中国棉纺织业进行系统研究的学术著作，资料翔实、分析透彻，尤其是在该书中专门论及中国棉纺织业发展中所遇到的阻力以及今后的发展前途等章节，反映了方显廷先生对国民经济中这一重要产业的远见卓识。

在有关中国近代地区发展史方面，方显廷先生由于长期执教于南开大学，所以把华北地区的经济发展作为研究重点。他所撰写的《天津地毯工业》《天津织布工业》《天津针织工业》《天津棉花运销概况》《华北乡村织布工业与商人雇主制度》等，都是在广泛社会经济调查的基础上完成的。方显廷先生在回忆录中写道："我发现为三四年级学生讲授好3小时的经济史课程不难，但是要充分准备一份关于天津地毯工业的报告却需要投入大量的时间。"[①]尽管这项研究在方显廷先生从事之前已由南开大学的其他研究人员做过，方显廷先生认为："但是所收集到的情况完全不够充分。我不得不多少重新开始这一工作。首先，对这

① 方显廷：《方显廷回忆录》，商务印书馆，2006年版，第71页。

一工业进行概括的了解；然后，到天津不同地区亲自去参观那些用手工编织地毯的作坊。”[①]正因为有了详细而认真的调查，才完成了《天津地毯工业》这样一本专著（1929年出版）。

对于华北的乡村工业发展，方显廷先生选择了河北省高阳的织布业作为研究对象，题目定为《华北乡村织布工业与商人雇主制度》。这是同方显廷先生的博士论文有相当密切联系的，因为正如前面已经提到的，在那篇博士论文中，方显廷先生用商人雇主制度作为工业化初期的分类形式之一代替了传统的分类方法中的家庭作坊制。商人雇主制度使工业化初期的商人雇主的作用更加突出，反映了商人资本在活跃城乡经济和以供给工具和原料、订货和包销等手段成为乡村工业的实际控制者，从而说明了华北地区的乡村工业距工厂制度的建立还存在一定的差距。

在方显廷先生的经济研究中还有一个重要领域，这就是对抗日战争胜利之后中国经济建设途径的探讨。方显廷先生早就认为日本必败，中国必胜，对前途充满信心。1941年至1943年，他受美国洛克菲勒基金会的邀请，到美国进行访问，访问期间先在哈佛进行研究，半年后去华盛顿的战时经济委员会（后改称国外经济管理局，以后又改称为国外开发总署）做研究工作。据方显廷先生在回忆录中所述，这是一个庞大的组织，拥有好几百名雇员，其中包括一些专家，调查分析研究亚洲国家经济状况。战

① 方显廷：《方显廷回忆录》，商务印书馆，2006年版，第71页。

后中国经济如何重建，是该组织研究项目之一。[①]在这期间，即1943年12月4日至14日，方显廷先生由美国去加拿大魁北克参加太平洋国际学会第八届会议。与会者有来自美国、英国、苏联、荷兰、加拿大、澳大利亚、中国、印度和泰国的150位代表。[②]这次会议对中国在过去6年来（1937—1943）抵抗日寇侵略战争之举表达敬佩之意，会议一致同意有必要废除自鸦片战争以来中国同西方列强签署的不平等条约，一致赞成将台湾归还中国，允许朝鲜独立，惩罚日本战争罪犯，解除日本武装并支付战争赔款等。

关于抗日战争结束后中国的经济重建问题，方显廷的经济观点和政策建议，见文集的第3卷（《中国战后经济问题研究》等）、第5卷（《现代中国的经济研究》《中国经济危机及其挽救途径》《胜利后的中国经济》等）。他的基本思路依然是中国必须早日实现工业化。20世纪30年代他是这样主张的，20世纪40年代后半期他仍坚持这观点。

把凯恩斯经济学介绍给中国学术界，是方显廷先生20世纪40年代的贡献之一。这同他自1939年起在南开大学经济研究所主持工作和1941年在哈佛大学进行访问、研究有关。凯恩斯的代表作《就业、利息和货币通论》出版于1936年2月。凯恩斯在这部著作中系统阐述了自己的宏观经济学理论，对西方国家的经济政

① 方显廷：《方显廷回忆录》，商务印书馆，2006年版，第138—139页。

② 同上，第141页。

策的制定有着深远的影响。西方经济学界普遍认为这是一场“凯恩斯革命”，但又是双重意义上的“凯恩斯革命”，即一方面是经济理论的革命（以有效需求不足理论代替新古典经济学的均衡论），另一方面是政策意义上的革命（以国家对经济调节的政策代替传统的政府不干预经济的政策）。[①]方显廷先生抗战期间在重庆南开大学经济研究所主持工作，他在回忆录中写道：“研究所之所以将培训研究生的方向选定为经济理论和货币问题，是受到1936年2月英国经济学家凯恩斯议员出版《就业、利息和货币通论》之后兴起的‘凯恩斯革命’的影响。”[②]稍后，方显廷先生到了美国，他在哈佛大学进行访问和研究时，同一些美国经济学家接触，更深入地了解到“凯恩斯革命”的影响。他在美国设法为研究所通过海运，并通过滇缅通道运来一批关于“凯恩斯革命”的最新书籍。20世纪四五十年代，南开大学能成为国内在研究当代西方经济学方面处于前沿的高等学府之列，同方显廷先生的功绩是分不开的。

1947年，方显廷先生应联合国的聘请，在联合国及亚洲远东经济委员会（ECAFE）工作，任调查研究室主任，具体任务是研究亚洲及远东地区各国的经济状况和发展趋势，编辑《亚洲及远东经济年鉴》。该委员会原在上海，1949年1月迁往曼谷，那年方显廷先生46岁。1964年他61岁时从联合国机构退休。但紧接着

① 厉以宁：《宏观经济学的产生和发展》，湖南出版社，1977年版，第109—119页。

② 方显廷：《方显廷回忆录》，商务印书馆，2006年版，第111页。

又担任了亚洲经济发展及计划研究院副院长。这是一个由联合国开发计划署主要提供资金的、以研究亚洲经济发展和培训亚洲及远东地区各国企业家、银行家和政府官员为宗旨的机构。方显廷先生在这里工作一年后便离去，过着自己向往的清闲退休生活。但不久他又被聘为新加坡南洋大学客座教授，1971年再度退休，从此去瑞士定居，安度晚年。

从1947年进入联合国机构工作起，到1971年自新加坡南洋大学退休为止，将近25年的国外生活，使方显廷先生的研究方向发生了一个转折，即从专心致志研究中国工业化转而关注东南亚经济发展。在这些年内，他撰写了一些有关东南亚国家的经济发展的文章，收集到这部文集里的有：《太平洋各国经济问题》《新加坡的小型工业》《新加坡经济发展的策略》《亚洲及远东地区工业品出口的发展》等。但他更多的精力和时间放在编辑历年的《亚洲及远东经济年鉴》上。这套年鉴很有价值，它见证了这一地区的发展中国家在第二次世界大战结束后是如何一步步从衰退趋于复苏，再迈向成长和繁荣的。

四、爱国的经济学家：对方显廷先生的评价

方显廷先生是一位爱国者。即使他在联合国机构中工作多年，后来又在新加坡南洋大学任教，但他始终忘不了祖国的工业化，忘不了祖国内地的经济建设。据方显廷先生在回忆录中

所述，《亚洲及远东经济年鉴》的内容自1953年起有所改动，即“《年鉴》对于中国内地的发展给予更为透彻的报道”。[1]

此外，1953年11月出版的《亚洲及远东经济季刊》（联合国亚洲及远东经济委员会下设刊物，创刊于1950年）上，发表了方显廷先生撰写的《1949—1953年中国大陆的经济发展》一文，引起了国外经济界的注意。方显廷先生在这篇文章中引用了中国政府公布的许多数字，他用这些数字说明中国经济恢复的速度是惊人的。文章中写道：“生产的恢复受益于多种因素，而其中最为重要的一个，无疑是和平与秩序的恢复。”文章还肯定了中华人民共和国成立初期制度变革的积极作用：“毋庸置疑，制度的改变对于自1949年以来经济的恢复也是一个重要方面，因而关于在过去几年过程中，中国经济框架的改变对生产的恢复起到了一定作用这一判断应当是中肯的。”

6卷本的《方显廷文集》出版了。这里记录下方显廷先生一生的主要论著。国内人士尽管过去对方显廷先生的学术贡献了解不多，但我深信，历史是公平、公正的。只要认真阅读了《方显廷文集》中各个时期的著述，就一定会了解方显廷先生为人处世的原则、治学方法、学术成就，以及在经济学和经济史领域所做出的贡献。

（原载《中华读书报》2011年9月26日）

---

① 方显廷：《方显廷回忆录》，商务印书馆，2006年版，第175页。

道德力量调节的独特作用

道德力量调节是市场调节、政府调节以外的第三种调节。即使在市场经济中，在市场调节与政府调节都起作用的场合，在法律产生并被执行的场合，道德力量调节不仅存在着，而且它的作用是市场调节与政府调节所替代不了的，也是法律所替代不了的。

一、道德力量超越市场、超越政府

为什么说道德力量超越市场和政府呢？

1. 在市场尚未形成与政府尚未出现的漫长岁月里，那时既没有市场调节，也没有政府调节，道德力量调节是这一漫长时间内唯一起作用的调节方式。不仅远古时期的情况如此，即使在近代社会，在某些未同外界接触或同外界接触不多的部落中间，在边远的山村、孤岛上，甚至在开拓荒芜地带的移民团体中，市场调节不起作用，政府调节也不起作用，唯有道德力量调节才是在社会经济生活中起作用的调节方式。因此，完全有理由把道德力量调节称作超越市场与政府的第三种调节。

2. 在市场调节与政府调节都能起作用的范围内，由于市场力量与政府力量全都有局限性，所以这两种调节之后会留下一些空白。当然，在某些情况下，政府调节可以弥补市场调节的局限性；在另一些情况下，市场调节也可以弥补政府调节的局限性；但政府调节是不可能完全弥补市场调节的局限性的，正如市场调节不可能完全弥补政府调节的局限性一样。一个明显的例子就是：由于人是"社会的人"，人不一定只从经济利益的角度来考虑问题和选择行为方式，人也不一定只是被动地接受政府的调节，所以市场调节与政府调节都难以进到人作为"社会的人"这个深层次来发挥作用。市场调节与政府调节留下的空白只有依靠道德力量调节来弥补。从这个意义上说，道德力量调节是超越市场与超越政府的一种调节。

3. 社会生活是一个广泛的领域，其中一部分是交易活动，另一部分是非交易活动。在交易活动中，市场调节起着基础性调节的作用，政府调节起着高层次调节的作用。而在非交易活动中，情况便大不一样了。由于这些活动是非交易性质的，所以不受市场规则的制约，市场机制在非交易活动中是不起作用的。至于政府调节，则只是划定了非交易活动的范围，使它们不至于越过边界，而并不进入非交易活动范围之内进行干预，这样，非交易活动就要由市场调节与政府调节之外的道德力量来进行调节。

4. 在市场出现与政府形成之后，由于种种原因，市场可能失灵，政府可能瘫痪，市场调节与政府调节都有可能不发生作用或只发生十分有限的作用。但即使在这些情况之下，道德力量调节却依然存在，并照常发生作用。这又是可以把道德力量调节称作超越市场与超越政府的调节的理由之一。

基于以上分析，我们可以说，道德力量是超越市场、超越政府的。

二、道德力量调节介于“无形之手”与“有形之手”之间

需要说明的是，道德力量调节是介于市场调节与政府调节之间的，市场调节被称作“无形之手”，政府调节被称作“有形之手”，道德力量调节介于“无形之手”与“有形之手”之间。在道德力量调节的约束力较强时，它接近于政府调节，而在其约束力较弱时，又接近于市场调节。那么，为什么道德力量调节的约束力有时较强，有时却较弱呢？这主要取决于两个因素：

一是道德力量调节是否已经成为一种被群体内的各个成员认同的约定或守则。如果它已经成为各个成员认同的约定或守则，约束力就较强，否则就较弱。比如说，乡规民约是一个群体的所有成员共同约定的，成员们就有遵守的义务，这时，体现于乡规民约中的道德力量调节就会有较强的约束力。再说，行业组织作

为民间的组织，对于参加本行业的企业有一些共同通过的守则，例如要求企业讲信用，重视消费者利益、职工利益等。这既不属于市场调节，又不属于政府调节，而是本行业的自律行为，所以也属于道德力量的调节，但同样对本行业的成员有较强的约束力。

二是群体的各个成员对群体的认同程度的高低。如果成员对群体的认同程度较高，道德力量调节的约束力就较强，否则就较弱。不妨仍以乡规民约为例。乡规民约是某一群体的成员所制定的，如果该群体的成员对群体的认同程度较高，他们遵守乡规民约的自觉性较高，则乡规民约对成员行为的约束力也就较强。

当然，即使道德力量调节在某些场合的约束力较小，但这并不意味着道德力量调节不起作用，而且，也不是任何情况下道德力量调节的约束力越强越好。这是因为道德力量调节的形式多种多样，乡规民约这种形式下的道德力量调节一般会有较强的约束力，而自律这种形式下的道德力量调节虽然没有什么约束力，但却经常发挥作用，对个人的行为产生影响。文化建设，包括企业文化建设、社区文化建设、校园文化建设等，都属于道德力量调节范围。文化建设对个人行为的影响，虽然是潜移默化的，但却是持久生效的。

三、随着非交易领域的扩大，道德力量调节的作用日益突出

从社会发展的趋势来看，由道德力量调节起主要作用的非

交易领域内的活动有可能不断增多。这是一个值得注意的现象。历史上，在生产力发展水平极低的时候，交易领域几乎不存在，那时非交易领域几乎覆盖全部社会经济生活。以后，随着生产力的发展，交易领域逐渐扩大，非交易领域则相应地逐渐缩小。而在生产力发展水平大大提高以后，非交易领域在社会经济生活中所占的比重又会逐渐增加。也就是说，在经济高度发展之后，随着人均收入的增长，人们的需要也将随之发生由较低层次向较高层次的转变，人们的价值观念必然相应地发生变化，包括对利益的看法、对职业的看法、对生活方式和生活本身的看法、对家庭和子女的看法、对人与人之间关系的看法、对物质财富和精神享受的看法，等等，都处于不断变化之中。于是非交易领域的活动也将随着国民收入和个人可支配收入上升到一个新阶段之后而增多，非交易领域内的各种关系也会因此而得到发展。这是社会经济发展的必然趋势。道德力量调节既然在非交易领域内起着主要作用，那么显而易见，随着非交易领域的不断扩大，道德力量调节在社会经济生活中的作用也将越来越突出。

在当前我国经济持续发展中，强调市场调节、政府调节和道德力量调节并重，是十分必要的。三种调节并重，实际上表明了他律和自律的并重、法律和道德的并重、经济和文化的并重，这正是建设和谐社会所必需的。

（原载《首都企业家》2011年第8期）

论货币流通量的“正常水平”

“让货币流通量回归到正常水平”，这个提法是对的。因为从理论上说，不管哪一个因素导致的通货膨胀都是一种货币现象。通货膨胀总是同货币流通量偏多有关。但问题并没有那么简单。至少，这里有若干问题还需要进一步探讨。

一、什么是货币流通量的“正常水平”？

在计算货币流通量的正常水平时通常都是以发达国家的经验为准的，并以充分的市场化和完善的市场环境为前提。要考虑的无非是人口增长率、经济增长率、通货膨胀率、货币流通速度等数据。这些是不是适用于当前的中国，还需要研究。因为中国至今仍处在从计划体制向市场经济体制转轨的阶段，城乡二元体制继续存在，国有企业行业垄断现象仍旧存在，货币流通机制不像完善的市场条件下那么灵活、有效，流通渠道的中间环节多，而且往往不顺畅，这些都会增加对货币的需求量。搬用发达国家的经验，往往会造成这样的结果：所计算出来的货币流通量“正常水平”实际上是偏紧的。换言之，中国经济实际上的货币流通量的“正常水平”要高于由此计算所显示的货币流通量“正常水平”。中国改革开放30多年的经验说明了这一点。

那么，能不能以2008年国际金融风暴冲击中国以前的货币流通量为标准？那也是需要讨论的，因为从2008年第一季度起，有的地方已经开始货币紧缩了，何况从2008年第一季度以来，经济累计增长了多少，是不是也应考虑在内呢？

二、如何计算外汇储备增长对货币流通量“正常水平”的影响?

外汇储备增长所造成的人民币外汇储备占款数额的上升，如何影响货币流通量“正常水平”，有待探讨。假定同20世纪90年代初那次通货膨胀一样，外汇储备只有几百亿美元，外汇储备的人民币投放量对货币流通量的影响可以不计。但现在就不同了，外汇储备已达3万亿美元。无疑，这么大数量的人民币投放是会增大货币流通量的，也会刺激物价上涨。针对这种情况，能有什么样的有效对策？只能说，紧缩货币流通量不能解决问题，而只会使经济运行变得困难。抛售外汇储备，换来人民币回笼，可能有些用处，但怎样抛售外汇而不引起大的震动？很难免。何况，即使逐步抛售，那也是一个长时期才能解决的问题，岂能在短期内奏效？假定要抛售一部分外汇储备，那么近期内抛售多少，才能使货币流通量回归到“正常水平”，这又是一个谁也无法说出准确答案的难题，而且没有可操作性。既然外汇储备的大量抛售不具有现实意义，那么在计算当前中国货币流通量的“正常水平”时，是不是应当把外汇储备的人民币占款数额剔除出去？剔除多少为宜？这同样涉及另一个可供探讨的问题，那就是当前中国的“最佳外汇储备数量”是多少。算出了“最佳外汇储备数量”以后，才知道多余的外汇储备数量是多少。但“最佳外汇储备数量”并没有一个公认的标准，仅仅计算出三个月的进口额和年度到期的外债本息偿还额，只能供参考，而不能作为实施时的依据，因为还有许多因素需要考虑在内。

三、结构对货币流通量“正常水平”的影响有多大？

在分析当前中国通货膨胀时，中国的产业结构分析、所有制结构分析和地区经济结构分析，可能比货币流通量这个总量指标更能说明问题。要把货币流通量回归到“正常水平”这一分析，应当同产业结构、所有制结构和地区经济结构分析结合在一起。因为通过产业结构分析，可以了解到产品供求基本平衡的产业、产能严重短缺的产业及产能大量过剩的产业各自所占的比重，而这些不同的产业对货币的需求量是不一样的。无论是存款准备金率的调整还是贷款利率的调整，都不宜采取“一刀切”的做法，否则有可能得到相反的结果，使经济的正常运行和协调发展受损。对所有制结构的分析可以了解到，国有大型企业、民营企业（尤其是民营中小企业）、个体工商户、承包土地的农民，对资本的需求和进行融资的渠道完全不一样，即使可以计算出全国货币流通量的正常水平是多少，但很可能使得国有大型企业基本不受影响，而民营中小企业则会受到较大的影响；至于个体工商户和承包土地的农民，则不得不忍受更高的民间借贷利率的打击。地区经济结构分析的结果可以说明同样的问题。假如一定要按发达国家的货币流通量计算方式来确定货币流通量的“正常水平”，必然会使东部地区的日子不好过，而西部地区的经济则更加困难。

四、紧缩货币流通量如果过了头，会有什么后果?

要谨防企业资金链的断裂，而企业资金链的断裂又是同产品供应链的断裂连接在一起的。在当前形势下，在实行货币流通量向“正常水平”的回归时，很可能引起产品供应链的断裂和企业资金链的断裂，从而使经济中出现企业停产、倒闭和员工下岗、失业的情况，也可能出现使个体工商户收缩、使承包土地的农民收入下降的情况。这是因为如前所说，不同的产业、不同的企业、不同的地区，在名为向货币流通量“正常水平”回归的政策影响之下，会受到不同程度的冲击。有的产业、有的企业、有的地区和有的人群受影响大，于是就会发生产品供应链和企业资金链的断裂。

不仅如此，还应当看到，货币流通量宽松时，经济规模大或小的企业基本上都能受益，只是大企业可能利益多一些，中小企业可能利益少一些。而当货币流通量压缩到“正常水平”或“正常水平以下”时，那么大中小型企业之间受损失程度的差别就大得多了。大企业还可以活下来，中小企业中不少却活不下去了。这就是货币政策效应的不对称性。

经济学界容易犯的一个错误是，研究宏观经济时容易忽视结构问题，容易忽视微观经济的变动，也容易忽视目前存在的制度或体制所带来的影响。如果把已经偏紧的货币流通量误认为还未回归到“正常水平”而继续紧缩，那么从结构层面来说，加剧结构的不协调是不可避免的，而从微观经济层面来说，产品供应链和企业资金链的断裂，以及由此引起的失业人数增长同样不可避免。

五、滞胀不是没有可能的

要知道，在经济中具有重要意义的是两个预期：一是通货膨胀预期；二是企业盈利前景预期。稳定人们的通货膨胀预期，对治理通货膨胀是有效的。但如果忽视了企业盈利前景预期，企业不仅会降低投资的信心，甚至会“见好就收”，因为再经营下去就会得不偿失。企业对前景不看好和采取收缩的做法，必然使国内生产总值（GDP）增长率下降，失业问题严重，财政收入减少。滞胀就是这么来的。一方面是通货膨胀仍压不下来，另一方面是失业人数增长，经济增长滑坡。这对于经济和社会的影响不言而喻。因此，目前在采取措施实行“货币流通量回归正常水平”时，不能忽略两种预期是同样重要的。否则，难道我们费这么大劲来实现“货币流通量的正常水平”，是为了引发一次滞胀吗?

（原载《中国流通经济》2011年第9期）

承接产业转移和次发达地区面临的机遇与挑战

一、承接产业转移是次发达地区发展的契机

产业在地区之间转移是一国工业化过程中常见的现象，而且主要出现于加工制造业行业内。加工制造业行业的企业之所以会内移，甚至于跨国转移，除了某些与行政效率有关的原因以外，主要考虑的是成本增长问题。资源开发性企业也有转移问题，这主要因为资源枯竭或深层采掘困难（如开采成本过大或技术达不到要求所致），从而需要转移到新的地区去。此外，在资源枯竭地区还需要培育后续产业，使当地就业问题缓解，使财政继续有收入，使经济能继续发展。但这不是本文所要探讨的主要问题。本文的探讨对象是加工制造业企业的转移以及与此有关的问题。

在成本推进型通货膨胀形势下，产业向次发达地区转移更为必要。从企业的角度看，需要降低的是用工成本、土地使用成

本、房屋购置和使用成本、物流成本等。从宏观经济的角度看，产业转移将是优化地区间资源配置的机会。

关于用工成本的上升，原因是多种多样的，包括因发达地区生活费用上涨较快而引起的工资成本上升，因技术工人短缺而引起的工资成本上升，因一般劳动力供给不足而引起的工资成本上升，以及因社会保障措施推广实施而引起的工资成本上升等。一般来说，经济发达地区的工资成本总是大于次发达地区，所以产业由发达地区向次发达地区转移，是合乎经济规律的。至于技工短缺和一般劳动力供给不足的现象，也可以从经济发展中所遇到的新情况来进行解释，这就是：无论是技工还是一般劳动力，近年来都有就近就业的趋势，他们认为远离家乡，会造成夫妻分居和子女无法照顾以及家中老人无人赡养等问题，而就近就业可以既挣到收入，又能照顾家庭，节省生活支出；反之，如果把妻子、儿女、老人接到发达地区的城市中，则支出浩大，自己是负担不起的。此外，近年来还出现了创业比打工强，自己当老板比给别人打工强的趋势。农村中的能人，会经营会管理的能工巧匠，宁肯到城镇开店开作坊开小工厂而不愿意加入雇工行列。这种情况也减少了向发达地区输送技工和一般劳动力。

正是在这种形势下，发达地区的企业，尤其是劳动密集型的企业，为了求生存求发展，出于降低用工成本的考虑，会将企业转移到次发达地区，其中也包括从沿海发达地区的城市往省内的次发达地区。这对次发达地区是一个发展的契机，不能错过这承接产业转移的机会。

促进产业地区间转移的第二个成本因素就是企业为了降低土地使用成本和房产购置、建设成本。发达地区的地价和房价上升，既是需求拉动型通货膨胀的结果又是成本推动型通货膨胀的原因之一。地价推动房价，房价上涨必然推动职工生活费上升，进而推动工资上升。房价上涨还意味着企业需要缴付的厂房租金、店铺租金和写字楼租金的上升。相形之下，次发达地区的市县地价和房价要比发达地区低廉，这也是促使企业转移的重要原因。特别是原有企业需要扩建时，或者投资者打算建立新的加工制造业企业时，土地价格、房屋建设成本，再加上拆迁成本，更是企业关注的因素。

促进产业在地区之间转移中第三个成本因素就是为了降低物流成本。无论从原材料、燃料供应，还是从企业产成品向销售市场的运输来看，近年来企业都会感到物流成本在总成本中的比重有上升的趋势。

这样，企业将从自身所在的位置、原材料燃料购进地和产成品销售地之间的距离、运输成本的支出等因素进行分析，以决定企业转移与否。企业如果从长期考虑，会认为扩大市场更为重要。企业转移不仅要着眼于物流成本的降低，更要考虑市场扩大后的收益。假定企业转移以后的位置接近于原材料、燃料供应地，而且有一个潜在的大市场，它就会认为企业的搬迁是合适的。未来的市场和迁移后的物流成本相比，未来的市场比迁移后的物流成本更加重要。如果迁移后的物流成本可以降低，那么对企业转移的吸引力就更大了。

二、次发达地区在承接产业转移方面的优势分析

次发达地区作为产业地区间转移的承接者，一般拥有较丰富的劳动力资源、土地资源和矿产资源。这是次发达地区的资源优势。次发达地区要善于利用自己的资源优势，承接产业转移。但重要的是，上述这些资源方面的优势，至今在较大程度上还只是潜在优势，而不等于现实优势。所以当前的一项重要工作就是要逐步把潜在优势转变为现实优势。

要使潜在优势实现向现实优势的转变，需要资本、技术和人才。资本可以引进，也可以在当地筹集。技术和人才可以引进，同样可以在当地提供、发掘和培养。怎样从外面引进资本、技术和人才？怎样在当地筹集资本，提供技术和人才？这才是关键所在。总的来说，一靠体制和政策，二靠政府诚信，三靠资本、技术和人才能在本地落脚的基础设施和工作、学习、生活的适宜环境。对于引进的人才和本地培养出来的人才来说，本人的工作环境和家属的生活条件、子女的就业条件同等重要，否则很难把他们长期留下来。

要把潜在的资源优势转变为现实的优势，最重要的始终是体制和政策，而体制是重中之重，有什么样的体制才会出台什么样的政策，才能让有效率的、讲政府诚信、重法制的官员留在岗位上并得到重用。在体制和政策方面，尤其应当一提的是对产权（包括知识产权）的保护。产权清晰并受到保护，对资本的引进和聚集，对技术的采用和鼓励创新，对人才的使用和培养，都有

着极其重要的意义。

土地资源、矿产资源、水利资源、旅游资源、风力资源等，都可以转化为资本。由于资源是有未来收益的，资源转化为资本就是指以未来若干年的资源换取现实的资本投入。修高速公路就是一个例子。修一条高速公路，可以给予投资者今后若干年的收费权，这样，投资者就会筹资融资进行这条高速公路的建设。另一个例子是旧城区的改造，以改造后的城区节约下来的土地作为开发商的未来的收益，从而开发商也就会筹资融资为旧城的改造、扩建提供资本，旧城区的改造就可以展开。同样的道理，新城区的建设、工业园区的建设、物流园区的建设等，都是资源转化为资本的例证。这是一种市场化运作的模式。准备承接发达地区产业转移的次发达地区，是可以仿照这种资源转化为资本的做法的。

在承接产业转移过程中，次发达地区一定要注意生态保护和环境治理问题，切不可只顾短期利益而以牺牲环境作为代价。建立工业园区、商贸服务区和物流园区来承接相关产业的转移，不仅是可行的，而且也被一些地方视为有效的。建立这些园区来承接产业转移的好处是：

第一，便于政府集中提供服务，减少政府管理部门和企业之间的中间环节，既节省时间，又提高办事效率，因为政府和园区管理机构是为企业服务的，管理就是服务。

第二，进入这些园区的不仅有转移进来的企业，还有新建的企业、扩建的企业，大家都进入园区，企业之间的信息交流加快了，相互提供的商业机会增多了。

第三，基础设施、能源、热能的使用效率、土地利用效率、运输效率都提高了。对企业来说，这是成本的节约。对政府来看，这是资源配置的合理化。

第四，就是前面提到的，便于环境的保护和治理。如果污染分散，不便对污染的治理，而且代价要大得多。从另一个角度看，承接产业转移的地区，由于让转移的企业进入工业园区，也便于对它们的污水、废气、废渣的处理情况，以及减少二氧化碳的排放量的情况，更有效地进行监督，并采取相应的措施。

次发达地区在承接发达地区的产业转移方面，是有自身的优势的。对于这种优势，人们一般只看到资源优势，因为这些都摆在面上，容易被发现、被利用。实际上，次发达地区在承接产业转移方面的优势绝不仅限于此。潜在的资源优势固然重要，但比这更重要的或更具有吸引力的，可能是以下两个后发优势：

一是次发达地区可以采纳发达地区发展工业的经验，汲取它们在工业发展中的教训，这就是次发达地区的一种后发优势。这一优势还在于：在汲取发达地区工业发展中的教训的同时，更应多考虑从体制上寻找弥补之道，即对现存的不合理体制进行改革，从而在承接产业转移和产业升级方面闯出一条新路。要知道，在工业发展已有较好基础的地区，在深化经济体制方面要有改动，困难通常要比工业不发达的地区大一些。也就是说，承接产业转移的次发达地区有较大的可能性在经济体制改革方面有所突破，尤其是在西部和中部某些试验区内。这就是以动态的眼光来考察产业转移，即次发达地区可以通过改革某些不合理的经济体制来迎接发达地区企业的进入。

二是次发达地区的后发性优势还在于它拥有一个有很大潜力而至今尚未得到有效开发的市场。这样，次发达地区一方面依靠较低廉的成本吸引着待转移的企业，另一方面，从较长远的角度来看，次发达地区将会以有很大潜力的、待开发的市场来吸引待转移的企业。潜在市场的开发依靠着民间购买力的增加。如果在产业转移过程中，次发达地区的就业增加了，城乡收入差距缩小了，农民收入提高了，其结果将是民间购买力的逐渐上升，市场也一定会逐渐扩大。与此同时，地方财政收入会相应地增长，用于地方建设的资金会增多，城镇化的速度会加快，这些也都是对次发达地区市场的扩大有积极作用的。

三、次发达地区怎样为承接产业转移创造条件?

概括地说，提高劳动力素质，城乡土地统筹，培育本地的民营企业家队伍，发展本地的金融，尤其是农村金融，以及创造良好的文化氛围，是目前和今后一段时间内次发达地区为承接产业转移迫切需要解决的问题。

1.提高劳动力素质

如上所述，发达地区的一些产业之所以想转移到次发达地区，所考虑的首先是降低用工成本，并且能在较低工资的条件下招到合适的工人。然而实际情况往往是：次发达地区的劳动力供给量要大于发达地区，但劳动力素质却不如发达地区，这样，较低的工资成本这个长处又被劳动力素质较差这个短处抵消了，甚至会弊大于利。

但这并不足以成为发达地区的企业向次发达地区转移的障碍，因为次发达地区劳动力素质较低是可以弥补的或改善的。比如说，在企业迁移过程中，企业及早开展对所招募的当地职工进行认真的技术培训，使他们提高技术水平，达到本企业所要求的工人技术标准。企业为此而花费的技术培训费用是值得的。又如，在企业迁移过程中，企业可以把企业原有的骨干职工，包括技术优秀的工人、领班的工人、业务熟练的职员一起迁移到所要迁移的地方去，保持本企业技术上的优势，以及管理和营销方面的特色。尽管为了稳定企业中的骨干职工而需要多支出一些费用（如发给随企业迁移的职工一定的补贴和租赁或新建骨干职工的家属宿舍），那同样是值得的。

重要的是，次发达地区在今后较长的一段时间内仍然有比较多的劳动力供给，这是中国的国情所决定的，也是由中国的城乡二元体制和中国城镇化进程所决定的。至于那种所谓“中国廉价劳动力时代已经结束”“中国的人口红利已经殆尽”或“中国的蓝领工人时代一去不复返了”等言论，并不符合当前中国实际情况。尽管有些发达地区的城市不容易招到青壮年劳动力，这主要是本地的青壮年劳动力大多数已有工作，或务工，或务农，或经商，或开办小作坊。外地青壮年劳动力又不愿意前来做工，因为工资与生活费相比，被他们认为是不合算的。而且他们更愿意就近务工，以便同家人团聚，而不打算长期远离故土，远离家人。从企业的角度看，企业更愿意使用学历较高（比如说高中生）的农民工，愿意使用职业技术学校的毕业生。这表明，在中国，低素质劳动力的时代确实已临近结束，因为低素质劳动力的出路越来越窄了，而技工时代在中国还刚刚开始，中国即将面临这样一个时代，即把大批低素质劳动力转化为技术工人的时代。次发达地区的政府应当看清这一形势，把握这一趋势，继续发挥本地区劳动力相对丰裕的优势，大力发展职业技术教育，提高劳动力素质，以迎接技工时代的来临，为承接产业转移做好准备。

2. 城乡土地统筹

城乡统筹发展的核心是城乡土地统筹。这正是从中国国情出发来考虑的。中国耕地资源不多，而且农民外出打工以后，由于青壮年劳动力离乡外出，承包土地的利用率低，所以一边是土地少，不够用，一边是土地闲着，或只有很低的产量，浪费了土地。在城镇化推进过程中，城乡统筹的核心问题就是土地流转、土地重新规划和土地的充分利用。

根据一些地方（包括发达地区和次发达地区）的经验，在承包土地流转和宅基地置换之后，作为农村建设用地的宅基地中一部分因农民迁居新村而腾出来，复耕为耕地，耕地面积扩大了，多余的指标通过地票交易，把适宜发展工业、商业服务业、物流业和城镇住宅建设的耕地转变为城市建设用地，这样，既不突破耕地面积红线，又使得工业园地、商贸服务区、物流园地、住宅区有地可用。这对于次发达地区承接产业转移显然是一种支持和土地保证。

城乡土地统筹以后，对农业的发展也是有利的。以后，农村中仍会有一些散户，他们不愿外出，不愿迁居城镇，而宁肯继续经营自己承包的小块土地，从事农业经营。散户总是有的，要尊重他们的意愿，尊重他们的土地承包权。但今后，除散户外，主要有三类农业将进一步发展。

一是农民中的种植能手、种植大户。他们会种田，又愿意种田，当附近的其他农户外出务工经商后，他们以转包或租赁的形式把外出务工经商的农户所承包的农田集中到自己的名下，实行规模经营，既降低了成本，又提高了单位面积产量。他们转包或租赁来的耕地多了，就雇一些工人，采取机械化经营的做法。在种粮食或种蔬菜的地区，这种形式的农业很有发展前途。

二是农民专业合作社。这是农民自愿组建的合作社，在规模化组织的基础上，农民通常采取土地入股的形式，账目公开，管理民主，土地利用率提高了。有些农民专业合作社，不仅生产上进行合作，而且在营销上和生产资料供应上也进行合作，农民一般有两份收入，即入股分红和月工资。

三是农业企业。这些农业企业往往是科技型的企业，它们承包或租赁了一定面积的荒地、沙化地、盐碱地、滩地、低产田，以高科技改造这些土地，使之成为单位面积产量不断增长的农田，或把这些土地改造成为建设用地。可见，紧缺的土地资源是可以依靠高新技术和长期投资解决的。

3. 培育本土民营企业家队伍

次发达地区承接发达地区产业转移的过程中，培育本地的民营企业和民营企业家队伍是十分必要的。这是因为当发达地区的企业迁移到次发达地区以后，骨干职工可以从发达地区带来，管理经验和管理人员也可以一并带来，但配套的生产营销方面的合作企业却不一定迁入，因此，在次发达地区需要有一些能与迁移过来的企业配套的、为之服务的合作企业，这将有赖于本地的民营企业家的努力。由于产业转移提供了若干商业机会，而且这些商业机会是瞬息即逝的，本地的民营企业不抓住它们，很快就会被外地的民营企业所代替。

培育本地民营企业家队伍的另一个重要意义在于：要让更多的企业迁入次发达地区，一定要推进本地区的城镇化建设和扩大本地居民的购买力。城镇化推进过程中，次发达地区城镇的居住条件、学校和医院等设施、城镇环境保护和环境卫生状况、文化设施以及商场供应状况都会改善，这是吸引到发达地区企业迁入的重要因素。这里同样存在许多商机，本地的民营企业家切不可错过这些商机。至于本地居民购买力的上升，则意味着本地市场的扩大，这是从长远来说有利于发达地区企业转移到本地来的因素。正如前面已经指出的，次发达地区市场的扩大是企业转移的吸引力。本地的民营企业一定要懂得这一道理。

当然，本地民营企业家的成长同他们信誉的树立密切相关。信誉是无形资产，只有树立了良好的信誉，本地民营企业家才能同迁来的企业之间建立持久的合作关系。

4. 发展本地的金融，尤其是农村金融

金融的重心近年来一直在上移，县域和县域以下没有大中型的金融机构，至少国家控股的大银行是不在基层的。这种情况又不利于次发达地区承接产业的转移。迁入的企业需要有较好的融资条件，为迁入企业服务和配套的本地民营企业同样需要有良好的融资条件，城镇的建设也离不开金融机构的支持和帮助，如果某个次发达地区的融资条件太差，不仅会影响发达地区的企业迁入该地区，而且即使迁入，也难以生存和发展。

农村金融的重要性，主要在于缩小次发达地区的城乡收入差距，增加农民的创业机会和提高他们的收入，进而为扩大市场做准备，因为前面已经谈到，发达地区的企业之所以愿意迁入次发达地区，其着眼点一是降低成本，二是希望次发达地区今后能提供一个广阔的市场。假定次发达地区能做到农民的“三权”（土地承包权、宅基地使用权、房产权）、“三证”（土地承包使用权证、宅基地使用权证、房产证）可以抵押，那么农民经济就活了，通过银行或信用社的抵押业务，可以得到贷款作为创业资金。这是提高农民收入和扩大市场的重要保证。

现实中的难题在于：银行发放了抵押贷款，担心农民到期还不了款，他们的房屋和土地都落到银行手中，不好处置。如果这个问题不解决，或者银行望而生畏，不敢涉足农民抵押贷款业务，或者银行被未归还贷款的抵押品（土地、房屋）所缠住，使自己陷入困境，难以脱身。为此，有必要建立县级的农村信用担保中心和地市级的农村产权交易中心。有了县级的农村信用担保中心，由它对申请抵押贷款和信用贷款的农民进行信用调查并给农民作担保，银行就敢于贷款出去。有了地市级的农村产权交易中心，农民用于抵押的土地、房屋就可以通过它进行转让，银行可以收回贷款本息，于是它们就放心了。可见，这是活跃农村金融的有力举措。

5.创造良好的文化氛围

次发达地区的不同省份（市、区）、不同地级市和不同县域，都各有各的文化历史背景、民族风情，构成各自的特色。要成为发达地区转移的企业所选择的迁入地，应当说有一个共同的条件，这就是要充分发挥自己的特色，形成良好的文化氛围。

地区经济发展，既需要“硬实力”，也需要“软实力”，二者缺一不可。基础设施是“硬实力”，资本、机器设备、技术、厂房都是“硬实力”。人才是“硬实力”，但人才的素质、敬业精神、奉献精神、积极性和主动性、与人共事合作的关系却是“软实力”的充分体现。“软实力”还包括：政府效率高低、法制建设的成就和人们的法制意识、地方的文化氛围、文化传统、当地居民的朴实作风、当地社会的和谐程度，等等。因此，要把发达地区的企业引进次发达地区，不仅要着眼于次发达地区自身的“硬实力”的建设，而且还要着眼于本地区的各种“软实力”的建设。也只有这样，才能使本地区的经济迈上一个新的台阶。

四、产业转移和产业升级的关系

对次发达地区来说，承接发达地区的产业转移，只能被认为是一个阶段的任务，并不是次发达地区工业化的目标或经济发展的目标。没有一个省（市、区）是可以依靠承接发达地区的产业转移，而成为工业先进和经济发达的省份的。也就是说，次发达地区可以抓住承接发达地区产业转移这个好机会，根据本省（市、区）的实际情况，发展高新技术的产业，实现本地产业的升级，并在自主创新方面取得成就。假定一个省（市、区），仅仅满足于承接发达地区的产业转移，而不能使本地企业在自主创新方面取得成就，不能实现本地的产业升级，尤其是不能结合本地的区位优势和本地的资源禀赋，发展自己的有特色的产业，而仅仅停留于产业转移水平上，那是远远不够的。

当然，产业转移在现阶段对次发达地区来说仍然是必要的，这既考虑到可以借此促进本地的经济增长，增加就业机会，增加地方财政收入，提高本地城乡居民的收入，并且提高劳动力素质，同时也意味着次发达地区可以借助于产业转移的机会，加快本地就业人才的成长，培育起一批民营企业家，以及促进本地金融业的发展，进而为本地新产业的建立和为产业的升级创造条件。

由此可以再做进一步分析，以说明产业转移和产业升级之间的关系。

第一，即使是新产业在次发达地区的建立和次发达地区产业的升级，也不是单纯依靠次发达地区本地的企业（包括国有企业和民营企业）独立完成的。这更可能是本地和外地的资本合作、技术合作、人才合作的结果，而外地的企业家和本地的企业家则是这种合作的组织者和经营管理者。产业转移以及产业转移以后外地企业和本地企业的合作过程，使双方有了相互了解的机会，这样就有可能在双方进一步合作的基础上为新产业的建立和产业的升级而共同出资、出人、出力。

第二，前面已经指出，发达地区准备转移的企业是了解到次发达地区潜在的优势而决定转移的。但产业转移过程中，特别是实现了产业转移后，这些企业对次发达地区的潜在优势和今后的市场前景会有较深入和较全面的了解，于是它们愿意在这样的地区继续投资或扩大投资，其中既包括了原有企业的自主创新、产业升级，也包括新建高新科技企业。本地的企业可以在资本、技术、人才、营销方面提供帮助，成为紧密的合作伙伴。

第三，在次发达地区承接产业转移的过程中，加强了对人才的引进和对本地人才的培养，加大了职业技术培训工作，使本地技工人数增多。这些都对今后的产业升级有利。如果说次发达地区专业人才的存量和增量都在增长，技工的存量和增量都在增长，那就表明次发达地区在以后的发展中有了较好的条件，发达地区的企业会继续向次发达地区转移，外地的资本也会选择这一人力资源丰富的地区作为高新技术产业新建的地点。这就是次发达地区经济运行进入良性循环的体现之一。次发达地区的政府对此应有足够的认识，并早做准备。

第四，对次发达地区而言，更重要的是，通过承接产业转移，整个经济的运行开始进入良性循环的轨道。上述的人才和技工存量和增量的增长及其效应，只不过是次发达地区经济运行进入良性循环的体现之一。次发达地区整个经济运行的良性循环是指：通过承接产业转移，次发达地区的就业增加了，国内生产总值（GDP）总量增加了，产业结构调整了，地方财政收入增长了，民生改善了，居民收入和居民购买力上升了，从而又引起就业的继续增加、GDP总量的继续增加……在整个经济运行转入良性循环之后，在经济持续稳定增长的基础上，产业结构也将继续调整。按照经济发展的规律，繁荣是靠繁荣支撑的，因为繁荣必然带来投资的增加和消费的增长，这就为市场的继续增长，产业的升级，企业竞争力的增强提供了保证。

归根到底一句话：次发达地区要重视对产业转移的承接，因为这是产业升级的准备阶段，也是整个经济运行进入良性循环的起点。

（原载《中国市场》2011年11月）

新社区各种模式的比较

一、新型城镇化与城乡一体化

计划经济制度下，城乡分割是重要特征。当时确立的是城乡二元体制。我曾多次说过，城乡二元体制不同于城乡二元结构。城乡二元结构从古就有，而且长期存在，城乡二元体制则不然，它是在特定条件下才存在的。例如在西欧，在农奴制和自由城市并存的情况下，城乡形成了不同体制；在中国古代，至少是北宋以前，也有领主和依附农民这样的体制。但一般说来，自北宋以后，人身自由的农民是可以在城乡之间流动的，所以城乡二元体制并未确立。这种情况一直存在于北宋以后的1000年左右的中国。直到1958年社会主义计划经济体制确立后，户籍改为城镇户籍和农村户籍并存，城乡二元体制才最终形成并巩固下来。20世纪70年代末至80年代初推行的农村承包制只是城乡二元体制的松动，城乡二元体制继续存在，两种户籍制度没有变更。

由此可见，中国的新型城镇化是在城乡二元体制继续存在的制度背景下展开的，而新型城镇化的目标模式就是让农民及其家属进入城镇，实现市民化，融入城镇社会。市民化，意味着城乡社会保障一体化和户籍一元化，意味着无论过去是城镇户籍的还是农村户籍的，从此户籍歧视取消了，权利平等了。这是制度上、体制上的重大改革。不进行这样的改革，就谈不到中国真正踏上了社会主义市场经济体制的轨道。

与西方发达的市场经济国家和亚洲、非洲、拉丁美洲一些发展中国家相比，中国的新型城镇化具有若干特色。最大的特色是：中国把城镇化分成三个组成部分，即老城区+新城区+新社区。新社区作为中国城镇化的一个重要组成部分，这就是中国城镇化的最大特色。

新社区作为当前中国新型城镇化的重要组成部分，是因中国地少人多，尤其是中国至今有60%以上的人口仍是具有农村户籍的农民，他们之中有不少人想进城，想同城镇户籍的居民一样享有城乡社会保障一体化的权利和待遇，如果没有新社区来容纳这些迟早要实现一元户籍制度的新的城镇居民，他们全都涌入或大部分涌入老城区和新城区，老城区和新城区如何容纳得下？老城区和新城区的土地如何能满足涌入的农村移民及其家属的需求？老城区和新城区的淡水供应能保证这么多城镇居民的需求吗？到那时，老城区和新城区人满为患，生活质量严重下降，城镇还有什么优势可言？城镇岂不成为人们望而生畏的地带？中国的城镇化如何持续进行下去？

所以新社区的建设以及把新社区作为中国城镇化一个必要的组成部分，是中国人的智慧的结晶。是中国人的大思路、大手笔、大创造、大战略的体现。这就是中国新型城镇化的最大特色，人们把它归纳为五个字，即“就地城镇化”，或称“就近城镇化”。

二、“就地城镇化”

“就地城镇化”最初的试验是一些农村干部和农民群众摸索、实践、再摸索、再实践的结果。经济学家们参加了最初的试验，并很快予以总结，写成报告，有些做法在报纸杂志上披露了，引起了更多的人的兴趣。在大家对中国如何推进城镇化这个艰难问题感到困惑时，来自农村基层的实践使不少经济学家得到启发。于是“就地城镇化”这个名词渐渐被人们接受，被政策制定部门采纳。我在这里想谈一谈两个生动的例子：一南一北。南方的例子是广西壮族自治区桂林市下面的恭城瑶族自治县，北方的例子是山东省烟台市下面的龙口市。它们的“就地城镇化”的实践开始于10多年以前。

广西恭城瑶族自治县的“就地城镇化”试验中，有广西师范大学和广西其他一些高等院校、农村经济研究机构参加。根据我在那里考察的体会，恭城的做法是很有特色的。这是一个多丘陵、多山的农业县，农民靠种植和家畜家禽饲养为生，农民住宅在改革开放以后长期是简陋的土坯房、茅草房，饮水要靠从较远的水源背负肩挑运回家中。最初的建设是从建设社会主义新农村开始的。县政府和乡镇政府为了改善农民的住宿和饮水条件，建设以自助、互助和政府给予一定补贴的方式，要求农村住房有较大的变化，因此，建设新农村便成为最初的口号和实际行动。新农村终于逐渐建成，不适合人们居住的地方的农民迁到了新的地点，居住条件普遍改善了，饮水条件也相应地改善了。这是农村变化的第一步。

县、乡镇和村着手考虑如何增加农民的收入。有三种方式可以使农民增收。一是家家养猪养鸡，组织商界参与，他们负责提供合格的饲料，提供猪和鸡的销售市场，并负责统一外运，目的地是广东珠江三角洲和香港、澳门。二是提倡种植果树，精心培育新品种，既能在本自治区市场销售，又能销往广东和港澳。三是招商引资，欢迎本地和外地的民营企业参与恭城县的工业化和城镇化建设，把恭城县城乡的养殖业、果品业和其他农产品的加工业推向市场，使地方经济进一步活跃起来，使恭城县城乡居民的收入日益增长。

地方政府的财政状况改善了，在力所能及的条件下使农民的社会保障待遇相应地增加，农民的生活质量不断上升。那里的新农村（也就是新社区）的生活条件和生活质量同桂林市各个乡镇、甚至同桂林市城区的居民没有什么差别。农民之间流行着这样一句话：“这同进城居住有什么差别？我们是看不出来的。”还有的农民说：“除了孩子上学的学校同桂林城区的学校相比还有差距外，其他的都比住在城区舒服。”

这就是“就地城镇化”一例。

再以北方的例子山东烟台市的龙口市来说。我们在龙口市城乡遇到山东省内一些高等院校和科研机构的教师、学生和科研人员在这里调研，据他们说，龙口市的“就地城镇化”很有特色，因为它有大型龙头企业南山集团对城镇化的积极参与。南山集团用自己的力量帮助当地的农民实现的“就地城镇化”，很有启发性。我同全国政协经济委员会调研组的成员在龙口市考察后得出的是类似的结论。

具体地说，南山集团是这样规划和实践的。由南山集团这个龙头企业牵头，把农民组织起来，农民把土地入股到龙头企业南山集团，南山集团在这一大片土地上，按土壤的性质和区位，有的种粮食，有的种果树，有的种葡萄，有的种饲料，耕地仍然是耕地，耕地不变更为建设用地。在农村建设用地上，则盖起了工厂，有些盖成了新农村的农民楼群，让农民搬入了新居，一家一套住宅，宽敞明亮，水、电、煤气供应齐全，再加上宽阔的马路、居住区内的生活垃圾处理、污水处理，都井井有条。居住区附近，有学校，有托儿所、幼儿园，还有卫生所、敬老院和各种生活服务设施。这就是新农村正在向新社区转化。农民愿意外出务工或从事商业、手工业活动的，听任他们自愿，愿意带家属外地谋生的，也尊重他们的意愿。不愿外出的，由南山集团管理部门按照这些农民的体力状况、专长和志愿，或分派到南山集团下属工厂当工人，或去果园、葡萄园、菜地、粮田、饲养场工作，或留在居民区从事服务工作。每个农民年终按入股股份分红，每月还有工资可领。如果家里人少，还可以把分到的住宅中的一部分租给外乡人居住。这种模式又被称为“公司+社区+农户”模式。

但我们在烟台市调研中也发现部分农户和村干部有如下的顾虑，即担心将来某一天，当某个村或若干个村把土地也入股于类似南山集团这样大型龙头企业之后，由于事先预料不到的某种原因，该龙头企业在市场激烈变革中亏损了，倒闭了，改组了，甚至被其他公司控股了，接管了，于是村里农民的社会保障待遇能否坚持不变呢？在原先的工厂或各种专业队中工作的，工资能否照发呢？原来制定的年终按股分红的做法能否维持原状呢？这些都是不确定的。由此引发的对农民的就业和生活的负面影响却不可忽视。虽然目前还没有看到龙头企业有倒闭的迹象，但谁能担保今后龙头企业不亏损、不破产、不改组等情况呢？

在调研组成员的讨论中，一种可行的建议是：已经实行“公司+社区+农户”模式的龙头企业，从现在起，每年从利润中提取一定比例的风险担保基金，积存在信誉良好、资金充足的大银行中。这笔逐年增长的风险担保基金，平时不用，等到将来该龙头企业遇到大风险而难以应对时，这些积存的风险担保基金，将有助于缓解农民所遇到的困难。今后，对农民把土地入股到龙头企业，由龙头企业吸纳农民务工或种田，并由龙头企业代为农民解决社会保障问题这样的模式，一定要从严审查，以免因龙头企业在市场竞争中发生经营亏损、失败、倒闭等情况而导致入股农民受连累。同时，即使经过严格审查而建立了“公司+社区+农户”模式，从一开始起也应当建立风险担保基金制度，以避免在发生意料不到的事件时农民遇到困难的情况的出现。

三、新社区和企业合作的其他形式

前面已经指出，尽管在过去一段时间内，在某些省（市、自治区）的某些县城已出现了以农民土地入股为特色的“公司+社区+农户”的模式，有些龙头企业经营得较好，农民收入稳定增长，企业同样呈盈利的趋势，但隐忧依然是存在的。所以建议今后对于以农民土地入股为特色的“公司+社区+农户”模式应当严格审核，并且建议实行风险担保基金制度，以避免在公司经营欠佳时发生困难。应当认识到，即使某些地方采用了农民土地入股于龙头企业的模式，但农民土地入股于龙头企业只不过是新社区和企业合作的形式之一。客观上还存在新社区和企业合作的其他各种形式。

根据我们的调研，以下两种不同于农民土地入股于企业的做法，可供参考。

1. 农民组成了农民专业合作社，农民把土地入股于农民专业合作社，农民专业合作社再同企业进行协商，商讨如何与企业合作，包括技术指导、帮助农民专业合作社发展和销售，或其他业务。农民住宅的规划、改建、扩建、搬迁等事项，不由企业负责，而由新农村（新社区）管理层组织、负责，而农业生产则由农民专业合作社的管理层组织、负责。我们在重庆市调研时，发现这种模式是被普遍接受和采纳的。例如，在梁平县，那里盛产西瓜和茶叶，农民建立了西瓜生产合作社、茶叶生产合作社，由这些合作社同企业合作，这种合作是通过合同巩固下来的，双方都有义务遵守合同的规定。

在重庆市的长寿区和江津区，那里盛产柑橘。农民组织了柑橘生产合作社，由柑橘生产合作社分别同企业协商，建立合作关系，即由企业提供技术，提供生产资料（如种子、化肥、灌溉机械设备），并统一收购产品，经营销售。参加柑橘生产合作社的农民，有些把自己的承包地入股于柑橘生产合作社了，年终参与分配，除了得到生产报酬而外，还有股金分红收入。至于农民的住房条件改善，等等，则由新农村（新社区）的管理层和柑橘生产合作社的管理层一起规划，一起组织修建、扩建、搬迁等。

这种由农民把土地入股于农民专业合作社的做法，比农民直接把土地入股于龙头企业有利。农民说："大企业离我们农民太远了，平时同大企业接触不多，它们是盈利还是亏损，我们既摸不着，也看不见，我们不放心；而土地入股于农民专业合作社，离我们近多了，它经营好坏我们都了解，我们土地入股，可以放心。"这些话很朴实，反映了农民的心意。

2. 由县、乡镇政府或由新农村（新社区）管理层牵头，一方面负责农民住房的改造、扩建、新建和搬迁，使农民生活条件得以改善，另一方面负责寻找工商业企业作为合作伙伴，帮助农民进行专业化生产，如帮助和指导农民修建蔬菜大棚、草莓大棚、瓜果大棚，等等，精耕细作，产量高，农民收入增长了。生产仍由农民各家自营，社区则组织专业化的运输队，帮助农民把农产品运往城镇市场销售。在这种情况下，同新农村（新社区）有合作关系的企业也以合同方式把它们同农民之间的帮扶活动规范化，一切都按合同规定办理，以避免违规违约事件的发生。

在贵州毕节市下面的七星关区、大方县、黔西县的城镇和农村，我们看到这种形式的新农村（新社区）同企业之间的合作关系开展得好。农户实际上是自主经营和盈亏自负的，但农户的生产和销售却是在新农村（新社区）指导下进行的。我在谈到新社区和企业合作时，曾特别强调"新社区指导"和"农户自营"这两个特色，企业的参与是有序的，是同新农村（新社区）的指导和农民的自营方式分不开的，所以我称之为"社区指导下的农民自营模式"。

四、农民专业合作社和企业合作模式的弱点及其补救办法

农民把土地入股于农民专业合作社虽然可以避免发生把土地入股于龙头企业所带来的风险，但也有自身的弱点，这同样是不应当忽视的。

农民专业合作社是本村本乡农民组织起来的，规模小，底子薄，市场经验不足，资本周转常常感到紧张而难以舒缓。加之，

市场开拓能力有限，因此不一定能得到好的经营效果，农民对自己把土地入股于农民专业合作社的信任度也就下降了。如果农民专业合作社的运作不规范，账目公开不及时，或专业合作社的领导人是由本村本乡的基层干部兼任的，平时就不接近本村本乡的农民群众，他们或者作风生硬，或者能力较差，管理不善，这一切都会使农民逐渐失望。但在本村本乡往往只有这么一家专业合作社可以加入，农民无法进行另外的选择，只好无奈地随着大伙走，把土地入股到自己并不很满意的专业合作社之中。这种情况我们在农村调查时也曾遇到过。

农民专业合作社最明显的弱点在于资金有限、规模有限、市场开拓能力低下。这就需要同企业，尤其是龙头企业多方面合作。正如前面已经提到的，除了农民把土地入股于龙头企业这一带有风险的做法以外，其他方面的合作形式是多种多样的，包括种子供应、饲料供应、科技指导、订单发放、产品运销、市场咨询、管理咨询，等等。可以认为，力量软弱的农民专业合作社如果缺乏龙头企业这样的合作伙伴，单靠农民专业合作社到市场中去闯荡、拼搏，可能难以有大的作为，甚至会在市场竞争中败下阵来。

这就给许多力量较弱的农民专业合作社出了一道难题：要么过度依靠龙头企业，离开了龙头企业就一事无成，结果免不了受到龙头企业的控制，渐渐丧失了自主性、独立性；要么摆脱龙头企业的控制，只同龙头企业保持一定程度的商业往来，农民专业合作社基本上是小规模经营，小打小闹，至多得到微薄的盈利，农民不满，认为专业合作社办得没有起色，甚至要退股自营。

怎么办？有什么补救办法？一种可行的措施是：在继续保持同龙头企业一定商业往来之外，走农民专业合作社联社的道路。一家农民专业合作社，势单力薄，难以在市场竞争中获得优势，但若干家农民专业合作社联合起来，走联社的道路，情况就会发生变化。

联社大体上可以分为以下三种形式：

第一种形式，参加联社的各个农民专业合作社合并组成一个大型的农民专业合作社，由后者统一发行股票（或称社员股权证）。这样，它就成为一个较大的法人组织，原来的各个农民专业合作社成了下面的分支机构。这样的联社统一核算，统一经营，统一分红。好处是：合并组合以后，大型农民专业合作社形成了，有条件组成自己的船队、车队，有条件自己建立码头、仓库，还可以自运自销，减少成本，取得更大的市场份额，取得较丰厚的利润，从而使入股农民得到较好的福利待遇和各种收入。但新的缺点也会产生，例如，决策过程较慢，不能像小型农民专业合作社那样的机制灵活，及时决策，而且机构大了，办公费用、职员人数也增多了，成本将迅速增高，办事效率则相应降低。对于中国广大农民来说，由于他们是经历过人民公社时期的，经验教训记忆犹新，他们担心会重走过去“一大二公”的老路，结果又会成为过去那种体制的翻版，陷入官僚体制的陷阱中。因此，第一种形式的联社不一定受到农民们的信任和拥护，至少近期内是这样。

第二种形式，参加联社的各个农民专业合作社依然保持自己的独立性，自营自销，自己决策，联社是一个虚体，不是一个实体，联社实际上等同于一个协会。协会性质的联社并不能直接管辖参加联社的各个独立经营的农民专业合作社，但可以对后者进行指导，提出建议，协调各个农民专业合作社之间的关系，并能帮助解决所遇到的困难。协会性质的联社如果能发挥它的指导作用、协调作用，对于农民专业合作社还是有益处的。但不足之处在于：实质性的重大问题依旧得不到有效解决，在市场竞争中处于弱势地位的农民专业合作社仍然难以摆脱生产和运销中的难处，以至于有些农民专业合作社有“不解渴”的呼吁。然而，如果有些农民专业合作社的日子过得可以，现在有了协会性质的联社的关心、指导和建议，未尝不可以再上一层楼，所以这样的农民专业合作社对于协会性质的联社是表示欢迎的。

第三种形式，是“既有统、又有分”的组织形式。从“分”的角度看，各个加入联社的农民专业合作社保持着自己原来的组织，实行独立法人的体制，自负盈亏，自主经营。从“统”的角度看，加入联社的农民专业合作社各自投一部分资本，成立公司型的“联社”，实际上就是成立一家合资的股份制企业。这家股份制企业是独立法人，有自己的董事会和总经理，还有自己的监事会，全部由股东大会选举产生。它从事外面的龙头企业所从事的帮助和指导各个农民专业合作社开展业务和开拓市场的业务。这样一来，外面的龙头企业就无法控制农民专业合作社了。

这种性质的“联社”，经营得越好，对各个农民专业合作社的帮助和指导作用就越大，农民专业合作社作为这家“联社”的投资者获益也越多。我曾经打比喻说：“这种性质的‘联社’是‘儿子’，各个农民专业合作社是‘老子’，‘老子’管好‘儿子’，‘儿子’帮助‘老子’，‘老子’和‘儿子’都能受益。”

五、社区指导下的农民自营模式的弱点及其补救办法

前面已经指出，“社区指导下的农民自营模式”是另一种模式，虽然在这种模式之下也存在新农村（新社区）、企业和农户之间的合作关系，但它有两个特色：一是“社区指导”，企业同农户之间的合作关系和商业往来，基本上是在社区指导之下开展的；二是“农户自营”，即每个农户实际上就是一家“小微企业”，它们自己筹资融资，自建蔬菜大棚、草莓大棚，自建养猪场、养鸡场、养鸭场，自主生产经营，或者在村头路边摆设摊位销售，或者自己运到城镇农贸市场去销售，或者同企业签订合同，由企业帮助运到城镇销售，或者事先由企业给农户下订单，往往随着订单的签约，企业有一笔订金付给农户，农户可以用作种植、养殖的资金。

我们曾在贵州毕节市黔西县同当地的政府官员谈过：“为什么你们强调‘社区指导’这几个字呢？”回答是：“第一，农民不了解市场的行情和走势，他们万一误传误信，种植或养殖过剩的农牧产品，将来卖不出好价钱，岂不是亏了？”政府、社区在

这方面掌握的信息较多，所以“社区指导”是必要的。“第二，外面的企业纷纷来到乡下，找客户，推销种子、化肥、农药、饲料，甚至小型农业机械，等等。农民信息闭塞，不知那些企业的信誉如何，如果买了假冒伪劣的生产资料，岂不是上当吃亏了？”因此，这也有赖于“社区指导”。在政府的帮助下，有了“社区指导”，能对外来的企业是否信誉良好做出较符合实际的评价，对农户是有利的。

为什么除了“社区指导”之外，还强调“农民自营”这一特色呢？我们在毕节大方县调研时曾经问过当地乡镇干部，他们的回答很简单：“这里一些农民不打算组成专业合作社，认为还不如单干，自己生产，自己拿到市场去卖，心里踏实。”也就是说，过去那种“人民公社”模式，农民怕了，害怕走老路，还是“农民自营”好！在黔西县和大方县中间的百里杜鹃景区，我们对上述观点得到进一步的证实。百里杜鹃景区里小饭馆、小旅店、出售当地手工业品的小商店很多，全是农民自营的。据说在旅游旺季，游客来自国内国外，山道拥堵不堪，找一家小饭馆吃饭或找一家小旅店住宿都很难，往往要事先预约。这些“农家乐”形式的食宿点，都是农户自营的。为什么农民不组织专业合作社来经营“农家乐”？我们了解到，农民们始终认为合作社办“农家乐”还不如“单干”，全家的积极性都迸发出来了。所以“农民自营”是适合当地情况的。

在贵州毕节市调研过程中，我还想到了以下两个问题：

一是，无论哪一种社区、企业、农民之间合作的模式，都应当遵守农民的意愿，应当尊重农民做出的选择。违背农民的意愿，置农民自己的选择于不顾，最终总是难以持久的。如果农民专业合作社组织或“社区指导”的推行都只体现了地方基层干部的意志，肯定会被农民看成是又回到了计划经济时代的“集体经济”老路上去。他们没有忘记在计划经济体制下，有些人民公社或生产大队办起的集体经济的企业（当时通常称为社队企业，后来称作乡镇企业），实际上是由基层干部把持的。这些基层干部中，有些人也是“能人”，但大权独揽，独断独行，名为“集体经营”，实际上不少变成了“干部的企业”。比如说，有些社队企业成了基层干部随意报销私人支出的场所，账目混乱，损公肥私；有些社队企业成了基层干部凭自己的权力安插家属或亲朋好友的配偶和子女的单位；有些社队企业成了某个在当地有势力的家族控制的企业，父子相传，兄弟相传，外人无法进入企业领导层。这些都是计划经济时代后来愈演愈烈的现象。难怪在有些领域内农民只相信“单干”而不相信以集体为名的集体经济组织了。

据我们调研，今天的农村中，除了本乡本村农民组成的、产权清晰、管理层是农民选举出来的农民专业合作社能得到农民信任而外，凡是产权不清晰、产权不落实到户、管理层由上级指定的“集体经营”的企业，都很难得到农民的认同。这一方面由于农民有了产权概念，他们坚持产权要细化、量化，否则他们不会相信这样的企业是“自己的企业”。另一方面，既然是大家的企业、“自己的企业”，企业就应当按股份制组成；农民以土地入股也好，出钱入股也好，都必须按既定的规章制度办，而且年终应有红利可分，不然农民会认为这样的股份制企业没有存在的必要。

可见，农民在对待办企业或建成农民专业合作社方面，是越来越讲实际和讲效果的。

二是，在强调“社区指导”和“农民自营”的前提之下，怎样克服“社区指导下的农民自营模式”的弱点？怎样采取补救措施呢？根据我们在贵州省毕节市的考察，感到目前可以从四个方面着手：

1. 提高“社区指导”的质量

“社区指导”不应当成为一句空话，而必须有实际内容，使农民增产增收。农民懂得，空话无用，只能浪费精力和时间。同时，“社区指导”重在指导，而不能成为官僚主义的瞎指挥，扭曲地成为变相的干预或限制。这是最容易犯的错误，也是农民最为不满的做法。

2. 提高农民的知识和技能，使他们成为合格的市场主体

现阶段，农民最不足的是缺乏知识和技能的培训，不知道如何变成合格的市场主体。这除了要让农民懂得市场经济的基本原则以外，更要鼓励他们在市场中经风雨，多闯荡，路是人走出来的。

3. 创造良好的农村和小城镇的融资环境

自营的农民往往感到资金的周转不灵，因为融资问题一直没有很好地解决。在这种情况下，金融机构应当把增设基层的小额

贷款作为业务重点，帮助农民改善生产和销售的环境。

4.要懂得维权，保护自己的利益

自营的农民由于缺乏经验，或由于对市场情况不熟悉，容易上当受骗。在社区指导下，农民要懂得维权，以免权益被侵害，经济利益受损。

六、新社区的前景

前面已经指出，新社区是以社会主义新农村为基础发展起来的。随着农村户籍的居民不断进入新社区，新社区终于扩大和发展起来，成为城区（包括老城区和新城区）以外城镇化的又一组成部分。但新社区的发展不会到此止步。居民在这里聚居后，新社区面临着升级和进一步发展的任务。

新社区的升级是从体制上进行分析的结果。这里最重要的升级是两项：一是实现了社会保障的城乡一体化，即城乡户籍统一了，在新社区内，所有的居民都是一元化的户籍，即都是城镇户籍，城乡居民的权利平等了，长期存在的户籍歧视消失了；二是从建制上进行了改革，新社区不再存在村的建制而改为社区建制，村委会被社区管理委员会所替代，这表明新社区在体制上通过改革而升级。

然而，新社区的升级将持续进行。这是指：新社区的居民越聚越多，各项公共设施亟待建设，这样才能使公共服务到位，新社区不能仅仅靠若干栋居民楼的存在，而有必要进行园林化，成为适合居民生活的居民区；新社区还应走循环经济道路，使生活垃圾回收，废弃资源得到利用。所有这些工作都将在新社区的进一步发展中实现。所以，新社区的升级将在进一步发展中逐步成为事实。

新社区蕴藏着民间极大的积极性，这就是新社区得以升级的动力。无论来自何地的城乡居民，一旦进入新社区后，由于公共服务到位，特别是城乡社会保障一体化的实现，他们就会安下心来，融入了新社区，于是他们的积极性就被进一步调动起来。他们在想些什么？想改善自己的工作条件和居住条件；想增加收入和社会福利；想让自己的下一代有良好的受教育机会，将来有一个好的就业岗位；想让家里的老人有一个幸福的晚年，有各种为老年人服务的设施；还有，他们希望社区内大家和睦相处，互助互信，形成社会和谐的氛围，等等。有关新社区持续发展的动力就这样产生了，新社区升级的动力也自然而然地涌现了。这种来自民间的、取之不尽用之不竭的动力促成了新社区的持续发展和升级。这就是新社区的前景。

民间蕴藏着极大的积极性，而要让这种积极性被进一步调动起来，至少需要有两个基本条件：一是新社区要有民主管理制度和受社区居民信任的有效管理层，二是新社区的居民能有机会发表自己的意见，他们也乐于提出自己的各种意见，这些来自社区居民的意见不仅被社区管理层听到，而且能被他们采纳，如果暂时还无法付诸实施，那也应该由管理层定期向社区居民做出解释。这两个基本条件是紧密地结合在一起的。没有前者，就没有后者。

当然，仅仅有上述两个基本条件还是不够的。还需要每一个参加工作的（包括自谋职业和自行创业的）社区居民在各自工作岗位上把本职工作做好。他们兢兢业业，尽心尽职，务工的成为一个踏实工作、出色工作的职工，自主经营和自行创业的有更大的抱负，一心想把生意越做越红火，收入越来越多，而且信誉也越来越好。这就推动了新社区的升级和进一步发展。

每一个家庭，不管是家在城镇，家在农村，或家在新社区，总是希望自己的收入逐渐增多，希望自己家庭的生活越来越好，希望下一代能有出息、有成就，而且能生活在比现在更清洁、更和谐、更富裕的环境中。这是所有的居民家庭共同的心愿。迁入新城区的居民无疑有这种心愿，但他们对新城区发展的影响力是比较有限的，因为新城区主要靠工业园地、高新技术开发区、物流园地等构成，企业是否愿意转到新城区来是关键所在，居民的积极性有一定作用，但企业的积极性更加重要。居住在老城区的居民以及迁入老城区的新居民家庭，同样有上述心愿，但老城区的布局已经是历史形成的，关键在于政府在改造老城区方面能够投入多少，而且这似乎更加重要。相形之下，新迁入老城区的居民的积极性所起的作用毕竟是有限的。

然而在新社区的建设、升级和进一步发展中，新社区的居民所起的作用就大不一样了。新社区以近年来新建的社会主义新农村为基础，从这个意义上说，新社区的居民都是（或大部分是）逐渐迁入的，大家都是新居民。如果新社区在升级、发展过程中实现了城乡社会保障一体化、居民权利平等和户籍一元化，那么大家都是受益者。新迁入本社区的农民和最初迁入本社区的农民，并没有多大隔阂，他们全都融入了新社区。而新社区的建设、升级和进一步发展，也全都依靠着新社区居民们的努力，包括他们的自主经营和自行创业。这就可以看出新社区中居民们积极性的作用要比新城区，尤其是老城区中居民积极性的作用大得多。这也正是新社区今后继续升级和发展的动力的源泉。

（2011年11月在北京大学光华管理学院研究生班的讲话）

2012年

论创意和创新的制度条件

一、没有创意就没有创新

常听到有人说："发明是科学家的事，创新是企业家的事，创意则来自天才。"创意总是先于创新。任何发明和创新都以创意为突破口。创意首先体现于设计思想的超前、设计思想的领先。要设计出别人所没有的，甚至连想都不敢想的新工艺流程和新产品。具有创意的产业，才能占领本产业的制高点，也才能引领本行业发展的新潮流。创意引领发明，引领创新。这就是说，没有创意就没有创新。

如果没有科学家的努力，创意只会停留于设计阶段，不会转化为发明。如果没有企业家的努力，研究的成果只会停留于实验室阶段，不可能对经济产生巨大作用和结出丰硕的果实。企业家的最大功绩在于把创意和发明引入经济，落实于创业行动。

创业就是建立有核心竞争力、拥有知识产权并且能继续开拓市场的市场主体。经营和管理是两个不同的概念。管理，是在资本存量为既定条件下，如何配置人力、物力、财力，以提高效率；经营，则是以资本存量增加为目标，力求以现有的资本存量去促使资本增值。一个成功的企业家，不仅擅长于管理，更要擅长于经营。这才是创新和创业之道。

市场是可以创造的。创造市场，靠的是经营，而不能单依靠管理。管理固然是重要的，但对于一个企业家来说，经营更为重要。资本用活，主要靠经营；资本增值，也主要靠经营。中国企业家中不少人还没有弄懂这个道理。

二、没有创新就不可能立足于价值链的高端

对企业家来说，盈利率不管怎么说都是重要的，否则会引起投资者的不满，经理人也不能再得到投资者们的信任。价值链有低端，也有高端。企业唯有立足于价值链的高端，才不至于成为一个单纯的加工者，致使利润大部分归于有创意和创新的其他企业，知识产权属于他人。加之，如果企业处于价值链的低端，只能收到加工费，盈利的空间很少。要让企业的产值增加，利润增多，企业就必须走自主创新之路，拥有自己的知识产权。

企业立足价值链的高端，还必然会提高本产业的整体质量。这是因为本产业中的各个市场主体，彼此既是竞争者，又是合作者，或存在配套关系，或相互提供服务。这样，本产业中的企业

越是拥有更多的自主创新成果，就越会加快本产业的资产重组，进而本产业的整体质量会提高。这具体反映于本产业将形成新技术下的产业链，带动新产业链上各个环节的企业升级、转型。现代市场的竞争态势是：最优才有前途，才有出路，次优同样会被排斥，会被淘汰。形势逼人，市场是最优者的市场，最优者就是本产业的领跑者。

这就告诉我们：在创意、发明、创新的道路上，谁都不能满足于现状，都需要在现有基础上继续前进，不能止步。

三、没有合适的制度条件，既不可能有突破性的创意，也不可能有重大的创新

制度条件是不可缺少的。可以从以下五个方面来分析。

实现一个由市场主体投资的体制创新，是需要投资的。创新成功以后的扩大生产更需要投资。如果市场主体没有投资的自主权，那么创新不可能取得实际的成效，市场占有率也不可能增加。因此，必须把政府主导改为市场主体主导，这一转变十分重要。

要有一个公平竞争的市场环境创新，同样是需要投资的。创新成功以后的扩大生产更需要投资。如果市场主体没有投资的自主权，那么创新不可能取得实际的成效，市场占有率也不可能增加。

要有一套政府在税收、信贷、奖励方面帮助创新者的优惠政

策，政府可以根据自己的发展战略和产业政策，实行轻重缓急的区别对待。政府给予的优惠，同样排除所有制歧视和企业规模歧视。任何超国民待遇，都不符合公平竞争原则。

要有一套严格的知识产权保护制度，而且要依法执行，使知识产权保护落到实处。否则会使创新落空。

要有一套激励创新者的机制，包括企业内部的产权分享制度。以乔布斯来说，他是一个创新的领头人，他有一个庞大的创新团队，产权激励和分享把这个庞大的团队的积极性全都调动起来了。由此可见，对于创新来说：合适的制度条件是关键所在。

（原载《第十三届北大光华新年论坛会议手册》2012年1月8日）

城镇化过程中的“外部经济”和“外部不经济”

一、“外部经济”和“外部不经济”概念

在经济学中，“外部经济”和“外部不经济”是两个重要的概念，无论对宏观经济管理还是对于企业管理都十分有用，但往往容易被人们忽略。城镇化推进过程中，我们同样需要正确对待“外部经济”和“外部不经济”问题。

用最简明的方式来说明，“外部经济”和“外部不经济”都是指外部环境的变动给经济生活、行业、企业带来的影响，这种影响可能是有利的、不利的或中性的。如果外部环境变动所给予的是有利的、积极的影响，就称作“外部经济”；如果外部环境变动所给予的是不利的、消极的影响，就称作“外部不经济”；如果外部环境变动所给予的是中性的影响，通常可以不计。

不妨以城镇化为例。一个地区，推进城镇化，大量农民及

其家属迁往城镇，城镇的经济增长加速了，就业增加了，税收增长了，某些行业规模扩大了。对城镇本身而言，“外部经济”和“外部不经济”通常是并存的。但城镇化的“外部经济”很容易显现出来，并被政府部门、市民、投资者注意到，所以很快就会产生对“外部经济”的赞扬，城镇化的速度也会加快。可以认为：“外部经济”往往是城镇化的催化剂。

“外部不经济”与此不同。仍以城镇化为例。城镇化的“外部不经济”通常不少于“外部经济”，但“外部不经济”有些是显性的，有些是隐性的。隐性的“外部不经济”往往要隔开一段时间才能化为显性的，并且有时需要行内人士、专家、学者细致分析后才被发现或揭露。加之，城镇化的“外部不经济”要在充分暴露以后才会被政府部门、市民、投资者等注意到，但往往为时已晚，要采取措施应对也迟了。这里可以举两个例子来说明城镇化中的“外部不经济”。

例一：生产成本和交易成本的上升。

城镇化推进过程中，随着城镇人口的增长，就业和各行各业因投资的加大都显现出增长的势头。这是城镇化的“外部经济”的表现，很快就被政府部门、市民、投资者注意到，于是生产规模继续扩大。但生产成本和交易成本的上升，却是悄悄地、不断地表现出来的。比如说，土地供给紧张起来，土地价格随之上扬，生产成本和市民的生活费用也都上升了。又如，能源不足、交通堵塞、运输紧张，不仅逐渐给投资者和企业带来不便，也打破了居民以往宁静的生活，这些都是城镇化“外部不经济”的反映，也是滞后才暴露出来的。

例二：城镇环境恶化了，污染严重了。

城镇化推进之初，由于建立工业企业，环境污染问题虽然就已经开始，但一般还不会引起人们的普遍关注。环境问题是逐渐显现出来的。城镇的居民越来越多，城镇及其周围建立的工业企业也不断增加，废水、废气、废渣的排放越来越严重，这样，由环境恶化而引起的“外部不经济”成了政府、市民、工业企业职工日益重视的问题。但问题的发现已经滞后了，工业企业的外迁成为城镇不得不解决的问题，且困难已越来越大。向哪里迁移？如果造成污染的工业企业被环保部门列入必须关闭、停产之列，于是又出现了失业下岗人员的安置等问题，如果已经给市民或消费者造成了重大损失，还有赔偿损失的问题。“外部不经济”的恶果成为城镇化过程中无法回避的遗留问题。

“外部经济”和“外部不经济”的特点是：在外部环境发生变化后，比如在城镇化过程中，因“外部不经济”而遭到损失的受害人，并不会因遭到“外部不经济”的不利影响而得到补偿，正如他们也不会因得到“外部经济”的有利影响而要向外界支付费用一样。当然，如果能确定某一家企业或某一个居民本人或其家属因为受到某一家具体企业排放的废水、废气、废渣的有毒成分而受到损害，那么这一类型的“外部不经济”通过起诉并经法院裁判后是有可能得到补偿的。但大多数情况下，空气中所含的杂质或有毒成分找不到具体的排出者，补偿问题就只能悬而不决。

正因为“外部不经济”在多数情况下找不到施加给某个受害人的具体责任人，而只能认定为外部环境的变化所带给受害人的不利影响，于是“外部不经济”通常被称为一个难题，受害人索要控诉的对象只能是抽象的、笼统的城镇管理部门或笼统的工业企业群体。

二、城镇化过程中对“外部不经济”的可能解决方式

以上已经扼要地说明城镇化过程中“外部不经济”影响的由来。接着让我们探讨一下在城镇化过程中如何解决“外部不经济”的不利影响问题。

无论以城镇化进程中生产成本和交易成本的普遍上涨而使所有的市民和交易者遭到损失来说，还是以环境污染条件下所有的市民都因污染责任人不确定而不能因受害而追究污染责任人赔偿责任来说，对环境污染问题，在城镇化一开始时就应当严格执行建设项目“环保一票否决制”的规定，切不可采取“先污染，再治理”或“边污染，边治理”等不科学的做法，这样拖延下去，越到后来就越难治理，也越难减少受损害人的损失。

再从城镇化过程中生产成本和交易成本普遍上涨而使所有的市民和交易者遭到损失而无法得到补偿来分析。由于生产成本和交易成本普遍上涨是渐进的，一开始并不被市民和交易者察觉到，等到后来被察觉到时，可能生产成本和交易成本的上涨已经

有了一段较长的过程，并且积累了一定的涨幅，那就无法弥补已经上涨的生产成本和交易成本带给市民和交易者的损失了，即使政府从这时起采取了某些严格的制止生产成本和交易成本继续上涨的措施，那也不可能使生产成本和交易成本降回到城镇化开始时的状态。所以这是一个城镇化开始以后逐渐累积起来的价格上升过程，不易解决。

那么，究竟有什么办法可以减少城镇化以来所造成的这种“外部不经济”现象呢？一种可行的办法，是增加生产成本和交易成本逐渐上涨过程中受损和受益双方中受损一方的市场议价力量。要知道，一般的市民和交易者（包括消费者、小微企业主、小商小贩、务工和求职者等）在经济活动中的议价力量是十分有限的，他们根本不是大房地产商、大工业企业主和大商人等的对手，他们在经济活动中只可能是价格接受者，而不可能讨价还价。他们在现实中唯一可以做到的是及早提醒同行们关注生产成本和交易成本上升的趋势及其对城镇社会稳定的打击。这样就有可能引起社会上越来越多的人把情况早日反映给政府，促使政府采取适当措施。这种做法在一些地方还是有效的。

政府部门可能采取的另一种减少城镇化过程中一般市民和一般交易者因“外部不经济”受损的补偿办法，就是所谓的“统筹补偿”。“统筹补偿”是指：如果市场本身无法给予污染受害人以适当的补偿，或者市场本身无法因生产成本和交易成本上涨而给予一般市民和一般交易者以适当的补偿，那么可以由来自市场以外的第三方给这些受到损害的一般市民和一般交易者以某种补偿。这里所说的来自市场以外的第三方，可以是政府有关部门，可以是社会团体，也可以是某种公益性的机构，还有可能是特定的保险公司。具体做法包括：为低收入家庭建造福利性的住房（包括廉租房），以减轻低收入家庭因建房成本上涨而加重的负担，或者在某些生活必需品的供应中增加物价上涨补贴，或者对成员较多的低收入家庭给予一定的帮助，等等。但所有这些“统筹补偿”的经费是由政府拨付的或社会团体、公益性组织募集的，毕竟有限，很难真正弥补城镇化过程中“外部不经济”带给一般市民和一般交易者的损失。而且，在保险方面，如果有特定的保险项目可以减少受害者的损失，那也以居民申请保险，并按时缴纳保险费为前提。

甚至可以说，这种“统筹补偿”的做法及其持续性和效果都还需要继续探讨，继续实践，继续总结经验。

三、城镇化过程中对“外部经济”的有效利用

前面还提到，在城镇化推进过程中，“外部经济”的影响一直在显现出来。但由于“外部经济”的受益者，包括政府部门、市民、企业和交易者（包括就业者、投资者、消费者），都在不知不觉之中得到好处，所以他们反而不去关注“外部经济”的有效利用，以为这些好处是自然而然产生的，是理所当然的，结果，谁也不去考虑如何让“外部经济”持续发挥作用

和持续存在。

实际上，在这方面仍然有许多工作可做。特别是城镇化推进过程中的政府有关部门应当站得更高些，看得更远些，要有长远打算，要充分利用城镇化推进以后出现的“外部经济”的有利形势，加速推进城镇化。

下面，准备从三个方面来讨论城镇化过程中如何扩大对“外部经济”的有效利用问题。

1. 在城镇化推进过程中，政府有关部门应当抓紧制定本地区城镇化的中长期规划，包括老城区、新城区和新社区的远景规划，乘“外部经济”涌现的机会，及早对未来的建设做出统一安排。

这是因为城镇化开始之后，农村人口涌入城区、就业形势见好、各行各业都有发展的余地，再加上规模效益的逐渐显现，这些都是人们共知的“外部经济”。政府有关部门如果乘此大好时机，结合城镇发展趋势，在中长期规划方面多下功夫，对城镇的未来肯定会有好处。老城区和新城区的规划自不必说，特别有意义的是新社区的规划。这是阻力小、障碍少、农民向新社区集中的好机会。如果发展新社区的规划这时就基本上确定，对今后城镇进一步发展将会有更好的效果。例如，及早考虑到新农村中有些以后会发展为新城镇，所以在规划中要留出街道的规划，否则，等新农村已经形成规模以后再修建较宽的街道，安置商店和沿街的建筑物，那就太晚了。

2. 要知道，城镇化过程中所涌现出来的“外部经济”，正是城镇发展多层次教育的最佳时机。城镇有关部门决不要错过这一最佳发展多层次教育的机会。

教育要有良好的发展机会，一般有三个条件：一是民间有旺盛的受教育的需求；二是提供教育的政府、社会团体、教育单位和从事教育的个人能够提供教育产品（教育服务）；三是政府部门、社会团体、教育单位，以及教育供求双方都能够提供足够的资源（包括土地资源、货币资源和其他资源）。城镇化推进后，由于经济的发展和城镇人口的增长，特别是“外部经济”的日益显现，上述三个有利于教育发展的条件（有受教育的需求，有提供教育产品即教育服务的供给，以及教育供求双方都能提供足够的资源）可以得到满足。只要抓住这一大好机会，对城镇今后有重要意义的多层次教育一定能迅速发展。关键在于城镇政府部门要有战略眼光，并借此机会为吸纳人才和培育人才做出切实有效的部署。

3. 对本城镇辖区的支撑产业的建设和发展要趁早着手。应当懂得，“外部经济”的涌现往往是招商引资，以及为支撑产业的建设和发展打好基础的关键时刻，这个机会一旦错过，太可惜了。

还应当指出，城镇化推进过程中，除了某些自然禀赋比较特殊的地区在历史上就形成国有经济为主的格局而外，其他地区（包括矿业资源比较丰裕的地区）一般都寄希望于民间资本的进入和民营企业的发展，所以向民间招商引资往往是推进城镇化工作中重要的一环。城镇化开始后，新涌现出来的“外部经济”对民间资本和民营企业的投资都有较大的吸引力。但仅仅靠政府有关部门的宣传介绍是不够的，要让准备投资于本地的民营企业家实地考察，而且政府有关部门要讲诚信，要遵守法律法规，要向民营企业家表明政府的廉洁奉公。这才是对民营企业家的最大吸引力。而“外部经济”的存在，也只有在民营企业家实地考察之后才会被他们所认可。

（2012年5月在北京大学光华管理学院进修教师座谈会上的讲话）

扶植小微企业的最佳政策是免税

一、背景

据我考察，近两三年内小微企业发展较快，创业者包括农民、返乡农民工、大中专学校毕业生、下岗工人、退伍军人，还有残疾人、退休职工、家庭妇女等。小微企业吸收了许多人就业，为地方增加了产值，方便了群众生活，也促进了城镇化。

在有的市、区、县，政府为了帮助小微企业的发展，开辟了小微企业创业园，吸引小微企业迁入。小微企业创业园很受小微企业主欢迎。他们反映：进了小微企业创业园，政府的服务到位，水、电、煤气供应齐全，道路状况良好，进货销货都便利；进了小微企业创业园，许多小微企业聚集在一起，接触多了，信息交流也多了，大家都有好处，都有机会找到新的商机。

二、分析及对策

然而，我在考察中也了解到，小微企业同其他较大规模的民营企业一样，当前同样遇到困难。据他们反映，大体上有以下五个困难：

1. 订单在减少，特别是出口外销的订单。这主要是受到西欧国家和美国经济不景气的影响。有的小微企业主说，自从去年第四季度以来都如此，小商品（玩具、生活用品、小五金产品、礼品、节日用品、鞋袜帽子等）再不像过去那么红火了。

2. 用工成本上升。小微企业主说：现在很难雇到合适的工人，即使雇到了，别的地方出的工资高一些，他们就换工作。

3. 物流成本，包括仓库租金、运输费用、装卸成本等都上升了。

4. 融资难问题一直未能很好解决。小微企业通常仍得不到银行贷款，只得求助于民间借贷，而民间借贷的利率要比银行高出许多。

5. 税费名目多，负担重。我问这些小微企业主：当前你们认为什么是最重要的？是不是解决融资难问题最重要？他们的回答出乎我意料。他们认为，开办小微企业，摆在首位的是要有钱可赚。

仔细想想，这些小微企业主的话是有道理的。订单减少，要靠技术创新打开销路，但技术创新，哪有这么容易？而且技术创新需要时间，不是立竿见影的事情。

用工成本上升和物流成本上升，靠小微企业自身难以缓解。

劳动密集型企业内迁，也许有助于规模较大的民营企业降低用工成本和物流成本，但不一定适合于小微企业。何况，小微企业内迁，迁到哪里去？有合适的地点吗？内迁需要一笔投资，这划得来吗?

缓解融资难，有一定的用处。在需要资金的时候，小微企业不必求助于民间借贷，从而可以降低融资成本。但如果因用工成本和物流成本等上升过快，再加上销路减少，市场紧缩，企业是不会请求贷款的，而是宁肯减产、停产、关闭。

由此看来，现阶段对小微企业最好的扶植措施是免税。免税实际上给小微企业一种选择：如果选择停产，就享受不了免税优惠；如果选择继续生产，有了免税优惠，可以盈利；如果选择扩大生产规模，免税优惠更多，盈利也可能更多。在这种情况下，政府尽管减少了税收，但小微企业继续生产和扩大生产规模，将会维持就业和增加就业，政府仍将受益。

（原载《人民政协报》2012年6月21日）

把经济立法作为第一位的任务

——读《乔石谈民主与法制》

一、双重转型任务

乔石同志于1993年3月在第八届全国人民代表大会第一次会议上当选为全国人大常委会委员长。从这时起，我国实际上进入了双重转型的阶段。双重转型是指：一是从农业社会向工业社会、现代化社会转型；二是从计划经济体制向社会主义市场经济体制转型。这两个转型任务重叠在一起，交织在一起了。全国人大常委会面临着为双重转型立法的任务，因为转型急需依靠法律。如果没有法律的引导、推动和保障，改革目标难以实现，发展目标也会备受旧体制的阻碍。正如乔石同志当时所强调的："当前摆在我们面前的一个迫切任务，就是要认真研究在社会主义市场经济的总框架里加强立法，加快经济立法的工作。"

第八届全国人大期间，我担任全国人大常委、全国人大法律委员会副主任委员，参与了经济立法工作，因此对这五年（1993年3月—1998年3月）内的经济立法的进展感触尤深。的确，正如乔石同志所说："制定社会主义市场经济方面的法律法规，对我们来说是一个崭新的课题。"在西方国家，制定资本主义市场经济的法律，并使之形成一个较完整的体系，是在农业社会向工业社会、现代化社会的转型过程中逐步进行的。而在中国，我们还有另一类转型，即从计划经济体制向社会主义市场经济体制的转型，在全世界范围内，这是一项史无前例的立法任务，西方国家已有的经济立法，不可能照搬而只能作为参考借鉴。尤其是，我们必须从中国的实际出发，从国家的总体利益和人民群众的长远利益出发，协调中央和地方之间的关系、部门之间的关系、东部和西部之间的关系。

在经济立法过程中，乔石同志遵照邓小平同志的指示，一再告诉法律委员会，立法要有长期打算，法律不因领导人的改变而改变，不因领导人的看法和注意力的改变而改变，同时，应当成熟一项就制定一项，不要等"成套设备"。这是指：社会主义市场经济法律体系的建设远不是八届全国人大期间就能形成的，经济立法任务重，工作量大，协调工作困难很多，但又不能等待，一项法律出台后，如果过了一些年，形势变化了，或者发现法律中的某些条文已不再适用了，可以通过执法检查，在后来的全国人大会议上或常务委员会会议上进行修改，但不能等待。乔石同志的这一思路，经实践证明是符合双重转型过程中的实情的。

二、《证券法》的起草工作

我体会最深的是《证券法》的制定工作。《证券法》是第七届全国人大期间万里委员长提议制定的。万里委员长认为，像《证券法》这样一个涉及面如此广泛的法律，不宜由某一个部门主持起草，而可以由全国人大常务委员会中的专家主持起草，于是决定建立全国人大《证券法》起草小组。当时，我担任第七届全国人大常委、第七届全国人大财经委员会委员，被任命为《证券法》起草小组组长，吸收了北京大学、中国政法大学、中国证监会等单位一些专家参加起草工作。进入第八届全国人大后，整整五年内，我们一直为起草《证券法》而努力。乔石同志十分关心这项工作，见面时常常叮嘱我："要结合中国实际，多借鉴国外经验，但不要照搬。"直到第八届全国人大快换届之前，他还对我说："看来《证券法》草案要移交给第九届全国人大讨论了，工作细致些，有好处。"乔石同志的嘱咐，我始终牢记在心。《证券法》起草前后长达七年，终于在1998年12月29日第九届全国人大第六次常委会会议上通过了。

三、通过法律来规范和指导改革开放

乔石同志在第八届全国人大常委会第二次会议上的讲话《通过法律来规范和指导改革开放的发展》，是一篇十分重要的讲话，对于经济立法工作有指导意义。他指出，当前急需制定的有关市场经济方面的法律很多，大体上可以分为四类：一是规范市场主体的法律，必须用法律来保障和明确市场主体的权利和义务，明确他们能够自主经营、自负盈亏、自我发展、自我约束，公司法就属于这一类；二是调整市场主体关系，维护公平竞争的法律，证券法、票据法、仲裁法、担保法、反不正当竞争法、经济合同法属于这一类；三是改善和加强宏观调控、促进经济协调发展方面的法律，例如预算法、对外贸易法等；四是建立和健全社会保障制度的法律，劳动法、保险法属于这一类。

我们根据社会主义市场经济体制的改革进展情况，对上述涉及四个方面的法律草案逐个进行讨论，提出修改意见。对我自己来说，这是个学习过程，因为我是北京大学经济系毕业的，毕业后一直留校工作，对法律并不熟悉，但进入全国人大常委会工作后，尤其是第八届全国人大期间担任法律委员会副主任委员一职后，工作的性质逼迫我转入经济法的学习和研究。参与法律的制定和修改都是最好的学习机会。例如对商业银行法的修改，就使我的认识有很大提升。起初，商业银行法属于银行法的范围，而银行法原来划为宏观调控和促进经济协调发展的法律一类，经过法律委员会讨论后，认为商业银行在社会主义市场经济体制下应当成为独立的市场主体，商业银行法应当是一部规范商业银行的主体地位和主体行为的法律。商业银行就是金融业的企业，它的权利和义务得不到法律的明确界定，它的利益得不到法律的保障，是不利于社会主义市场经济体制的建立和完善的。大家认识统一了，商业银行法很快就由全国人大常委会通过。

在经济立法过程中，有一个实际的问题引起了法律委员会的关注，这就是地方立法和中央立法之间的关系如何协调。问题在于，省（包括自治区、直辖市）是有地方立法权的，改革开放后又授予深圳等经济特区有立法权。地方在经济改革过程中，有些改革政策是先行一步的，所以它们可以先试先行先立法。尽管地方的立法可以先行，但应当被看成是全国人大及其常委会立法的重要补充，地方人大制定的地方法规不能同宪法、全国人大及其常委会通过的法律以及国务院制定的行政法规相抵触。这是一条不可违背的原则。然而，中央立法和地方立法之间的协调问题，则是一直存在的。

四、中央立法和地方立法之间的关系

根据乔石同志在全国人大常委会上的多次讲话，法律委员会在经济立法过程中对中央立法和地方立法之间关系的认识加深了。法律委员会认识到，为了早日构筑社会主义市场经济法律体系框架，从中国实际情况出发，某些法规由地方先行立法不仅是可行的，而且是必需的，这是因为某些改革开放较早的省市和经济特区，积累的经验较多，如果它们在立法方面先行一步，成为经济立法工作的试验区，为制定法律提供经验，是一件好事情。将来条件成熟了，全国人大及其常委会在制定法律时，就可以充分吸纳地方立法的经验，制定适合全国情况的法律。

正因为有了这种认识，所以法律委员会总是以积极的态度对待地方法规，以它们作为制定法律的重要参考，从而也调动了地方人大制定地方法规的积极性。今天回想起来，尽管这已经是10多年前的事情了，但第八届全国人大在制定法律，尤其是制定社会主义市场经济体制下的经济立法方面对地方先行一步立法的重视，意义是深刻的。

第九届全国人大结束后，我转到了全国政协工作，先后担任第十届、第十一届全国政协常委和经济委员会副主任，继续为经济立法工作建言献策。第八届全国人大期间我担任法律委员会副主任委员的五年，我所学习到的东西使我终身受益。

（原载《人民日报》2012年6月28日）

“九二派”的启迪

一、从邓小平南方谈话说起

1992年的邓小平南方谈话是改变当代中国历史进程的一件大事。如果不是这次视察，中国的市场经济改革或许还要耽搁很多年。幸运的是，在小平同志南方谈话精神的推动下，中国正式确立了市场经济的改革方向，经过20年发展，创造出令人惊叹的经济奇迹，使人民生活达到了前所未有的安定富足。

回顾这段历史，我内心难以平静。我是1992年1月底得到这个信息的。在1992年1月27日、30日举行的两次北京经济学家高层座谈会上，邓小平同志南方谈话的一些要点已经悄悄传开了。大家都有说不出来的兴奋，似乎感觉到改革的春天已经临近。那年春节是2月4日，春节前两天，我接到中共广东省委和深圳市委的电话邀请，希望我到广州、珠海、深圳去做学术报告。我欣然应允，2月8日（年初五）就南下了。先到珠海，再去广州，然后到深圳。短短12天之内，连续做了4场报告：珠海一场，广州两场（广东省委一场、广州市委一场），深圳一场。此外，还在佛山、中山举行了两次以企业家为主的座谈会。我做报告和在座谈会上讲话的内容，都是如何推进经济体制改革，如何走向市场经济，以及如何实现国有企业、集体企业、民营企业的股份制改革。

二、新型企业家的涌现

听报告的和参加座谈会的人很多，会场挤不进去，加了不少凳子。听众中不仅有干部和企业家，还有一批年轻的大学生、研究生和刚参加工作的青年知识分子。那时候，人们在会场上习惯向演讲人递条子提问题。我看了一些递来的纸条，有许多是询问民间创业前景的。我从中预感到改革大潮已在涌动，民间创业的积极性已经被调动起来。

实践证明，社会财富的创造和人民生活水平的提高离不开企业家的活动。1992年，受邓小平南方谈话和经济改革推进的影响，一大批在政府机构、科研院所、高等学校工作的体制内官员或知识分子纷纷下海创业，形成一股商业浪潮。这是20世纪90年代中国经济高增长的主要动力。“九二派”是指1992年邓小平南方谈话后成长起来的一批企业家。他们中有很多人当时还很年轻，之后逐渐成为市场经济空白领域的开拓者或行业佼佼者，如本书提到的陈东升、田源、毛振华、郭凡生、冯仑、黄怒波等。他们这代人开创了中国现代企业制度和经济发展的新篇章。

我后来曾经多次讲过，这些人同20世纪70年代末和80年代涌现的那些企业家是不一样的。70年代和80年代之交出现的一批企业家，大多数是体制外形成的企业家，有胆量，敢拼搏，但文化水平一般比较低，缺少专业的训练。而“九二派”则与他们不同，有专业知识，有开阔的眼界；更重要的是，“九二派”不仅为了个人事业的成功，还满怀振兴中华的热情。他们有世界眼光，有志使中国经济在国际上名列前茅。同时，他们不是体制外形成的，而是先在体制内成长起来，再从体制内转到体制外的。

回顾中国多年来的改革，一方面财富创造取得了巨大成功，另一方面也产生了很多隐患。特别是最近10多年来，中国改革在城市与农村分别遭遇两大障碍——国有企业的垄断和农村的产权不明，造成一系列国计民生问题。例如行业垄断现象，政府压制民间金融，限制民间资本进入重化工业和城市公共设施部门，民间医疗、教育、福利等事业也困难重重，从而造成大量中下游企业经营困难，某些服务供不应求，成为社会关注的问题，如看病难、上学难、公共交通难。再如农民的产权不明确，政府通过强制征地成为土地市场上的唯一供应者，形成了“土地财政”。城乡二元分割，阻碍了社会保障的城乡一体化的实现，使一些人享受的社会福利和发展成果远远低于另一些人，等等。这类问题如果不解决，将会加剧社会的对立情绪和紧张气氛，影响到社会的和谐、稳定与长治久安。

要解决这些问题，必须继续推进改革。要知道，中国正处于双重转型时期。一种转型是从农业社会过渡到工业社会，另一种转型是从社会主义计划经济体制过渡到社会主义市场经济体制，两种转型重叠在一起了。在世界史上，这是独一无二的，也是空前的。正因为如此，在改革之初，我们必须从试点开始，在摸索中前进。“摸着石头过河”，是很形象化的比喻。碰碰试试，有了成绩，再总结推广。今天，中国改革已经进入深水区，过去常说的“摸着石头过河”不再适用，而需要视野开阔的顶层设计和统筹安排。为此，经济体制的决策者和参与者应该对中国改革的来龙去脉和企业活动的基本规律有更深入的理解。顶层设计更需要有战略家的眼光。与“摸着石头过河”的做法相比，后者是自下而上的改革，前者是自上而下的改革。如果没有战略家的眼光，顶层设计的改革方案如选择不当，对中国经济造成的损失，肯定会比“摸着石头过河”的做法大得多。所以顶层设计更应当广泛征求公众的意见，更要有胆识、魄力和智慧。

三、“九二派”的意义

“九二派”企业家是反映中国改革进程的一个重要群体。前面已说过，他们是先在体制内成长，再转向体制外的，他们既了解体制内的经济运行，又懂得体制外的种种酸甜苦辣。他们善于借鉴发达国家的成熟经验，把它们引入中国市场的空白领域，成为某个行业的开拓者或佼佼者。而这一切，往往是在新旧体制的转换时期和市场运行的灰色地带中完成的，从而可以为顶层设计提供更多的建议。我相信这些建议中定有不少可取之处。

总之，“九二派”的人生经历、创业故事和思想观念，会给关心中国经济改革与企业成长的人们带来深刻的启发。这就是本书的价值所在。在纪念小平同志南方谈话20周年之际，我谨向读者推荐这本书，并衷心希望中国改革更上一层楼。

（为陈海著《九二派：“新士大夫”企业家的商道与理想》一书撰写的序言，中信出版集团，2012年6月版）

扩大内需十论

中央经济工作会议将经济工作重点确定在拉动内需方面，这是一项极有针对性的决策。怎么拉动内需呢？这里谈谈我的看法。

一、扩大内需主要指扩大民间消费

扩大内需主要指扩大民间消费，也就是说，要提高民间消费在经济增长中的作用。扩大投资可以扩大需求，扩大政府消费也能够扩大需求，但是与扩大民间消费相比，二者都有一定的限制条件，并且副作用大，后遗症也可能存在，历史经验已经证明了这一点。

二、扩大民间消费是一个渐进过程，不能靠一时突击

扩大民间消费是一个持续推进的过程。不是靠一时突击，就能提高民间消费能力的。如果一时突击提高民间消费能力，比如，靠政府发钱，靠向其他国家掠夺，都会造成不好的后果。历史上有两次教训：第一次是公元前4世纪末，马其顿国王亚历山大控制了希腊以后，渡海攻打波斯帝国，波斯帝国被灭了，波斯帝国王宫中的金银宝藏都落在了亚历山大手里。他怎么花？一部分发给希腊各个城市（除了斯巴达，因为它不支持亚历山大）；一部分给退役老兵，大量发钱，而且都是大量现金；官员又分了一部分。这些钱到民间以后，造成了消费品价格上涨，连续100年都是通货膨胀，这是历史上有记载的。可见，用这种方式来花钱，最后造成的是通货膨胀，因为供给没有上去。第二次是16世纪到17世纪时，西班牙占领拉丁美洲（除巴西以外）后，开采了一些金银矿。这些金银被运回了西班牙，成为王室成员、官员、军官等家庭的私有财产，但是西班牙国内供给不足，就向法国、荷兰、英国去买消费品，引起整个西欧的物价上涨达200年之久，这就是“价格革命”。这两个例子告诉我们，我们要随着经济的增长逐步扩大民间消费能力，使供给和它相适应，这样才会出现一个稳定发展的状态。

三、从以投资拉动为主转变为民间消费为主的经济增长，其中必须有一个过渡

我们要从现在以投资拉动为主，转变为民间消费为主的经济增长，其中必须有一个过渡期，如果突然从投资拉动变成民间消费拉动，消费力量还不够，中国经济就会下滑，可能会降到5%，那是不行的。所以，我们首先要经历一个过渡阶段：投资和消费并重的阶段，然后再到民间消费为主的阶段。历史上有没有这个例子？有的。最典型的例子：第二次世界大战结束以后，西欧和美国的增长是投资与消费并重的，共同拉动了经济，长达20多年。这是因为，战后，西欧经济因遭到破坏，需要重新建设。为什么能做到消费和投资并重？因为20世纪30年代危机以来就一直被压抑的个人消费在战后恢复了。家家都要重新盖房子、买汽车，这样，消费有了，再加上投资，二者并重是可以做到的。所以当前我们扩大内需、扩大民间需求，应由投资为主过渡到投资与消费并重，再到民间消费为主。

四、当前扩大内需主要是提高低收入者的收入

当前扩大内需主要是提高低收入者的收入。低收入者的收入边际消费倾向是高的。但要尽可能让更多的低收入家庭转为中等收入家庭。因为中等收入家庭消费趋于多样化，低收入家庭的消

费基本上是单一的，就是吃、穿、住，而中等收入家庭则不一样，消费多样化了。只有这样，才能使我们做到长期增长的稳定性。

五、扩大内需必须先解除中低收入家庭的后顾之忧，这就要实现城乡社会保障的一体化

要扩大内需必须先解决中低收入家庭的后顾之忧，这就要实现城乡社会保障的一体化。20世纪30年代大危机的时候，在西方经济学界发生了一场争论，当时主流经济学派是新古典学派，有两位经济学家，一个是罗宾斯，一个是坎南，就如何解决当前的失业问题，他们说有办法：一个人的工作两个人做，一个人的工资两个人分，一个人的饭两个人吃，就解决了。可是，当时年轻的瑞典经济学者米尔达尔，跟他的同事一起向瑞典政府提交了一个报告，认为解决瑞典的社会问题必须先解决老百姓的后顾之忧，具体政策是大盖平价房出售、大盖廉租房出租，让人人有房子住；再加上失业救济、教育免费、公费医疗、养老金保障，这些政策是瑞典成为福利国家的开始。

第二次世界大战结束以后，西方经济学者再次开会讨论30年代初期两派经济学家的论断谁对谁错（30年代初，凯恩斯主义还没有出来）。大家一致认为，新古典学派是错的，瑞典学派是对的。新古典学派错在什么地方？一个人的工作两个人做，一个人

的饭两个人吃，一个人的钱两个人花，这不会增加社会购买力，这是靠企业内部来解决就业问题的办法，对社会失业问题是没有效的，所以瑞典学派在这方面是对的。可见，要扩大消费，就要解决消费者的后顾之忧。消费水平的提高会增加就业，一批人就业后就有收入，收入花掉，又有一批人可以就业了。这批人有收入再花掉，更多人就业了。这就是就业乘数理论。

六、要让农民有财产性收入

要让农民有财产性收入，这是增加农民收入、扩大民间消费的一个重要途径。产权要落实到户。最近几年进行了集体林权制度改革，林权落实到户，林权证发到农户手里，这样，农民的积极性就调动起来了。假定不是这样，比如，搞集体林权制度改革，只是承包到乡、承包到村，就不会有今天这样的效果。

七、兴办小型微型企业是扩大内需的重要方法

各类民间创业，兴办小型微型企业是扩大内需的重要方法。要调动这种积极性，要给予支持，包括金融支持。农民的家庭果园、家庭菜棚、家庭作坊、家庭养殖场，一直到家庭林场，都是小微企业，它们是与市场直接联系的。提高农民收入，可以通过

经营自己的林场、菜棚、果园、养殖场等形式来进行。这样，农村经济就活了，小城镇的经济也就活了。

八、让社会垂直流动，保持渠道畅通，这是促进居民收入增加的重要手段

让社会垂直流动，保持上下流动渠道畅通，这是促进居民收入增加的重要手段。20世纪70年代以后，西方经济学界出现了二元劳工市场理论。什么叫二元劳工市场？就是说，市场分上等劳工市场和下等劳工市场，上等劳工市场的职业是“好职业”，下等劳工市场的职业是“坏职业”。“好职业”和“坏职业”区别在哪里？工资这个多，那个少；福利这个多，那个少；这里有发展前途、有提升机会，那里没有；还有，就是这里可以不断学习知识、增强自己的能力，那里只是简单的重复劳动。今天的中国可能有这样一种情况，社会流动渠道堵塞，父母干这个职业，儿子也干这个职业，孙子也干这个职业，父子世袭。农民出来打工，世世代代都还是农民工。流动渠道不畅，应该怎么办？怎样避免社会阶层的凝固化？首先要创造公平竞争的环境，所有人都竞争上岗、择优录用，没有例外。另外，“好职业”数量应不断增加，让“坏职业”逐渐变成“好职业”，比如，可以改善工资待遇，提高服务标准，改善工作环境，提供学习机会，等等，这些对增加农民和低收入者的收入，都是有好处的。

九、要增加教育投资，使教育资源均衡分配

没有一定的投资推动不了民间消费，特别是要增加教育投资。教育资源分配不均衡，这是一个大问题，会造成就业不均衡，就业不均衡进一步造成收入不均衡，收入不均衡就会造成生活不均衡，生活不均衡了，那下一代也就处在不平等的起跑线上了。

十、对奢侈品的认识要逐步改变

对奢侈品的认识要逐步改变，要随着时代的变化而改变。30年前，戴一条金链子、戴一条珍珠项链、用一些化妆品，就是过奢侈生活了。现在变了，现在人们出国旅游，特别是去欧洲旅游，会购买很多东西，其中很多都是奢侈品，或者叫作“高档消费品”，这种现象是挡不住的。与其如此扩大外国的消费，不如创造条件让大家在国内买，所以，要减低这些产品的进口税，而前提就是对奢侈品的认定要跟上时代发展，要有所变化。

（原载《新华文摘》2012年第7期）

要重视对资本金融的研究

——为刘纪鹏著《资本金融学》撰写的序言

一、改革进程的回顾

资本金融是当今世界现代金融发展的新领域。从中国30多年走过的改革实践看，它既是股份制改革和发展的延伸，也是从单一间接融资的传统货币金融向资本市场直接融资为主的现代金融发展的方向。

30多年前，即1980年4—5月，在中共中央书记处研究室和国家劳动总局召开的劳动工资座谈会上，我提出了在中国实行股份制改革的建议，当时还仅仅是为了扩大就业，特别是为了安置回城知识青年就业，因为在我看来，通过股份集资兴办企业，投资多了，就业人数也会增加。实际上，在我提出股份制改革建议的同时，社会上股份制企业已经由群众集资组成，我只不过是理论界较早提出这一改革建议的学者之一而已。

1986年春季，针对有些同志当时提出的价格“闯关”，我指出中国的经济体制改革可能因价格改革的失败而失败，而中国经济体制改革的成功必定取决于所有制改革的成功，也就是取决于企业改革的成功。这里所说的企业改革，就是实行股份制。1988年，在国家体改委组织的“三五八”改革方案中，我又系统地提出以企业改革为主线的中国经济改革思路，将规范的股份制作为所有制改革的目标模式。进入20世纪90年代之后，中国正式拉开了推行企业股份制改革的序幕。

与此同时，上海、深圳两家股票交易所相继成立，这标志着中国资本市场和资本金融正式启航。从20世纪90年代初至今所走过20多年的道路看，资本市场对中国经济和社会发展做出了重要贡献。首先，以资本市场为基础的现代金融体系推动了中国经济的高速成长。其次，它对中国的企业改革起了很大的作用，积极地推动了中国国有企业和民营企业的转型，建立了现代公司制度。第三，它导致中国传统金融体系四大国有商业银行在2004年启动股份制改革和上市后，不仅市值在世界名列前茅，而且完成了现代公司制度的构建。第四，它还培育了大批以资产管理为核心的证券、信托等非商业银行金融机构，中国现代金融体系的架构初步建立。第五，它开辟了资本市场直接融资渠道，扩大了利用民间资金和外资的融资新渠道，使我国的融资体系和融资方式日益完善。

二、发展资本金融的现实意义

大力发展资本金融对中国具有现实意义。中国现代化应重视两个问题：一是城镇化的推进，二是自主创新和产业升级。这都需要资金支持。资金从哪里来？土地财政模式已走到尽头，地方融资平台也步履维艰，这恰恰是资本市场和资本金融大显身手的时机。通过发行股票和债券筹集民间资金，可以加速中国城镇化的进程。新经济就是“技术进步+证券市场”。大力发展创投行业，给创业者注入资金，使其依靠资本市场做大做强，这是促进新兴产业发展的助推器，使中国成为创新型社会的关键所在。

我认识刘纪鹏已20多年了。他是我的老朋友蒋一苇先生的学生，蒋先生是对中国企业改革做出突出贡献的一位学者，他不仅在理论上有很深的造诣，而且注重实践。那时我们经常在一起就股份制改革进行交流。1986年夏季，张劲夫同志看到我有关股份制改革的建议后，推荐给当时的国务院领导。1986年秋季，我随胡启立同志到四川考察，准备在那里进行股份制改革。这时，蒋一苇也陪同张劲夫同志在四川帮助嘉陵集团进行股份制改革试点，刘纪鹏和我的一些学生都参加了。

1989年后，中国的经济理论界有过一段时间的沉寂，却有一批年轻人，坚持从事中国的证券市场和股份制的设计。这批年轻人如王波明、刘纪鹏、李青原、高西庆、章知方等，他们当时成立了一个机构，称作全国证券市场研究设计联合办公室（简称“联办”）。他们不仅设计上海、深圳两地的股票交易所方案，而且也参加了国家体改委《股份公司规范意见》的起草，并把定向募集股份公司法人股在全国证券交易自动报价系统（STAQ）挂牌交易，探索中国证券市场发展之路。

1996年2月，我到广西玉林的玉柴公司考察股份制企业的发展情况。玉柴公司正是刘纪鹏、王波明等人帮助股改并先后融资2.4亿人民币和5000万美元，并在北京STAQ系统和美国上市的。短短几年时间内，这家企业通过资本市场焕发了青春。我看到玉柴公司通过股票融资获得显著成功非常高兴，即席给玉柴人写下了这样两句话："玉雕精美多谢名师造就，柴火焰高全靠众人拾来。"

两句第一字就是玉柴，称赞股份制给玉柴公司带来了新生。这里所说的"名师"就是刘纪鹏、王波明等人。应该说，当时他们这批青年人在20世纪90年代股份制和证券市场的发展中是做了贡献的。这里所说的"众人"，不仅指玉柴公司的全体职工，而且也包括了所有为中国的资本金融改革贡献了智慧和力量的同志。

三、值得关注的三个问题

刘纪鹏这部著作，在探讨现代金融发展理论和实践基础上，提出了资本金融的概念和学科体系框架，这与他20年来从事我国资本市场建设以及相关理论研究的经历是分不开的。我感到此书以下三个观点尤其值得关注。

1.股票市场是不是赌场，投资人行为是不是零和游戏？长期以来，这个问题困惑着中国股市的投资人和监管者，使得股民得不到尊重，投资行为得不到保护。本书则首次提出了建立股市新文化，指出了股市不是赌场的理由，并开创性地阐述了股市基本功能，论证了股市不是零和游戏，股市具有增值功能以及股市增值从何而来。这对中国资本市场正本清源，保护股民权利意义重大。

2.本书在理论上把现代金融分为了以商业银行间接融资为主的货币金融和以资本市场直接融资为主的资本金融两个体系，指出以投行金融为主导，以资本市场为基础，以流动性和交易为主要特征的资本金融是现代金融的发展方向，应予高度重视。此外，本书还系统阐述了发展资本金融对于中国的现实意义，指出最近两次金融危机对中国不是灾难而是机遇，而中国要在未来新的国际经济秩序与分工中占据有利态势，就必须大力发展以资本金融为主的现代金融体系，在未来的国际金融竞争中掌握主动权，这也是中国经济崛起、实现强国战略的必由之路。

3.本书客观地分析了资本金融，分析了过度虚拟和无节制衍生带来的风险。金融创新和金融泡沫常常相伴而生。2008年美国次贷危机的爆发和目前愈演愈烈的欧洲主权债务危机，正是金融衍生风险失控的恶果。因此，如何监管好资本金融这个“调皮的孩子”同样重要，把这个问题说清楚了对于中国今后的金融创新和监管工作都意义重大。

我始终认为，经济学的观点正确与否需要时间来检验，经济学的创新与争鸣密切相连，但无论如何它是经济学繁荣的必由之路。应该说，这本书是在对现代金融理论和实践认真总结的基础上写成的，也是借鉴国际规范，结合中国国情，大胆进行创新的一次有益尝试，值得一读。

（原载《中国证券报》2012年7月21日）

难忘的大学生时期

——纪念北京大学经济学院成立100周年

我于1951年暑假在湖南长沙参加高考，被北京大学录取后于1951年8月底由长沙来北京，成为北京大学经济系的学生。从1951年到2012年，已经61年，我一直在这里学习、工作。即使1958年一年在北京门头沟区西斋堂村下放劳动，1964—1966年，在湖北荆州江陵和北京朝阳区高碑店两度参加社会主义教育劳动，以及1969—1971年将近两年的时间内在江西南昌鄱阳湖边的鲤鱼洲农场劳动，但我始终没有离开过北京大学。到2012年，我82岁了。在北京大学的学习和工作占据了我3/4的岁月，我忘不了北京大学，忘不了培养我、教育我的北京大学经济系（北京大学经济学院前身）。

61年来，北京大学处处使我留恋，事事使我难以忘怀。而至今令我印象最深的，则是1951—1955年的四年大学生活。作为对北京大学经济学院100周年院庆的纪念，我写下了这篇带有回忆录性质的文章《难忘的大学生时期》。文章共分五段：

一、回忆总是美好的

二、引路人：我的老师们

三、重在启迪和相互切磋

四、北京大学图书馆——知识的宝库

五、把美好的日子留在诗词中

一、回忆总是美好的

我1951年进入北京大学时，北京大学还在城里沙滩校园。红楼是我们上课的地方，北楼是法学院所在地，经济系办公室也设在那里。除了北京大学图书馆外，法学院还有一个图书室，收藏的是法律、政治、经济方面的图书，主要是教师阅览图书的地方，也对大学生开放。不过，我们这一年级（1951年入校的）是当时仅有的留在学校学习的年级，因为二、三、四年级的学生都去广西参加土地改革工作队，要到1952年才回校，法学院的教师大多数也到广西去了，所以法学院图书室是空荡荡的，没有多少读者。

经济系一年级课不多。除了外语（任选一门外语）以外，有政治经济学（资本主义部分）、经济地理、中国通史、会计学和作为政治课的新民主主义论，还有体育课，这些都是必修课。另外可以选一门选修课，有选文学的，也有选第二外语的。功课虽然选得很满，会计学还有习题，但星期日比较空闲。只有少部分学生是北京人，家在北京城里，所以走读。外地的同学大多是第一次来北京，一到星期日，只要不刮风下雨，都到公园名胜去游玩。

可惜，这样的生活只有半年，即一年级第一学期。一放寒假，“三反五反”、知识分子思想改造运动就开始了。有的学生干部被抽调到“三反五反”工作队去工作，据说是参加外调。学校里，教师们都自我检查，听取群众批评意见。关键是几位著名教授要在大会上作检查，学生们都得参加。全校大会上作检查的有西语系的朱光潜教授、经济系的周炳琳教授、法学院院长钱瑞升教授等人。课也停了，大大小小的会议排得满满的。好在图书馆还照常开放，爱学习的学生借书回去读。一些并不怎么爱读书的同学，乐得个清闲，不上课，也不借书阅读，而且各有爱好，如打桥牌、下围棋、听戏，或谈恋爱。就在大学一年级下学期，我们年级的男女同学之间就结成了好几对。好在他们后来家庭都很幸福，都儿孙满堂了。

到了5月末、6月初，法学院二、三、四年级到广西参加土地改革运动的同学先后返校了。经济系一下子就热闹起来。那时，初读大学一年级的我们（当时都被称作新生；尽管我们第二个学期都快读完了，仍被称为新生），整日忙着听老生谈参加广西土地改革的体会、心得、思想转变的报告，听完后一个个表态，折腾了一个多月，就放暑假了。第二学期基本上没有上什么课。

暑假快结束时，校园里传出了院系调整的消息。有人高兴，有人发愁。关于北京大学，大体上是这样的：医学院分离出去了，成立独立的北京医学院。工学院也取消了，有的系并入新建的北京航空学院，有的系并入清华大学，有的系并入在北洋大学基础上扩建的天津大学。教育学院，并入了河北大学。农学院，并入了新建的中国农业大学。文学院、理学院不仅完整地保留，而且把清华大学和燕京大学有关的系也并进来了。法学院变动很大，法律系、政治系并入了新建的北京政法学院，经济系则分成两部分，大部分并入中央财经学院（包括财政系、金融系、对外贸易系等），小部分留在北京大学经济系（唯一的专业是政治经济学专业）。当时采取经济学学生自报志愿、系领导批准的方式，我填的志愿是政治经济学。隔了许多年以后我才知道，关于我的去向是有争议的，幸亏代理系主任陈振汉老师和政治经济学专业负责人张友仁老师的大力帮助，我终于被分配到政治经济学专业学习。这是我未来能在经济理论和经济史研究中做出一些成绩的关键的一步，也是我深深感激陈振汉和张友仁两位老师的原因。

新学年一开学，我就随着北京大学师生一起迁入了燕园——燕京大学已经并入北京大学，燕园就是北京大学新的校址。由于燕京大学原来规模小，北京大学比燕京大学大得多，加上学生全部住校，所以学生宿舍十分紧张，经济系学生最早住在承泽园，是旧民房，家属区。隔了几个月，又迁到了全斋（未名湖北岸，现名红七楼）。

从这时起，我才真正接触到经济学，因为教学秩序恢复正常了。听著名教授讲课也是从这时开始的（读一年级时，教授们几乎都随着土地改革工作队去广西了）。

大学一年级，实际上只上了一个学期的课，与经济学有关的只有三门课，即政治经济学（资本主义部分）、经济地理和会计学。当时，我和其他同学都以为浪费了时间，没有学到什么。抱怨是有的。但迁到西郊燕园以后，随着教学秩序恢复正常了，课程内容扎实了，阅读参考书的数量增加了许多，所以怨气渐渐消失。

今天我仍怀念大学生活。回忆总是美好的。回忆的是若干年前的事情，形势变了，个人的经历丰富了，对人世间变幻无常的情况也习惯了，于是对过去的遭遇就会换一个角度来思考，来总结，总能从回忆中得到某种宽慰。过去哪怕是惊涛骇浪的年代，多年以后的回忆也会淡然处之，坦然处之。这就是我对待北京大学一年级生活的态度。

从大学二年级起，直到1955年大学毕业，我在北京大学之所以能够为将来的教学工作、研究工作打下较扎实的基础，多亏老师们的指点。这样，让我们转入这篇回忆文章的第二段——引路人：我的老师们。

二、引路人：我的老师们

我认为在大学生时期，对我帮助最大、给我印象最深的，是这样六位老师：陈岱孙、周炳琳、赵迺抟、罗志如、陈振汉和张友仁。

1.陈岱孙先生

院系调整前，陈岱孙先生是清华大学经济系系主任。院系调整时，他离开清华大学，出任中央财经学院副院长。1953年，他调到北京大学，担任经济系系主任，从此在北京大学工作了40多年。

陈岱孙老师讲授经济学说史一课。那时我已在念大学三年级。这是北京大学经济系的一门重点课。陈岱孙先生从希腊罗马经济思想一直讲到凯恩斯理论，每星期讲两次，一次两学时，讲两个学期。他讲得最仔细的是两个部分，一是古典政治经济学，从威廉·配第到李嘉图，包括古典政治经济学的理念体系、政策主张和学术影响；二是以马歇尔为代表的新古典学派的经济学说，并着重说明新古典学派在1930年资本主义大危机发生后所陷入的理论困境，以及凯恩斯理论是在什么背景下产生和发展起来的。陈岱孙先生的讲课效果很好，吸引了很多学生对经济学说史产生兴趣，我就是其中的一个。我对经济学说史学习的劲头一直很足，因为通过陈岱孙先生的教导，我越来越认识到，如果没有扎实的经济学说史的基础，在理论的学习中是不可能融会贯通的。

2.周炳琳先生

周炳琳先生过去曾担任过北京大学法学院院长，但我进入北京大学经济系时，他已不再担法学院院长（由钱端升先生担任法学院院长），而到广西参加土改去了。他回到北京后，暂时没有排课。由于他和赵迺抟先生是好友，又是邻居，所以在赵迺抟先生推荐下，我认识了周炳琳先生，并有机会多次被邀请到他家里去求教。周炳琳先生专攻西方经济史，学识渊博，很有独到的见解。他是把我引进西方经济史领域的恩师。在他的指引下，我对西方经济史的兴趣越来越浓厚，这影响了我毕业留校以后的治学方向。至今我仍记得周炳琳老师的教导："如果没有经济史的基础，经济理论是学不好的；如果没有对西方经济史的深刻研究，工业化一定会走弯路。"这两句话影响了我一辈子的学习和研究。

3. 赵迺抟先生

赵迺抟先生曾经是北京大学经济系的系主任，我考进北京大学经济系时，经济系主任换人了，他也去广西参加土改。他回校后，没有教授大学课程。他是研究制度经济学的，对制度经济学的来龙去脉非常熟悉，家中藏书也很丰富。1952年，我读一年级下学期时，常在法学院图书室里借书阅读，赵迺抟先生也常去那里。日子久了，他感到很奇怪，在座的都是教师，怎么这个20岁出头的学生一有空就到这里来，于是我和赵迺抟先生就熟悉了。他说："我家里书很多，有些书这里没有，你可以到我家里去看看。"这样，我就成了赵迺抟先生家中的常客。北京大学迁到西郊燕园后，他住在燕东园29号楼上，楼下是周炳琳先生家。我不但向赵迺抟老师借书，而且还与他畅谈对经济学演进的看法，赵迺抟先生给我最大的影响是，使我在经济学领域内了解到制度经济学的产生和发展过程。渐渐地，我懂得制度经济学的意义。制度经济学在经济学说史上是以异端的面貌出现的，但制度经济学的传播无法限制，它独树一帜，对正统经济理论形成挑战。赵迺抟先生的教导，使我以后一生对制度经济学感兴趣。

4. 罗志如先生

大学三年级的课程很重，罗志如先生讲授的国民经济计划同样是一门重点课。我不仅担任了这门课的课代表，还是学生计划经济研究小组的组长，因此课外同罗志如先生接触较多。

至今我都认为，罗志如先生当时曾提到的20世纪30年代西方经济学家米塞斯、哈耶克和兰格之间围绕社会主义计划经济能否有效运行所展开的论战是十分有启示的。米塞斯和哈耶克怀疑社会主义计划经济的有效运行，并进而怀疑计划经济的可行性，而兰格则认为社会主义经济运行是可以操作的，前提是“碰碰试试，错了就改”。这就是所谓的“试错法”。罗志如先生只是提出了问题，他自己没有对此评论，但我却从中发现了一个道理，即在传统的自由市场经济和社会主义计划经济之间是否存在着第三条道路。隔了30年，到20世纪80年代初，在讨论中国经济体制改革时，罗志如先生当年的提示对我仍然起着作用。

5. 陈振汉先生

陈振汉先生在北京大学经济系做过代理系主任，他的研究侧重于中国经济史，尤其是清代经济史。他给我们讲授中国经济史课程。

陈振汉先生在听课的学生中，不知怎么发现了我，也许是由于课间或课后我的提问使他注意到我。他当时住在北京大学西校门外的承泽园家属区，邀我有空到他家中聊聊，并问我是否喜欢研究经济史。我告诉他，经济史确实是一个引人入胜的研究领域，但我接触还不多。他告诉我，要学好经济学，理论、历史、统计的训练三者缺一不可，要在这三个方面同样下功夫。

我大学毕业后之所以被留在北京大学经济系从事经济史资料的编译工作，可能同陈振汉先生的推荐有直接关系，尽管这时他不担任经济系代理系主任了，但仍担任经济系经济史经济学说史教研室主任一职，所以对我留校工作是起作用的。可惜我一直没有机会转入中国经济史领域，而被分配给周炳琳先生做助手，以西方经济史为专业。幸运的是，经济史，无论中外，都是相通的，我在研究西方经济史的同时，对中晚唐五代经济史始终有浓厚的兴趣，因为我认为中晚唐五代长达200年的时间是中国封建社会由刚性体制向弹性体制的过渡时期。①

6. 张友仁先生

张友仁先生当时还是年轻教师。职称是讲师。我大学二年级时，他担任重要课程政治经济学（社会主义部分）的主讲。整整两个学期，每周都有课。当时在全国高等学校经济院系能完整地讲授这门课的人不多，张友仁先生是其中一个，他自称是刚从苏联经济学家那里学来的。

① 参见厉以宁：《资本主义的起源：比较经济史研究》，商务印书馆，2003年版。

给班上同学印象最深的，是张友仁先生对我们班毕业论文的指导（当时并未采用“毕业论文”这个名词，而是称作高年级的学年论文）。我定的题目是手工业社会主义改造。我的论文是在张友仁先生指导下完成的。他评价不错，只是说我文章里的注释太多。在陆昊写的《厉以宁评传》（陕西师范大学出版社，2002年版）中提到，这篇论文几经动荡已遗失了。那时我住在中关园宿舍。不料在我搬到蓝旗营宿舍后，一天在整理旧书和旧稿时又找到了，现在被我珍藏起来，作为大学生时期的珍贵纪念物，它反映了当年张友仁先生对我指导的成果。

三、重在启迪和相互切磋

在北京大学由城里的沙滩迁移到西郊燕园以后，我完成了从大学二年级到四年级的学业。这三个学年是平静的，学习压倒一切。很难设想以后20多年内还有这么好的学习环境了，因为后来的政治运动不断：肃反，反右，“大跃进”，反右倾，社会主义教育运动，直到“文化大革命”动荡十年。

学校的形势是跟着整个社会的形势一起变动的。在大学二年级到四年级这三年，学校的风气也很正常，师生关系和谐，同学关系和谐，尽管有时因某些问题争得面红耳赤，但也不会伤和气。在我们年级中，没有发现过有人抓辫子，打小报告，诬告或故意上纲上线等情况。老师认真讲课，总想把自己多年来读书、研究的心得体会告诉学生。老师对学生，重在启迪，也容许同学有不同意见和观点。从来不曾发生过批判老师封、资、修的思想，或老师认为某个学生“思想有问题”的事件。这和20世纪50年代后期和整个60年代内我所了解的情况是完全不一样的。

同年级学生之间的相互切磋是一种风气，像会计学、统计学、工业成本与核算等课程都有作业，外语课也有翻译之类的作业，宿舍很挤（我读大学三年级以后，新学生宿舍楼总算盖成了，四个人一间，只有两张小书桌，而在这以前是大宿舍，一个房间住20多人），所以同学们一吃完晚饭，就都到图书馆去抢座位了。当时系里提出“不要让一个同学掉队”，所以大家一起去图书馆，做习题时相互帮助。当时的考试以口试为主，进考场前先抽签抓题目，在预备室内准备10多分钟，等前面一位同学口试完了，再进场口试。先考完的同学都聚在门外，一个同学一口试完，刚出考场就有一些同学马上围上来，问这问那，或安慰，或祝贺。这种氛围也许只有我上大学二、三、四年级才有，后来再也见不着了。

学生组成的研究小组也很活跃。在上《资本论》课时，学生组成了《资本论》研究小组。上国民经济计划课时，我被推举为国民经济计划研究小组的组长。我除了参加《资本论》研究小组、国民经济计划研究小组之外，还参加了统计学研究小组。不过统计学研究小组没有什么活动，因为作业太重，做习题很浪费时间，哪里说得上什么研究、探讨呢？教《资本论》课的老师是江诗永（可惜他很早就去世了），他经常来指导，我也在小组会上发过言。我谈的学习体会是：要结合经济学说史的学习来研究《资本论》观点之间的关系。江诗永老师觉得我的体会有道理，还在课堂上表扬过我。

在国民经济计划研究小组，我和其他一些同学都认为扩大再生产过程中投资和消费相互推动的内在机制值得探讨。后来，张友仁先生知道了，同我谈过，让我在教师的一次讨论会上作了长篇发言。这件事使我深受鼓舞。可惜，从1957年以后再也看不到诸如此类的学生研究活动了。

在大学四年级，我开始对俄国19世纪中叶的农奴制改革、俄国革命民主主义者的农民社会主义学说以及19世纪末和20世纪初俄国民粹主义理论产生兴趣，因为在大学三年级时我利用业余时间翻译了费拉托娃所著的《赫尔岑和奥加略夫的经济观点》一书（合译者是北京大学历史系学生赵辉杰，译者署名季谦，生活·读书·新知三联书店，1956年出版），四年级时正在翻译《车尔尼雪夫斯基选集（下卷）》（此书于1959年由生活·读书·新知三联书店出版，仍是与北京大学历史系赵辉杰合译，当时他是研究生，译者还是用季谦署名）。张友仁先生又让我就这个问题在经济系教师讨论会上谈谈自己的心得。这同样是一次锻炼机会。

今天回想起来，20世纪50年代前半期的北京大学兼有北大悠久的重民主、重科学的传统，又有1949年后社会主义大学的一些新特点。重要的是：那时的政治课学习，着重于启迪和引导，而不在于刻板地、硬性地灌输某一种思想。启迪和引导有利于调动每一个教师和每一个学生的积极性。无论教师还是学生当时都能从中华人民共和国成立前后的对比中受到教育，大家都关心国家的建设，关心人民生活状况的改善。这是多么重要的学习积极性的根源啊！当时大家都有投身于祖国建设，愿意为社会主义事业贡献力量的愿望。这种愿望在建国初期是非常强烈的，只有当时生活在大学生中间的人才能深刻地懂得这一点。可惜那时主管意识形态的领导人并不了解建国初期大学生的思想，不了解高等学校教师们的心情，对意识形态领域内的阶级斗争形势做了错误的判断，以致从肃反、反右、反右倾起，对教师和大学生情况一直是错误分析、错误地下结论。结果，建国初期存在于教师和大学生中的热情消失了。到了社会主义教育运动，特别是到了“文化大革命”，是非颠倒，黑白不分，给全民族带来了巨大的灾难。这是何等沉痛的教训！今天在回顾建国初期的大学生活时，我作为当时的大学生感触尤深。在纪念北京大学经济学院100周年院庆之际，我写下这段文字，留给后人作为参考吧！

四、北京大学图书馆——知识宝库

北京大学迁至燕园，这里风景秀丽，水塔照影，湖畔柳岸成荫，岛亭、小山、临湖轩，再加上办公楼前的草坪、华表、小桥流水，的确是吸引学生每日清晨到这里来学习的地方。除了在教室上课时能聆听名师授课外，最能吸引学生的就是藏书丰富的北京大学图书馆。我读大学时，现在的北京大学图书馆还不存在，那是20世纪80年代初才落成使用的。迁到西郊后，当时的北京大学图书馆就设在原燕京大学图书馆旧址，在办公楼南面，现在被称为“老馆”。那时晚自习大学生就在那里抢位子。

在城里读一年级时，我主要在沙滩北楼法学院图书室借书、看书。院系调整后，法学院解散了，法学院图书馆也不存在了。所以北京大学图书馆成为我课后常去的地方。北京大学图书馆那时的面积不大，十分拥挤，工具书又不开架，用起来不方便。好在因为我常去图书馆，同两位管理图书的老师（一位是男的，我们称他为张老师，另一位是女的，我们称她为邬老师）相熟识，所以他们同意我到馆内书库里查看工具书。这是给教师的待遇，我作为大学生能有这项“特权”，至今仍感谢他们两人。在翻译《赫尔岑和奥加略夫的经济观点》和《车尔尼雪夫斯基选集（下卷）》时，有些俄语词条（特别是人名、官职名称）找不到参考书，后来进入书库，找到沙俄时期出版的大百科全书才查到。所以北京大学图书馆确实是知识宝库，关键在于读者会不会使用这些工具书。

大学四年，共有8个寒暑假。当时我父亲在上海工作，母亲、外祖母和以平弟先住在湖南沅陵，1953年他们搬到武汉。这8个寒暑假，我全部在北京大学图书馆中度过，没有回过一次家。我从事俄语书籍的翻译，经常有稿费收入，从大学三年级下学期，我每月寄些钱给母亲，贴补家用。我在信中告诉母亲，因学习太紧张，过年就不回家了。今天回想起来，我是有愧疚的，母亲多么盼望我能回家过一次年啊！但我没有让她的愿望实现。毕业后，工作安定下来了，才把母亲、外祖母和以平弟接来北京，在海淀镇苏公家庙四号租了简陋的平房安下家来。

难忘的大学生活，其中包括了在北京大学图书馆度过的多少日子！我的体会是：北京大学之所以这些年来能够培养出那么多出类拔萃的人才，以下三个条件是缺一不可的。第一个条件是要有名师、大师。有名师和大师才能让学生中涌现出越来越多的入门弟子，继承老师的研究思路，开辟新的研究领域，形成北京大学的特色。第二个条件是有优良的学术作风、活跃的学术气氛、自由争鸣的学术环境。这是同整个教师队伍和整个学生队伍的高素质有关的。有名师、大师而没有高素质的教师队伍、学生队伍，那也形成不了作为北京大学特色的学术作风、学术气氛、学术环境。换句话说，如果没有这里所说的第二个条件，即使有第一个条件，即有一些名师、大师，那么名师、大师所发挥的作用依然是有限的。第三个条件则是有完善的教学设施，包括图书馆和实验室的建设，包括设施的先进程度、服务的完善程度，等等。这样，一支支杰出的科研团队就成长起来了，北京大学出色的教学成绩和科研成绩也就会陆续展示在人们面前。

图书馆在北京大学成为一流大学过程中的作用，并不是单纯靠建筑的宏伟或藏书量的多少而显现的。藏书，是靠教师和学生去借阅才能发挥它的功能。图书馆建成后，主要不是供外人参观的地方。参观者越多，名声越大，但如果没有那么多教师和学生在认真地阅读这些书籍，难道参观者的众多就能代表北京大学的教学科研水平？

在大学时期，我认识一位图书馆的工作人员，他曾对我说，按照借阅量来分类，北京大学图书馆所藏图书，大体上可以分为四类：一是教材性质的书籍，或指定的教学参考书。这类书籍的需求量和借阅量都是最大的，而且经久不衰，因为年年有新生入学，在校生每年也会升一个年级。二是政治读物，包括时事评论、解释之类的书籍。这类图书的借阅量也很大，但常常具有涨潮落潮性质，也就是说，这类书籍的借阅量像一阵风一样，热的时候，借也借不到，但风头一过，这一批书就没有人再借了，但另一批书又行时了。他举例说，关于抗美援朝的宣传册子，甚至像朝鲜历史这些平时没有人借的书，一下子变得很红火，过了一阵，又冷下去了。三是专业性很强的学术著作。在北京大学这样一个学术环境中，各个系、各个专业，总有一些人长期在进行研究，写论文，写著作，他们对各自研究领域内的专业书籍，是关心的。对出版社最近一段时间出了什么新书，是注意的。他们尤其留意北京大学图书馆新添了哪些学术专著。这批读者，人数不是很多，但大致是固定的。教师队伍年年在扩大，新任教师加入到这个行列之中。至于大学生，每年毕业一批，每年又新入学一批。这类书籍的流转情况，最能反映北京大学的学术研究现状，因为政治运动一来，连这些书籍也没有人来借了。这似乎反映教师的时间被政治运动占满了或挤掉了。第四类就是那些珍贵的、稀有的图书，其中有些被专家定为稀世之宝、镇馆之宝。它们不外借，只能在馆内阅读。前来阅读的都是专门从事这方面研究的教师、研究生、大学高年级学生。北京大学图书馆之所以能在全国高等学校图书馆中享有盛名，主要因为馆内藏有这些珍贵的图书。这也正是北京大学图书馆骄傲之处。

从入学到现在，已经61年了，我对北京大学图书馆的感情是很深的。这里是我成长的地方，我始终忘不掉在这里度过的大学时期的8个寒暑假，更不必说平时的周末了。我多么希望现在的年轻学生能够珍惜宝贵的时光，在北京大学图书馆内使自己在专业领域内踏踏实实地前进。

五、把美好的日子留在诗词中

诗词是我业余的爱好。从高中时期起，我就学习写诗填词。1951年到1955年这四年内，我留下了记述大学生活的几十首诗词。如今我年纪大了，但一翻开我的诗词选集，读到当年写下的这些诗词，脑海中很自然地又呈现出当年的情景。在这里，我选出一些，放在本文的结尾。

菩萨蛮·别长沙

一九五一年

平堤沙岸湘江渡，

娇红艳紫湘山树。
湘水自多情，
双腾送我行。

无穷留恋意，
伴逐霞云起。
何处不逢春，
春光不待人。

（注：我于1951年在长沙参加高考，8月下旬接到北京大学经济系录取通知书，随即乘火车由长沙来北京。这首词是在由长沙至武汉的火车上填写的，因为当时长沙至北京没有直达车。在武汉乘轮船过江，再换车到北京。）

七古·初游北海公园
一九五一年

水上舟，
空中雁。
轻舟竞渡谁领先？
桨快人勤飞似箭。
雁阵排成一字形，
心齐互爱几曾变？

治学当如竞渡舟，
做人应效南归雁。

（注：1951年我在北京大学三院居住，距离北海公园不远。这首诗是初游北海公园所作，含有自勉之意。）

减字木兰花·北河沿
一九五二年，春节

春来缓缓，
南下雁群归去晚。
春在邻家，
小院墙头一树花。

春情渺渺，
断断连连河畔草。
春又无踪，
昨夜风沙枝上空。

（注：北京大学三院宿舍位于北河沿。1952年春节正值寒假。这是我在北京经历的第一个寒冬。）

南乡子·海淀前八家
一九五二年

篱外尽塘泥，
院内枝头挂鸭梨。
咯咯鸣声惊下蛋，
柴鸡，
啄土聊充腹内饥。

微雨湿单衣，
沟壑横斜叹路迷。
多谢大娘亲手指，
沿堤，
见否溪流直向西。

（注：1952年秋天，北京大学已由城内迁至燕园。前八家村，距北京大学东门约5千米。当时自燕园东去，几乎全是农田村舍。）

菩萨蛮·深秋雨中漫步，北大朗润园
一九五二年

无情也被多情恼，

有晴不比无晴好。
流水本无心，
多情落叶林。

江南秋景现，
微雨情无限。
鞋湿过溪桥，
乡思今日消。

（注：大学二年级时，我住在全斋，今为红七楼。全斋以北是镜春园，镜春园以北是朗润园。有一个周末，我漫步于朗润园西边的小河沟旁，只见落叶堵住了水道，流水四溢，仿佛回到了秋日江南，归途中即兴赋了这首《菩萨蛮》。）

相见欢·北京大学全斋
一九五二年

忽然触景生情，
路难行，
瞬息三年即逝似流星。

湖水碧，
风雨急，

打浮萍，
若是无根来日任飘零。

（注：我当时住在北京大学全斋宿舍，上课在一教，即第一教学楼和文史楼，每日早晚都须绕未名湖而行。距大学毕业尚有三年，因此词中有“瞬息三年即逝似流星”之句。）

采桑子·颐和园
一九五三年

佛香阁上看湖小，
只道山高。
谁道山高，
见否群峰水底飘？

半池荷叶遮行路，
懒把舟摇。
待把舟摇，
别有风光玉带桥。

（注：颐和园距北京大学燕园校址很近，这里是北京大学学生周末常去的地方。这是我的一首自勉的词。）

鹊桥仙·观评剧《新天河配》

一九五四年

碧云清冷，
夜天沉寂，
泪眼遥遥相望。
有情儿女不成双，
是谁洒无边险浪？

银河可截，
仙庭当反，
莫再忍声退让。
牛郎织女换戎装，
料今后星光更亮。

（注：1954年夏季，有一天晚上，在北京大学东操场由北京评剧团演出《新天河配》，剧情的结尾是：牛郎织女依靠众鹊鸟相助，击败天兵天将，获得了自由。这首词是在观剧后填写的。）

相见欢·译书，记大学生生活

一九五四年

满园桃李争芳，

亦寻常，
那似案前淡墨散清香。

花间里，
舞影起，
映南窗，
依然学生本色译书忙。

（注：当时我正和我中学时期的好友——北京大学历史系赵辉杰同学合译《赫尔岑和奥加略夫的经济观点》一书，周末有感而作。）

减字木兰花·陪赵迺抟老师、骆涵素师母游香山
一九五五年

繁花浅草，
蜂蝶随人香径小。
云淡风清，
春色依然岭上明。

山高几许，
手插柳条逢喜雨。
幼树新姿，

共盼迎来飞絮时。

（注：1955年初夏，已临我大学毕业前夕。周末，我陪赵迺抟老师、骆涵素师母游香山。自带面包、茶叶蛋、香肠、饮料，在草坪上席地而坐，尽欢而返。同游者还有马雍、张盛健、赵辉杰、傅正元同学。）

鹧鸪天·大学毕业自勉

一九五五年

溪水清清下石沟，
千弯百折不回头。
兼容并蓄终宽阔，
若谷虚怀鱼自游。

心寂寂，念休休，
沉沙无意却成洲。
一生治学当如此，
只计耕耘莫问收。

（注：词中“沉沙无意却成洲”一句，既反映了自然界的现象，也反映了我一生治学的心得体会。当初我在北京大学经济学系就学时，哪里会想到大学毕业后10年、20年……50年以后会怎

样？但不管怎么说，路是人走出来的，学识是一年一年累积起来的。“文思未绝复何求”，让我再重复一句本文开始所用的小标题：回忆总是美好的，我忘不了大学生活，忘不了培育我的北京大学经济系。）

（原载《光华校友》2012年7月）

凯恩斯没有预料到的那些事

欧债危机是这两年我们谈论比较多的一个问题。有关欧债危机对经济理论的启示和教训，有非常重要的两点：第一点是财政收支的基本平衡是不可忽视的；第二点是拥有更多的外汇储备没有坏处。

在财政收支平衡问题上，欧债危机在经济理论方面给了我们一个重要启示。凯恩斯主义的赤字财政政策，经过多年实践以后，的确是行不通的。

凯恩斯派经济学家汉森的周期性财政收支平衡理论，现在看也是行不通的。周期性财政收支平衡理论是指在经济萧条的时候，多搞一点财政赤字；在经济繁荣的时候，财政收入增加了，就用增加的财政收入还债。按照这样的理论，不是看当年的财政赤字如何，而是要从一个周期来看财政赤字，以使财政收支得到平衡。

凯恩斯提出他的理论是在20世纪30年代，当时，凯恩斯理论是被各国所接受的。为什么现在凯恩斯理论行不通了呢？这是因为有三种情况是凯恩斯和汉森这些经济学家当时没有预料到的。

一、第一种没有预料到的情况

第一种没有预料到的情况是，当时只有经济周期的概念，没有政治周期的概念，政治周期的概念是20世纪70年代以后才有的。政治周期是什么意思？西方国家每隔四五年大选一次，所以，经济变化都跟政治周期相关。为了拉拢百姓，执政党和在野党在竞选过程中都提出改善民生、增加福利的措施，无论哪个政党上台，都一定要兑现自己的诺言，这样财政支出必然会扩大。

几年后，下一届选举又要开始了，财政赤字又要扩大。没有哪一个政党在上台后真的按照平衡财政预算来执行，因为平衡预算就是紧缩财政，这样做的结果就是，到下一届选举时就没有老百姓选他了。这种财政赤字一直持续的情况是凯恩斯和他的追随者们没有预料到的。

二、第二种没有预料到的情况

第二种没有预料到的情况是，福利是有刚性的。在第二次世界大战前，除了瑞典以外，其他国家都不是福利国家。如今，我们从实践中得出教训，福利是只能增加、不能减少的，这叫福利刚性。历史上有一个很有名的例子，第二次世界大战时，英国食物供应紧张，实行配给政策。大战结束，为了中小学生的健康，给在校的中小学生每天课间免费供应一杯牛奶。到60年代，英国政府认为战争结束已20多年了，于是取消了这项福利。这在当时英国整个福利中只是很小的一部分，花钱也不多。可当时的英国执政党觉得这个钱可以省。取消之后造成了很大的政治风波，在英国社会引起了骚乱，最后以主管官员辞职下台才了结此事。

所以说，福利是刚性的。凯恩斯当初提出他的理论的时候不了解这一点，也没有看到这一点。再比如，目前希腊的福利也是刚性的，希腊的失业工人领到的救济金比某些在职工人还多，在这种情况下，希腊政府如果实行紧缩政策，许多人就不干了，就罢工抗议了。

三、第三种没有预料到的情况

第三种没有预料到的情况是，以前大家认为，只要国家不亡，国债将永远存在，而且只要政府不宣布过去的国债全部作废，还可以一代一代传下去。按照这样的逻辑，只要希腊在国际上不亡，希腊发行的国债就可以一代一代传下去。现在看来不行了，希腊主权债务危机就证明了这一点。国债不还，再发新债就没人买了。

四、两点启示

所以，这三种情况是凯恩斯当初没有想到的。从这些经验教训中我们认识到，现在应该恢复到从前的财政收支基本平衡，这是这一次西欧公共债务危机的大教训。我把这看作是重温凯恩斯经济学的一点启示。

另一启示是，中国拥有大量的外汇储备没有坏处。过去认为，外汇储备的理想最佳值，也就是3个月的进口额，加上到期还本付息的外债数量。如果这么算的话，外汇储备并不需要很高。

但是，从美国金融风暴到欧债危机，我们看到，外汇储备可以成为政府掌握的一个资源。这个资源掌握在自己手上，可以拯救国内的经济危机，甚至有利于本国经济向外推进。

很多人认为外汇不需要太多，没有什么用处，还贬值；现在看来，中国如果没有3万多亿美元的外汇储备，我们就会失去很多主动权。

（原载《首都企业家》2012年第7期）

深化对"人的城镇化"的理解

一、关于"人的城镇化"

在新型城镇化过程中，最近人们使用了"人的城镇化"这个名词。意思是把过去长时期片面的、传统的城镇化现象同新型城镇化对比，因为过去长时期内，在进行城镇化时，不是把"人"放在首位，而是片面地"重物轻人""重城市建设规模而轻人们生活质量"，结果，城市面积扩大很多，高楼大厦林立，马路很宽，尤其是楼堂馆所，建设得富丽堂皇，十分奢侈，似乎这就是"城镇化"了，而民生改善不多，在偏僻的城乡接合部或在不被人们注意到的陋巷附近，依然存在棚户区或类似贫民窟的简陋住所，没有自来水供应，没有清洁的街道，没有学校，没有卫生院或卫生所。这显然不符合城镇化的目标和要求。于是出现了"人的城镇化"的提法，要求今后以"人的城镇化"代替"重物轻人""重外观轻生活质量"的概念。一个重要的问题是：新型城镇化或“人的城镇化”不仅应着眼于城镇建设，而更重要的是着眼于改革，创建新体制。也就是破除城乡二元体制，实现城乡一体化，即城乡权利平等，不存在户籍歧视，居民身份歧视。

因此，从提高人们的生活质量出发，在城镇化过程中必须着重解决以下四个问题：

1. 必须着力解决由本地农村或外地农村迁入本区城镇的农民的就业问题。就业是亟待解决的首要问题。就业的范围是广泛的，既包括在工地、工商业企业、事业单位的务工人员，也包括在近郊农村从事农业、林业、养殖业的务工人员，还包括农民自行创业，如开设小商店、小手工作坊、小微企业，等等。此外还有家政服务之类的就业。没有比较稳定的职业，就谈不上起码的生活质量，农民进城后如果长期找不到稳定的就业岗位，就无法安下心来。

2. 必须设法让进城的农民有一个家，以安置农民以及他们的家属。安家才能使农民及其家属对于新迁入的城镇产生归属感。住房是一个必须解决的难题。能买上一两间二手房，哪怕是在城乡接合部租到一两间旧房，农民才会感到“自己在城区有住处了”。尽管许多进城的农民及其家属是在棚户区内安下了家，但也比无房可住或借住于亲友同乡家中好得多。我们在一些城镇调研时从进城的农民那里听到的反映是：廉租房怎么没有我们的份？我们进城好些年了，干了不少活，怎么不分给我们一套廉租房？

3. 必须让进城农民家中的学龄儿童有上学的平等机会。在调研时，感到关于农民的孩子上学问题，大抵有三个层次：第一个层次是，农民要求自己的孩子有学可上，不管是义务教育阶段的公立学校还是所谓民办学校、农民工子弟学校，也不管教学质量如何，总比让孩子闲在家中好；第二个层次是，最好是同城里的学生混编在一个年级上课，使自己的孩子在上学时不受歧视，因为同城里的孩子混编在一起，教学质量有保证，自己的孩子在心理方面可以承受，否则这些孩子从小就有自卑感；第三个层次是，最好能进入寄宿学校就读，否则家中现有的住所太拥挤，家务劳动太重，孩子学习质量差，将来怎么办？应当承认，进城农民的这种想法和要求是合情合理的。

4. 根据进城农民及其家属的意见，医疗保险也是他们关切的问题之一。在某些地方，其顺序大约排在就业、住房、子女上学之后。农民在城镇中生病住院，如何报账？他的配偶（如果没有正式职业）和孩子，还有跟着农民一起进城的老人，生病住院又该如何报账？农民的反映是：希望在医疗保险方面与城市居民有相同的待遇。但目前这个问题仍在协商、讨论过程中。农民们说："这个问题是迟早要解决的，不如早一些解决，因为时间拖久了，我们感到压在自己肩上的担子越来越沉重。"这种情绪在进城农民中是普遍存在的。

简要地说，提高进城农民及其家属的生活质量，是"人的城镇化"的基本标志。这将体现城乡居民的权利和地位是平等的。在以上这四个主要问题上，如果没有明显的变化，很难认为实现或基本上实现了"人的城镇化"。

二、城镇化过程中的教育体制改革

根据全国政协经济委员会的调研资料，迄今为止，农民工大多数只有初中以下的文化程度，有些地方多数农民工虽然有高中学历，但几乎大多数农民工在进城务工时没有接受过技术培训。这是“人的城镇化”实现过程中值得关注的重要问题，需要在今后城镇化推进中认真解决。

通常可以把已经进城寻找工作和已经找到比较稳定就业岗位的农民分为两类。不按年龄分类，而按进城年限分类，一类是老一代农民工，进城年限一般在10年以上，多的20多年，甚至30年；另一类是新生代农民工，进城年限一般不到10年，有些是刚进城的。这两类农民工中，更需要在教育、技术培训和综合素质提升方面增强力度的是新生代农民工。他们与老一代农民工之间大体上有四个区别：

1. 他们不会种地，在农村时基本上没有从事过农业劳动。他们一离开农村进入城镇，就没有打算以后再回到农村生活和劳动。他们一心想做“城市居民”。

2. 如果说这些新生代农民工中也有人想回乡的话，那么多数人不是想回到家乡农村去生活或种地，而是想到本地城区或集镇上去开店、开作坊、做小本生意，用他们自己的话说，就是回本地创业。这种想法是不错的，创业也是值得鼓励的。

3. 无论是老一代农民工还是新生代农民工，其中不少人已经失去承包地了，他们变成了“无地农民”，补偿费有多有少，有些早已花完了。所以这些人无农村可回。所不同的是：新生代农民工比老一代农民工更盼望融入城镇社会，成为城市市民，因为他们认为自己的技能或经营能力不如老一代农民工，在城镇中也不像老一代农民工那样有较多的朋友和熟人。

4. 一般说来，新生代农民工中较多的人通过网络，有更多的信息，也有更多的想法。他们的情绪波动比老一代农民工大。他们比较容易轻信网络上或民间流传的谣言。从这个角度看，他们是进城的农民工中情绪较不稳定的一个群体。

所有这些都说明，对于进城的农民，尤其是新生代农民工，更应当在技术培训和继续教育方面加大力度，要让他们有机会提高自己的教育程度、知识水平和技术专长。中等职业技术学校、大专水平的高等职业技术学院应是城镇化过程中需要大力发展的教育机构。这对于提高新生代农民工的综合素质是有利的。但职业技术教育的体制需要进一步改革，要结合新生代农民工的特点，改进招生时的考试办法，可以扩大面试分数的权重，以适应新的形势。同时课程设置也应适当调整，使新生代农民工毕业后能适应于制造业、现代服务业、物流业的需要。对于老一代民工的下一代或再下一代，以及新生代农民工的下一代，同样应在职业技术教育体制方面做相应的调整。

对于参加中等职业技术学校或高等职业技术学校学习的农民工子弟，尽可能提供免费教育的机会，以减轻进城农民的家庭负担。

在城镇化推进过程中，义务教育阶段结束后，正规的高中阶段教育和大学高考都照常进行。对于愿意在初中毕业后就读高中，或高中毕业后参加大学入学考试的农民工子弟，要一视同仁，让他们一律平等地参加中考或高考。切不可形成“城里孩子读高中和大学，农民工孩子读中职和高职”的偏见，要知道，这是不符合教育本意的，也可能违背农民工子弟自己的愿望。

三、论福利刚性

福利刚性是指：在任何一个国家或地区，无论是国家给予人民的还是企业给予职工的福利，都是宜升不宜降，宜增不宜减的。如果本来没有某项福利待遇，那就算了；如果一旦已经有了，并且制定了发放标准，那就不能减低标准，或者取消，因为那样就会引起人们的不满，甚至会发生骚乱。这就是福利刚性。

在西方国家，当初刚开始实行福利国家制度时，政治家并不了解福利刚性的存在，他们为了使执政党得到选民的拥护，便把各种福利措施作为争取选民支持的手段，于是在20世纪五六十年代相继推出了若干项福利措施。英国就是一个典型的例子，它提出并实行的“从摇篮到坟墓”的一系列福利措施，的确在当时的英国国内受到人们的欢迎，以及被西欧大陆其他国家效法。福利既有刚性，又有示范效应，即这个国家实行了某些福利措施，其他国家的一些政党也起来仿效，争取实行类似的福利国家制度。

逐渐地，福利措施又同西方国家实行的几年一度的大选结合在一起了。西方国家几年一度的大选，成为各个政党笼络选民的舞台，在这种形势下，无论是执政党还是在野党，没有一个政党敢于取消某些已经实行的福利措施，而只会承诺如果本政党执政将坚持福利政策不变，或争取增加一些福利待遇。这样一来，福利政策就延续下来了。

当福利刚性同西方国家几年一度的大选结合在一起时，就形成了所谓“政治周期”以及与“政治周期”伴生的怪现象。这就是说，假定某个西方国家实行四年一度的大选，参加大选的主要政党有两个，一个是现在的执政党，另一个是现在的在野党。执政党为了能够继续执政，一定在竞选过程中许下维持现行福利措施不变的承诺，在野党为了能够夺得政权，也一定为争取选民的支持而做出维持现行福利措施，甚至新增某些福利措施的承诺。竞选结果揭晓后，无论哪个政党获胜，福利措施一定不变，甚至还可能有增加，否则它将因违背竞选时的许诺而遭到选民们的唾骂。又过了三年，下一届政府换届的竞选活动又开始了。两党为了争取选民对自己的支持，又把维持现行福利政策作为手段。如此循环不已，使得具有刚性的福利政策一届又一届被轮番执行。两个政党的交替执政改变不了福利措施的实施。

不了解福利刚性与西方国家“政治周期”的周而复始，就不会了解西方国家福利国家制度实施的现状。

四、坚持“量力而行，循序渐进”的原则

以上有关“福利刚性”的论述，对我们当前正在推行的新型城镇化是有启示的。从政治制度上说，我们与西方国家实施多年的执政党与在野党的竞选和造势宣传的做法完全不同，但福利支出和福利政策能增不能减的刚性，却不能不让我们从中领悟出一些道理。

在中国新型城镇化推进过程中，为了改善民生，应当改革城乡社会保障二元体制，扩大城乡社会保障一体化的覆盖面，增加用于农民工及其家属子女的社会保障经费，这些都是好事。地方政府在财政收入许可的条件下能够根据情况而采取这些措施，是值得肯定的，但这一切都必须遵循“量力而行，循序渐进”的原则。在现阶段一定要把本来可以推迟几年再实施的福利保障措施提前实行，未见得就是一件好事。

这里主要应考虑到福利政策的两个效应，一是前面一再强调的“福利刚性”，二是前面也已经提到的“福利政策的示范效应”。

从“福利刚性”的角度来看，由于政府所实行的福利政策有只能增、不能减，只能扩大、不能缩小的刚性，所以一旦采纳了，推行了，就很难削减或停止执行。财政负担将随着农村人口继续不断涌入城镇而有增无减，最终也许会成为城镇管理当局不堪承受的大包袱。这尤其是因为国际国内的经济形势经常处于变化之中，地方政府不能认为本地的经济会按同一个速度增长，更

没有把握使经济一直保持繁荣兴旺的态势。万一经济受到国内外经济波动的冲击，经济增长率下降了，财政收入没有过去那样的增速了，该怎么办？又不能削减福利支出，因为“福利刚性”起着作用，已经得到政府福利政策好处的城乡居民会因福利支出的减少而产生埋怨、失望的情绪，于是政府不得不陷入进退两难的困境。城镇化的进程就会遭受挫折。

从“福利政策的示范效应”的角度来看，由于全国社会经济的发展是不平衡的，一个省、市、自治区范围内，各个地级市、县城的社会经济发展同样不平衡。这样，各个市县因为自然禀赋不同和历史文化背景不同，财政收支的差距有时很大。如果地方政府不从本地区和辖区内其他地区的不平衡出发，单纯根据某一个局部地区的财政收入状况，推出某种局部地区的福利措施作为样板，就会产生攀比现象。虽然地方政府并不想一下子扩大到全省、全市或全自治区范围，但这种树立样板的做法却是欠考虑的，因为客观上存在着“福利政策的示范效应”。结果，尽管样板地区推出了本地财政力量可以应付的福利措施，博得了本地进城的农民工及其家属的好感和称赞，但事情不会到此止步。

要知道，农民工及其家属的迁移是自发进行的，跨市县的流动是由农民自己做出选择的。如果某个市县在给予农民工及其家属以较多的福利待遇，本来不想迁移到这里来的农民闻风改变了迁移目的地，纷纷转移到这里了。怎么办？地方政府该怎样接纳和对待因本地区实行了待遇较好的福利措施而新迁移进城的异地农民及其家属？地方财政负担的加重，会不会使地方政府调整新制定的福利政策？或者，地方政府会不会又赶紧制定“老人老办法，新人新办法”的变通措施呢？这些都是有可能发生的。不管怎么说，“福利政策的示范效应”所引起的农民及其家属改变迁移目的地的做法，会引发城镇化过程中从比较稳定的政策向不稳定政策的转化。

再说，“福利政策的示范效应”还表现于本省（市、自治区）其他市县的仿效。比如说，A、B、C、D四个县城的财政收支状况和经济社会发展的形式相差不大。A县城作为样板，先行一步，推出了待遇较好、发放标准较高的福利政策，会使情况与A相差不大的B、C、D县城相继仿效。后者会考虑：A可以这么做，为什么我们不能这么做？样板县城与其他县城相比，其他县城政府在“示范效应”的影响下，无形的压力是存在的，这样就产生了“向A县城学习”的浪潮，“攀比之风”就难以挡住。“有条件的要上，没有条件的创造条件也要上”，这曾经是计划经济时期惯见的情况，也是“攀比之风”带来的恶果，难道不应当引以为戒吗？

由此可见，在推进城镇化过程中，地方政府一定要始终保持清醒的头脑，要有全盘考虑，既要懂得什么是“福利刚性”，又要懂得“福利政策的示范效应”可能带来“攀比之风”的危害性。总的原则应是：在福利措施方面，一定要坚持“量力而行，循序渐进”。

“量力而行”之所以是各级政府（从中央到地方）必须坚持的原则，正是考虑到“福利刚性”的存在，以及因此造成的“福利措施不可逆转”的格局。任何一级政府都应有较长期的统筹安排，不要做超过自己能力的事情。福利的增加是长期才能完成的任务，怎能“毕其功于一役”？今天怎么可能把本该留给明天、后天去做的事情统统做完？政府绝不是万能的，以为政府“敢想敢做”就是成功的秘诀，这是计划经济时期遗留下来的旧思维，只会把人们引入歧途。

“循序渐进”是符合客观经济规律的思维方式，也是可行的城镇化指导思想。此外，“循序渐进”还是社会可以承受的城镇化推进的方针。在国际经济震荡还难以掌握，甚至难以准确预测的大背景下，凡事不留有余地，总是抱着侥幸心理，以为硬着头皮一闯就闯过去了，这种主观主义的危害性曾经使我们吃过亏，也有过沉痛的教训。难道在推进新型城镇化的过程中，能够不认真吸取以往的教训吗？

五、创造精神的发挥

前面在讨论“福利刚性”时已经提到，“福利刚性”是客观存在的，所以在推进城镇化时，一定要“量力而行，循序渐进”，否则福利措施过多，就会使城镇政府陷于被动，因为福利待遇是宜增不宜减，已经实施后很难再削减或取消的。

根据西欧某些国家的经验教训，当国家给予人们的福利偏多时，通常有三项明显的弊端：一是财政负担过重，导致财政赤字有增无减，国家靠借债度日。二是政府难以改变这种困境，因为只要政府做出减少某些福利支出的决策，就会引发社会动荡不安，人们上街游行示威，甚至发生罢工、罢市、罢课，秩序混乱，以迫使政府维持福利政策现状。三是不少人变懒了，不思进取，躺在国家身上靠福利为生，即使拖垮政府也在所不惜，以致在南欧某国流行这样几句话："平时职工们泡病假，不上班工作，工资照拿，福利尽有，一到游行示威反对政府削减福利支出时，职工们都涌上街头，什么病也没有了。"

在有些南欧国家，有些政党和议员喊出了这样的口号："福利国家接济穷人，不养懒汉！"意思是说：给穷人福利，让他们能在较低收入水平下活下去，这是可以的；但如果人变懒了，靠福利待遇为生，那就使福利国家变味了，使福利制度变形了。话虽这么说，但真正实施起来，却是相当困难的，因为在这些国家，福利政策已经实行几十年了，已经写入法律法规，议会能做出如此重大的法律修改吗？积重难返，哪个政党敢如此大胆地冒犯选民，提出改变福利政策的法律的建议呢？

看来，这个难题今后还会继续争论下去，延续下去。不管由哪个政党执政，它们都没有这样的胆量敢于向广大选民宣战！

在欧洲各国访问时，我曾多次同一些经济学家谈到福利制度的评价和今后走向问题。他们的看法大体上分为两种：一是，当初实行福利国家制度时，是积累了多年的试验而逐步形成的，目的是保证国内低收入家庭能过上温饱的生活，不再发生19世纪工业化开始之后失业者无依无靠和穷人流浪无住所的现象，所以这种福利国家制度的实行是社会进步的表现，是应当肯定的社会进步成果。至于后来财政赤字累增以及由此带来的各种弊病，则完全出乎以往倡议福利国家制度的政治家们的意料，也许是当初缺乏实践经验的缘故。因此，他们的结论只能是维持现状，不要轻易改变，否则会酿成社会动乱。另一种看法是：福利国家制度的推进过快了，没有考虑到“福利刚性”的存在和人们惰性的作怪，当普通的国民养成对福利国家制度的依赖性之后，他们变懒了，效率普遍下降了，以至于很难再改过来。最好的办法是社会上再度掀起创新热、创业热，再度掀起普遍的创造精神。这也许是唯一挽救福利国家制度的良策。这是因为，一旦社会上有越来越多的人自觉地从事创新、创业，使社会再度出现精神的力量时，经济就会有转机，社会就会有生气，人们会惊呼“创造的时代”又开始了。

然而，在与欧洲经济学家讨论上述第二种看法时，有人泼上冷水，说这只不过是理想主义者的一厢情愿而已。为什么？他们之中有人说，目前在西欧一些国家中能够享受高福利待遇的人群中，有些是外国来的移民，他们来自非洲、亚洲和拉丁美洲国家。这些人之所以采取不同的方式进入欧洲国家，就是为了取得福利政策的照顾和好处，他们没有“创新”“创业”的设想，也没有什么“创造精神”，而一旦他们取得了所迁移的国家给予的享受福利国家制度的待遇，他们马上成为最坚定的捍卫既定福利政策，反对任何削减福利待遇的积极分子，参加示威游行，引起社会的骚动。这已被近几年内欧洲一些国家的历史所证实。

我以为，上述有关欧洲经济学家们就福利国家制度的评论和找寻对策的建议，对于我国正在推进的城镇化过程是有参考价值的。在城镇化过程中有关城乡社会保障一体化的改革，应当本着“量力而行，循序渐进”的原则处理，关于这一点，前面已经谈过了。这里需要强调的是：有关回归“创新、创业”时代的愿望，同样具有现实意义。

据历史记载，中国历来的城镇化建设都是依赖民间的积极性而进行的。清朝末年和民国初年山东、河北两省的移民大量进入东北地区，他们完全是自发进行迁移，短短几十年时间内就使得东北境内的城镇初具规模了。同一时期，山西、陕西、甘肃的移民纷纷进入内蒙古中部和西部地区。这就是与“闯关东”并列的“走西口”，移民们同样是依靠民间自发的积极性进行迁移并在所迁入的地区开垦农田和建设城镇的。无论是“闯关东”还是“走西口”，靠的就是创造精神，其效果的显著，国人皆知。当时根本没有政府的福利保障待遇，全靠民间自发组成的互助性质的同乡会之类的社会组织相互照顾，大家心齐，团结一致，最终取得了建设的成效。

改革开放以后，最早从农村到城镇，从内地到沿海的农民工，当初也是自发前往务工地点的。他们靠个人的努力或亲戚朋友和同乡的互相帮助，悄悄地在那里安下身来。但有一点是他们共同的特征：这就是凭着个人的一股闯劲，一股创造精神。他们为以后闯城镇，闯市场，闯边疆，闯深圳经济特区的人树立了榜样。20世纪90年代内，我们曾对大量在深圳的湖南攸县的农民工进行了访问、调查，他们在深圳的成功创业为许多外乡农民工做出了榜样。这就清楚地告诉在城镇化过程中新移入的农民和到外地城镇去务工的农民工及其家属两点重要的启示：

第一，在农民市民化的过程中，城乡社会保障一体化的改革势在必行。尽管各级政府都会根据本地财政收支状况，奉行“量力而行，循序渐进”的原则，但城乡居民社会保障差距的缩小，最后城乡社会保障的权利趋于一致，社会保障待遇、标准也会趋于平等，应是可以期待的。无论是城镇居民还是农村居民，都应当珍惜社会保障一体化目标实现的不易，这体现了城镇化过程中居民共同享受改革开放的成果。广大居民应当认识到这是一个新时代的开始。随着经济社会的发展和政府财力的进一步充实，社会保障的标准以后还会提高。然而，究竟会提高到何种程度，要根据国家和地区的经济社会发展程度而定。大家对此应有信心。

第二，无论城乡社会保障一体化推进到何种程度，城乡居民都应当牢记，创新热情、创业热情、创造精神作为全民族的财富都要一如既往地坚持下去，发扬光大。没有创新和创业，没有精神动力，无论城镇化推进到何种程度，都不能认为已完全符合社会主义市场经济体制的要求，仍需要人们齐心协力，共同奋进。如果没有信心、信仰，人们在市场经济的社会生活中，精神上可能是空虚的。城镇繁荣昌盛的标志，不在于它规模多大，建筑物多宏伟，马路多宽，而在于城镇必须有人气，有活力，也就是城镇的居民有一种蓬蓬勃勃的创造精神、一种永不满足现状而积极向上、积极进取的精神。只有这样，才真正实现“人的城镇化”。

（2012年11月在北京大学光华管理学院博士生、博士后研讨会上的讲话）

经济发展的优势

一、中国经济发展的红利

现在学术界包括媒体，都在谈一个问题：中国过去30多年的发展，是因为有所谓的“红利”，即人口红利、资源红利和改革红利。有些人认为红利现在渐渐没有了，所以由此得出一个论点，中国过去发展所倚仗的比较优势丧失了。这种观点很流行，认为中国经济再不可能高速发展。我认为这个观点是不正确的。

首先我们看人口红利。这么多年以来，中国之所以能够发展，因为依靠的是廉价的劳动力。正因为有廉价的劳动力，所以经济成本比较低，很多商品能够出口到国外。发展到现阶段以后，廉价劳动力消失了，廉价劳动力的时代结束了，怎么办？比中国劳动力更廉价的是一些东南亚的发展中国家，如越南、柬埔寨、印度尼西亚，它们发展起来了，承接了产业转移。中国的人口红利似乎已走到了尽头。实际上并非如此。要知道，人口红利的存在对中国而言，将是长期的优势，而并非一个阶段的优势。我们可以把廉价劳动力的存在叫作“旧人口红利”，而新的人口红利正在产生，正在发展。

新的人口红利是什么？就是中国正在转向技工时代。比如说，如果中国工人的熟练程度提高了，熟练技术工人数量增加了，那就表明跟东南亚国家相比，我们仍有显著的优势，因为它们的劳动力还处在廉价劳动力阶段，而中国已经首先转入技工时代，它们是追不上的。跟发达国家相比，虽然它们多年以来形成的熟练技工为数不少，但工资高。所以说中国的新人口红利，就在于有大量的熟练技工的成长。我们还没有充分开发和利用，现在要大力培育技工并好好使用，发挥我之所长。

第二个红利叫资源红利。中国资源红利已经减少，土地资源没有多少了，矿山资源虽然有但比较少，淡水资源几乎没有了，怎么发展？资源红利匮乏是一个事实。但是在经济走向发达阶段以后，主要的资源不是自然资源，而是智力资源、人才资源、科技资源。中国如果能够进一步发挥科技的作用，就可以带来大量新的资源。比如海水淡化的成本降低，这将是一个巨大的突破，北方就可以利用。当然这里面还有一些技术问题需要解决，比如运输费用很高，而且钢管容易腐蚀，要经常更换。但这些问题都是可以解决的。总之，科学技术将成为我们新的资源红利。

第三就是改革红利，或者叫制度红利。最近30多年，我们经过了许多改革，但当初改革的潜力已经用尽，其优势已经发挥得差不多了。现在新的改革红利就在于制度创新，我们要走继续推进改革的道路。旧的制度红利消失了，但新的制度红利才刚刚开始。

总之，只要有新的人口红利、新的资源红利、新的改革红利或制度红利，中国经济就可以保持长期的快速增长，而不会出现所谓中国经济会越来越衰退的问题。

二、中国最大的改革红利在于城乡一体化

中国最大的改革红利在于城乡一体化。走城镇化的道路，就要打破从前把户口制度一分为二的城乡二元体制。这项改革前30年没有推进。计划经济体制有两个支柱，一个是计划经济下的国有企业体制，另一个就是城乡二元体制，二者共同支撑了计划经济体制。前30年的改革，我们主要改的是国有企业体制。尽管国有企业体制改革到现在为止已取得巨大成就，但它还没有彻底完成，因为行业垄断并未消失，国有企业体制改革需要继续深化。

可是，城乡二元体制至今还没有打破。尽管我们的改革是从农业承包制开始的，但承包制基本上维持了城乡二元体制，只不过使它有所松动而已，而没有从根本上改变城乡二元体制。现在很多报纸把概念搞错了，它们只谈城乡二元结构。实际上，城乡二元结构从古就有，但城乡二元体制在1958年以前是没有的。比如说山东人闯关东时，当时有城乡二元结构，但没有城乡二元体制。山东的农民到了东北，他愿意在城里干活就在城里干活，城

里人愿意到乡下去租地就去租地，买地也行。20世纪50年代初，城乡之间生产要素还是可以流动的，但1958年户口制度一分为二之后，城乡生产要素就不能流动了，就被隔离开来了。所以现在中国主要的改革应当放在城乡一体化上，放在走适合中国国情的城镇化道路上。打破城乡二元体制而转为一元的户口制度，这将是最大的改革红利所在。

城乡一体化和中国当前的城镇化有密切关系，但我们不能学西欧，因为西欧的城市化和工业化是同步进行的，已经有200多年历史。因此，在西欧的城市化过程中，城市化率都在90%以上。中国如果走同样的路，将来15亿人口有90%（也就是差不多13.5亿人）都住在城里，那城市居民的生活质量一定会大大下降，城市的各种问题都会暴露，结果我们的“城市病”会比西欧的“城市病”更厉害。

适合中国的城镇化应该是什么样的？2012年我们到陕西、内蒙古、贵州、江苏、广东几个省（自治区）进行了调研，提出中国的城镇化或者说适合中国国情的城镇化，应当是“老城区+新城区+农村新社区”。

老城区是过去历史上所形成的，要改造成适合于居民居住的城区。工厂向新城区搬，把老城区变为居民区、商业区、服务区。老城区的棚户区要重建。

新城区主要是工业园区、物流园区、创业园区、小微企业园区，等等。这里同样有居民住。工业企业进园区，好处是节省成本、防止污染源扩散，更便于政府服务到位，此外也便于企业间相互交流，相互沟通信息，发现更多的商业机会。

农村新社区，就是由原来的新农村演变而成的。要让农民自愿，不要强迫拆迁。新社区一要园林化；二要走循环经济的道路，如污水处理、垃圾回收、废品利用等问题都要很好地解决；三要公共服务到位；四要社会保障城乡一体化。做到这四点特别是后面两点，即公共服务到位与城乡社会保障一体化，这就是中国的城镇化。将来，新社区的前面就不必再加上“农民”或“农村”了。

这样的话，中国的城镇化将会涉及一个问题：将来谁来种地？现在正在搞的是土地确权。第一，切实保护农民对土地的权益，不能任意侵占农民的土地。第二，以土地确权为基础，将来就能够逐步实现农民凭使用权证抵押、转让。第三，促进土地的流转。

应该说，散户始终会有。散户不愿意进城，他们认为住在城里没有住在农村好，那就尊重他们的意愿。我们相信，散户的看法以后是会转变的。年轻一代会有他们自己的考虑。

那么，今后谁来种田？

一是种植大户、放牧大户。他们可以规模经营，提高农牧业的生产率。我们在湖北考察，最大的种植大户租赁、转包了两万亩地，雇几个或几十个工人，全部机械化运作。

二是农民专业合作社。专业合作社是一种新型的合作社，是自下而上、自愿组成的，账目公开，民主管理。

三是农业企业。它们带资本下乡、带技术下乡。像内蒙古蒙草抗旱股份有限公司这样的企业，就是科技型的农业企业。这是中国将来种地种草企业的发展方向。我们在广东省湛江市徐闻县考察时发现，那里干旱缺水，农民都靠台风吃饭。一些农业企业来到这里跟农民谈判，通过转包或者是租赁的形式，把土地集中起来，打深井、喷灌、引进国外新品种。徐闻县原来粮食产量很低，一亩地产三五百斤粮食，现在大量种植菠萝，上万亩地一望无际，全种的是菠萝，连地名都改了，叫“菠萝的海”，该县菠萝产量现在占全国菠萝产量的1/3。农民有租金，还有工资收入，变富了。这就是企业带资本下乡、带技术下乡的成果。带技术下乡是很重要的，比如，在盐碱地上种水稻，以色列有。我们到印度考察，在印度的金奈（过去叫马德拉斯），用海水浇地，在滩涂上种稻子，不靠技术是不行的。我去内蒙古鄂尔多斯考察过，有企业在沙漠里打井，通过滴灌的形式在沙漠里种庄稼。

三、草产业大有可为

草产业应该是一种新兴的产业。草产业的功能，一是改良了土壤，绿化了环境，保护了生态，符合低碳经济的要求，草业企业培育草种，大面积推广，草产业肯定是一个赢利的行业。同时，企业可以跟农户、牧场之间订立合同，使用企业的草种，双方共享收益。将来农户、牧场的收益增多了，还可以在草业公司参股。

最后，再回到前面讲过的三个红利问题。草产业实际上也体现了新的红利。

1. 新人口红利。将来，把草场的工人都训练成熟练技工，劳动生产率提高了，草场质量也提高了，还能把牧民培养成熟练的牧场劳动力。这样，新的人口红利不就出来了吗？

2. 新资源红利。草场面积是既定的，但运用新技术，草场质量提高就是新资源红利。此外，草场面积也不是既定的，因为沙化使草场面积逐渐缩小，运用新技术后将出现“沙退草进”的局面，草场面积不就扩大了吗？加之，通过草产业的发展，草产业企业培养出大量的技工、技术人员，这又是人力资源的新红利。

3. 要进一步推动改革。发展草产业，将来还有很多新的改革要推动。比如，牧区的牧业怎么发展？牧区小城镇的金融怎么发展？从草产业企业的角度看，将会涉及金融方面的内容。同时，内蒙古的草产业应该跳出内蒙古，要从全国看草产业的发展。据我了解，湖南绥宁的高山牧场，贵州威宁的高山牧场，都搞得很好。它们也有自己的经验，要交流，要借鉴。

内蒙古草产业企业的发展方向有四个：第一，立足于内蒙古草原，做到既出好草，又出人才，也出经验，还要节水，延长更新周期，等等。第二，面向城市。比如说，城市的草皮应该怎么做，城市的草地绿化应该怎么做？这可以是草产业企业的研发内容。第三，做一个国际性的企业，向外出口新的草种、新的草皮。这样的话，企业的思路就广了，企业也就站得更高了。第四，适用不同草种、草地的草业机械制造业也是一个广阔的市场，可以开辟草业机械的国际国内市场。

（原载《中国流通经济》2012年第12期）

2013年

信誉是最重要的社会资本

一、经济学中的社会资本概念

经济学中的社会资本是一种无形资本。与我们当前媒体上使用的“社会资本”不同，那里指的是民间资本，是有形的。经济理论上所使用的“社会资本”，是与物质资本、人力资本相对而言的一种无形资本。

人际关系是任何一个人都可以拥有的社会资本。

人际关系广，人际关系好，这就表明社会资本多。广东、浙江就是这样的例子。

人际关系是靠信誉支撑的，因此信誉是最重要的社会资本。只要个人有信誉，别人愿意同你来往，拉你一把，扶你一手，你就有社会资本可用了。反之，即使你有了朋友、同乡、同学，信誉差，别人不同你来往，你的社会资本就消失了。

二、社会资本在经济中的作用

无论在市场中还是在非市场活动中，谁都离不开人际关系，也离不开信誉。

非市场活动占据了一个人一天的主要活动时间，如果失去信誉，失去亲朋好友，失去合作伙伴，那么生活会变得很不如意，无生活质量可言。市场活动更会如此。

就市场而言，不管什么样的人际关系，都应该看成是合作互助关系。这种合作互助关系，可以是有形的，比如有签订的合同、有彼此的默认，或有互相的约定等，但也可以是无形的。按照社会的惯例来处理，大家都处在同一个市场环境中。这全靠信誉来维持。

实际上，人们之间各种有形无形的合作互助关系，都建立在互信的基础上。由此来看，“诚信为本”意味着任何一个人必须以诚信作为自己的社会责任。互信就是双方互相都以诚相待。这也是彼此双方都尽到了社会责任。

社会资本在经济中起着重要的交流、相互支持和互利合作的作用。如果人人在市场经济中和非市场活动中都坚持诚信原则，大家的社会资本都会增加，物质资本、人力资本和社会资本的结合就更顺利了。

三、社会资本、物质资本、人力资本三者间的关系

物质资本、人力资本、社会资本三者共同创造财富和收入。离开任何一项都不行。当然，物质资本、人力资本仍是基础性的。

仅有物质资本和人力资本，而缺少社会资本，财富和收入的创造只能是有限的。为什么有限？因为这反映某个人或某个企业实际上得不到别人的帮助，他是孤独地创造财富和收入。

市场范围越大，交易关系越多，社会资本越显得重要。

这表明，在现阶段的中国，社会资本对人们的意义比以往任何时间都更突出。

物质资本和人力资本都可以用数量来表示，而社会资本，尤其是信誉，难以用数量来表示。

如果一定要反映社会资本多和少，以信誉为例，可以用社会中的个人信用记录来反映。信用记录可以作为评价一个人的诚信的依据。

四、信任危机的严重后果

一个人信誉不好，影响个人的发展；而社会普遍缺乏信用，将影响社会的发展与进步。

为什么个人或企业会不顾信誉？一是被利益所诱惑；二是存

在侥幸心理，以为这样做成本小、盈利多，被发现的概率小，何况被罚或赔款也低于可能获得的好处。这种想法是错误的。要知道，一个人的信誉是最重要的社会资本。

不仅如此，如果社会普遍缺少信用，将发生社会信任危机，正常的社会经济运行将严重受损。假如信任危机发生了，社会将陷入无序状态，社会生活也将因无序而陷入混乱状态。

西方有一句谚语：“你骗了所有的人，最后你发现你被所有的人骗了。”这表明失去社会信任的任何人，最终都会被社会所抛弃。失去社会信任的任何企业，同样会有这样的下场。

增加社会信任度，这是一个关系到民族生死存亡的大问题，不能认为这是小事。

五、社会资本是多年累积而成的

任何人，从小到大，社会资本靠多年积累而成，人际关系就是如此。你帮助别人，你也会得到别人的帮助，不管是有形的帮助，还是无形的帮助。社会的成长过程正是这样。

任何人，从小到大，信誉也靠多年积累而成。企业信誉同样如此。

信誉的积累绝不是一朝一夕之功。以一家企业来说，品牌是最值钱的，这是多年努力经营才有的成绩。为了保住信誉，企业从上到下都要珍惜品牌。

信誉是多年积累的，信誉由好变坏，很可能就在一次，如大堤溃塌一样。这就告诉企业和个人，不要以为一次做出有损信誉的事没有什么大碍，也许一次不慎，就把多年积累下来的信誉全毁了。

维护诚信是所有人的社会责任，因为没有诚信就不会有合作、互助、互惠和共赢。诚信如此重要，并且事关人人应尽的社会责任，所以在这个问题上切不可有所松懈。

六、道德底线和法律底线

任何一个人，不管从事何种工作，都应守住道德底线和法律底线。

法律底线当然至关重要，但守住道德底线同样重要。失信、违约、任意撕毁协议、欺骗，都等于自毁道德底线，同时也就自毁人际关系。

任何企业都应该守住道德底线和法律底线。

同个人一样，企业一旦不顾道德底线和法律底线，对人对己都会造成损害，这是置社会责任于不顾的做法。

政府工作人员同样应该牢牢守住道德底线和法德底线，这是最起码的社会责任。政府部门任何一个工作人员的行为，都代表政府的形象。所以，政府工作人员都必须加强个人的自律。政府形象决不能因个别工作人员违背法律和社会道德准则而损毁。

守住道德底线和法律底线，这既是最起码的社会底线，也是对每个人的最低要求。

自律当然重要，但如果没有严格执法、违法不究，没有舆论的监督、社会公众的监督，社会无序状态将继续存在。

一个具有社会责任感的个人、企业或政府工作人员，应当以守住法律和道德的两条底线为起点，对自己有更高的要求。守住这两条底线，就是所有的社会成员，包括所有的企事业单位必须遵守的社会责任。

（原载《第十四届北大光华新年论坛会议手册》2013年1月6日）

论中国的双重转型

一、中国正在逐步实现双重转型

在传统的发展经济学中，经济转型是指从农业社会转向工业社会，而计划经济体制的推行则被认为是另一条通往工业社会的道路，十月革命以后的苏联正是这样走的。

中国从20世纪50年代到70年代末的实践表明，依靠计划经济体制转向工业社会是一条不成功的道路。这是因为，在中国这样的发展中国家，在计划经济体制之下，虽然可以建立一批大型工业企业，但效率不高，代价过大，而传统农业社会中的种种问题不但没有解决，反而以新的形式凝固化了，所以农业发展是失败的，农村是落后的，农民的生活依旧是艰苦的，农民的人身自由受到很大的限制。

从1979年起，中国进入了双重转型阶段。双重转型是指体制转型和发展转型的结合或重叠。

什么是体制转型？就是从计划经济体制转向市场经济体制。

什么是发展转型？就是从传统的农业社会转向工业社会。

两种转型的结合或重叠是没有前例的，也是传统的发展经济学中没有讨论过的。在第二次世界大战结束之后，一些新独立的发展中国家，由于过去在这些地方不曾实行计划经济体制，所以只出现发展转型，即从传统的农业社会逐步转向工业社会。而1979年以后的中国则不同，一方面，要摆脱计划经济体制的束缚，以市场经济体制代替计划经济体制，这就是体制转型；另一方面，要从传统的农业社会转向工业社会，使中国成长为一个现代化的国家，这就是发展转型。

总结1979年至今30多年的改革与发展实践，中国在推行双重转型过程中积累了一些经验。可以把这些经验归纳为以下八项：

1. 双重转型中，重点是体制转型，即从计划经济体制转向市场经济体制，要以体制转型带动发展转型。这是因为，计划经济体制对中国经济的束缚和限制是全面的；既包括城市，又包括农村；既包括工业，又包括农业；既包括城市居民，又包括农民。如果不打破计划经济体制的束缚和限制，中国不可能实现从传统农业社会向工业社会的转变，中国转型的目标（使中国成为现代化国家）是无法实现的。

2. 双重转型中，必须解放思想，清除计划经济理论的影响，否则改革与发展都寸步难行。1978年中国所进行的“实践是检验真理的唯一标准”大讨论，使人们的思想得到解放，进而启动了改革和对外开放。1992年年初邓小平同志南方谈话，又进一步解放了人们的思想，使中国走上了改革和发展的快车道。因此可以这么说，中国双重转型在短短的30多年内之所以能取得这样大的成果，同“思想先行”是分不开的。

3. 双重转型中，必须把产权问题放在改革的首位。计划经济体制下，产权模糊，投资主体不确定，投资方的权利和责任不清晰，是改革的严重障碍，也是发展的巨大阻力。因此在体制转型中，产权改革是突破口，是主线；在发展转型中，产权界定和产权清晰是动力源泉。对广大农民来说，土地需要确权，住房也需要确权，而且确权应当落实到户，这既有利于保障农民的合法权益，也能使农民获得财产性收入，用于扩大再生产和创业。

4. 双重转型中，一定要在经济增长的同时改善民生。改善民生，是缩小城乡居民收入差距和缩小地方收入差别的重要途径。在宏观经济政策目标中，就业是重中之重。考虑到农村劳动力向城市转移是双重转型中需要认真解决的迫切问题，所以在转型的任何时候都不能忽视就业问题。同时，由于新的工作岗位是在经济增长过程中涌现出来的，因此经济需要保持一定的增速。经济增长率过高当然不行，但如果经济增长率偏低，则会产生更大的就业压力。

5. 双重转型中，要不断提高企业的竞争力，而提高企业竞争力的核心是鼓励自主创新。如果自主创新不足，企业的竞争力就不足，在日趋激烈的国际市场竞争中，中国必将丧失自己的市场份额，或者中国又会回到过去依靠资源出口、初级产品出口以获取外汇的境地，这就难以实现现代化的目标。而自主创新的成效既取决于知识产权的保护，也取决于专业技术人才的培养和激励。人力资源政策应得到更大的关心，得到更有效的贯彻。

6. 相对于较早实现工业化、现代化的国家而言，环境压力在中国显得更为突出。中国在双重转型中，必须重视经济和社会的可持续发展问题。1979年以来的经验告诉我们，经济增长固然重要，但提高经济增长的质量更加重要。经济增长的质量高低，结构的优化是一个标志，另一个标志是环境保护、节能减排、资源合理利用和清洁生产。环境是我们和子孙后代共享的，资源是我们和子孙后代共有的，只有走可持续发展道路，我们才有更广阔的发展前景。

7. 城镇化率的提高是双重转型的成果，同时也是继续实现双重转型的助推器。计划经济体制下，城镇化的进度是异常缓慢的，甚至在某些年份还出现了“反城镇化”的趋势，即不但不允许农民进城，而且还把一部分城市居民强制迁入农村。直到双重转型过程开始后，情况才有所好转。提高城镇化率已是大势所趋，这将是今后若干年内最有潜力的投资机会，能保证中国经济增长继续以较高的速度推进。

8. 双重转型中，大力发展民营经济不仅是为了缓解就业压力，更主要是为了调动民间的积极性，包括调动民间资本的潜力。民营企业与国有企业的关系，无论是“国退民进”还是“国进民退”，都不是国家的方针。国家的方针是国有企业和民营企业的共同发展，他们之间既有合作，又有竞争，进而形成双赢的格局。这是对国家最有利的。

以上八项经验，说明了中国双重转型之路是怎样一步步走过来的。这些经验总的说来表明了这样一点：中国有中国的国情，不根据国情进行转型，什么经验都不会产生。

二、继续以体制转型带动发展转型

双重转型的任务，在中国至今尚未完成。改革需要深入，发展也需要继续，并双双登上新台阶。

那么，改革和发展之间的关系有没有变化？没有变化，仍同过去30多年一样，继续以体制转型来带动发展转型，即继续以改革促进发展，为发展开路。下面分三方面来论述：

1. 内生力量和外生力量

什么是内生力量？这是指一种体制及其所具有的机制所发生的作用。改革就是为了清除新体制或新机制建立过程中的障碍和阻力。

什么是外生力量？这是指外界对经济运行发生作用的某种力量，它从外界对经济活动进行干预，或对经济活动进行刺激，或对经济活动进行抑制。改革就是为了把外生力量的干预减少到正常的程度，不要让外生力量的干预削弱体制及其具有的机制所产生的自我调节作用。

不妨以一个人的健康为例。一个人如果能健康地生活和工作，一定要有完善的内生机制；如果生病了，自身内部调节机制是能够克服障碍和恢复健康的。外生力量就像必要的时候需要服药或动手术一样。相对于外生力量而言，内生力量毕竟是最重要的。

到现在为止，尽管我们的改革开放已进行30多年了，但内生力量还不健全，主要靠外生力量来调控经济。比如说，我国存在一种“投资冲动怪圈”的现象，从最近这几年的情况可以清楚地看到：地方政府、各个单位都希望加速发展，因此要求增加投资，增加项目，增加信贷，这样，投资加大了，项目增多了，信贷扩张了，经济也就上去了，结果，发生了通货膨胀。通货膨胀发生后，中央政府就依靠外生力量来压抑，地方政府感到困难，财政收入下降，产值下降，企业不振，就业也减少了，中央政府不得已再次启动外生力量调控，刺激经济，恢复经济快速增长。如此周而复始，一会儿经济上去了，一会儿经济又压缩了。这表明内生力量并没有发挥很好的作用，外生力量在某种程度上取代了内生力量。

继续推进改革，就是要完善体制，让体制所具有的机制发生应有的作用，让外生力量的调控成为辅助性的。

2. 阶段性成果和目标模式

从1979年至今，30多年，我们在改革开放方面取得了很大的成绩，但这些仅仅是阶段性成果，还不能称为已经实现了目标模式。我们的目标模式是明确的：从体制转型方面说，我们的目标模式是建立完善的社会主义市场经济体制；从发展转型方面说，我们的目标模式是实现工业化，建立现代化社会，使全国人民走向富裕，使和谐社会得以实现。改革要深化，发展要再接再厉，不可松懈，不可半途而废。中途停止下来，可能前功尽弃。

要知道，经济中很多问题不是靠宏观调控可以解决的，要靠改革的继续和深化。举一个例子，现在出现了“社会阶层凝固化”现象，跟改革开放初期相比，现在还不如改革开放初期。改革开放初期，77、78、79级大学毕业生的社会流动渠道是通畅的。社会垂直流动和水平流动是调动人们积极性的主要方式。然而现在，“社会阶层凝固化”造成了水平流动、特别是垂直流动渠道的堵塞，这又形成了另一种现象，即“职业世袭化”。比如说，父亲是农民工，儿子还是农民工，孙子以后也可能是农民工，这就是“社会阶层凝固化”和“职业世袭化”的表现。这种情况要通过体制转型才能解决，宏观调控解决不了这样的问题。

再说，城乡二元体制至今仍未消失。计划经济体制有两大支柱，一个支柱是国有企业体制，另一个支柱是城乡二元体制。过去30多年的改革，主要围绕着国有企业体制改革而展开，这一改革至今已取得很大进展，当然还有些问题有待于继续解决。虽然城乡二元体制在过去这段时期多少有些松动，但基本上尚未解决。

城乡二元体制不同于城乡二元结构。城乡二元结构自古就有，而且今后较长时间内还会存在。但城乡二元体制是计划经济体制的产物。1958年户口一分为二，农村户口和城市户口分开了，城乡被隔离开来，农村户口和城市户口都不得自由迁移。这种划分，基于使农民处于与城市隔绝的状态，大大阻碍了经济的发展。而城市二元体制绝对不是依靠宏观经济调控就能消失的，一定要深化改革，才能改变现状。

总之，阶段性成果就是阶段性成果，它绝对不是我们的目标模式。

3. 全盘考虑，统筹安排

前面已经指出，中国从计划经济体制过渡到社会主义市场经济体制，在全世界没有先例，必须探索前进。当时有一句很形象化的话，叫作“摸着石头过河”。这在当时是对的。但现在不行了。为什么？因为水深了，摸不着石头了，怎么前进？假如河底的石头布置不均匀，摸着摸着，又摸回来了，又该怎么办？

所以一定要全盘考虑，统筹安排。改革领导者要站得高，看得远，想得深，要有战略家的眼光、胆识、魄力。这就是当前不少人所谈论的顶层设计。

举一个例子，集体林权制度改革。1979年一些地方的农村试行承包制时，没有动集体的山林。有的地方分了山林，结果砍树成风，因为那时刚改革开放，不少农民对党的政策缺乏信心，怕变，所以承包山林后就砍树了。中央制止了把集体林权分掉的做法。集体林权制度改革是一个迟到的改革，晚了20多年。2003年，在福建、江西等几个省开始试点，中央、国务院很快在2008年6月8日发文件，决定在全国范围内推行集体林权制度改革。

这项改革有三个突破。一是林权证落实到户，而不是按学术界某些人曾经建议落实到村，落实到乡，或落实到自上而下组成的林业合作社、林业协会等。事实证明，这些都是没有效的，必须把林权落实到农户，农民们的积极性才会调动起来。二是林地、林木可以抵押，这样一来，农民承包林地后就有可能经营林场了，一个个家庭林场就是一个个小微型企业。农民林下养鸡种药材，生产蘑菇、木耳，农民经营林场，日子也富裕起来了。三是明确林地承包期为70年不变。农田承包，最后用的词是长久不变。长久不变？究竟多长？农民心里还是不踏实。集体林地定为70年承包期，70年，第三代都长大了，爷爷种树，让孙子来砍吧，种树的积极性就增大了。可见，如果没有中央做出决定，地方敢这样干吗？这就是统筹安排的成果。

现在需要全盘考虑、统筹安排的问题很多，包括金融体制如何改革？财政分权制度如何改革？国有企业今后的管理体制如何确定？今后的改革过程中，试点仍是需要的，但重要的是从整体上考虑，要有战略眼光。

三、双重转型中的结构调整

结构调整是没有止境的。随着科学技术的进步，消费习惯和消费观念的转变，国内国外形势的变化，以及经营管理经验的丰富和经营管理人员水平的提高，今天的结构优化只代表现阶段的结构优化，不能代表以后对经济优化的认识。从这个角度看，结构优化总是相对的，所以结构调整还将继续。

尽管结构优化在发展的不同时期有不同的标准，但总的说来，在发展的任何时期都有新兴产业这个概念，结构优化要符合每个阶段的实际，把发展新兴产业作为衡量结构优化程度的标准之一。在发展的任何时期都有产能过剩产业和产能短缺产业这样的概念，所以结构优化要从这些产业的产值在国内生产总值所占比例的增减程度来衡量，产能过剩产业和产能短缺产业所占比例的下降都反映了结构在趋向优化；反之，如果产能过剩产业和产能短缺产业所占比例上升了，则反映结构状况趋向恶化。因此，在现阶段要讨论中国的结构调整，必须首先关注新兴产业的发展、产能过剩产业和产能短缺产业所占比例的下降，以及产能基本平衡产业所占比例的上升。

另一个值得关注的问题是，在双重转型过程中，一定要朝着清洁生产、循环经济、低碳经济的方向进行结构调整。高污染、高耗能以及其他高消耗资源的产业要进行技术改造，其中有些企业要被淘汰，不能再因此而使环境继续遭到损害，使资源过度消耗。中国在环境治理方面一定要有决心，否则社会经济的可持续发展将难以维持。

在双重转型过程中，地区经济结构的合理化也是结构调整方面的重要课题。根据中国的实际情况，地区发展不平衡是受到自然条件和历史文化因素的影响而形成的。结果，东西部发展和居民收入之间的差距呈扩大趋势。要缓解和逐步扭转这种地区差距扩大的趋势，必须实行向西部地区倾斜的政策，让西部得到政策优惠，以促进西部的发展。产业向西部转移和西部改变过去单纯输出资源的状况，是地区经济结构调整最重要的两项措施。

关于产业转移，主要同发生地区的制造业企业，尤其是劳动密集型企业，出于降低成本的考虑有关。例如用工成本、土地使用成本、企业建设成本、物流成本等，随着工业化的推行，近年来都有逐步上升的现象。而经济次发达的地区则成为产业地区间转移的承接者，它们一般拥有较丰富的劳动力资源、土地资源和矿产资源，可以发挥这些优势来承接产业的转移，以加速本地区的发展，并增加地方的财政收入和扩大就业。在这方面，体制改革依然是最重要的。有什么样的体制才会出台什么样的政策，才能让有责任的、有效率的、讲政府诚信的、重法制的官员在岗位上得到重用。只有这样，次发达地区的经济才有可能迅速发展。与此同时，因产业转移到次发达地区之后，发达地区的经济结构可以更好地发挥自己的优势，在自主创新和产业升级等方面做出更大的成绩，并在增强本地区的企业竞争力方面继续领先。

关于西部（也包括东部发达省内某些次发达地区）如何改变，过去只谈输出资源的状况，现在同样需要在体制和政策上做出新的安排，例如发展资源在本地加工的产业，以增加产值，把收益留在本地。还应当注意到，西部和其他次发达地区在产业转移和发展资源加工产业的过程中，一定要加快培育本地的民营企业队伍。这是因为，当发达地区的企业迁移到西部和其他次发达地区以后，骨干职工可以从发达地区带来，有管理经验的管理人员也可以一并带来，但配套的生产营销方面的合作企业却不一定迁入，在西部和其他次发达地区需要有一些能与转移来的企业配套的、为之服务的合作企业。这将有赖于本地民营企业家的努力。由于产业转移和发展资源为加工企业提供了若干商业机会，而且这些商业机会往往是瞬间即逝的，本地的民营企业不抓住它们，很快就被外地的民营企业所获得。

再者，产业向西部和其他次发达地区的转移，只是地区经济结构调整中的一个阶段。随着西部和其他次发达地区承接发达地区的企业转移后，势必也会促进本地企业和转移进来的企业的产业升级。这是阻挡不住的趋势。也就是说，发达地区准备向西部和其他次发达地区转移企业，既是为了利用这些地区的资源优势，也是着眼于这些地区的市场前景。而一旦实现了产业转移之后，为了提高企业的竞争力，以及开拓更大的市场，取得更多的市场份额，迟早会走上产业升级之路。这也意味着西部和其他次发达地区的结构调整，不可能只限于产业转移，而可能把今后的产业升级也包括在内。

结构调整有可能是存量调整，还可能是增量调整，二者各有利弊。一般说来，存量调整见效快，效果也大，这是它的好处；但存量调整的影响面过大，难度较大。一个常见的例子就是：如果强制关闭某些企业，迫使某些企业或某些产品停止生产，这样一来，无论对地方财政收入，还是本地的就业都会发生消极的影响，从而引起地方政府不得不采取“明关暗不关，明停暗不停”的做法。增量调整，是指在经济继续增长，财政收入继续上升的情况下，进行结构调整。其弊病在于收效较慢，拖延的时间较长，但这样做也有好处：第一，经济仍保持一定的增长率，从而为结构的调整提供更好的条件，以免发生较多的企业关闭、停产和较多的职工失去工作等情况。第二，在经济增长和财政收入增长的条件下，可以利用较多的投资支出来改进技术，以便在产业升级的过程中实现结构的调整，使经济在较平稳的环境中实现经济转型。

实际的做法可以是：经济仍应保持一定的增长率，财政收入大体上也应保持增长的态势，然后实行增量调整，同时也可以有选择地强行关闭某些严重污染和耗能高的企业，或强制它们停止生产某些产品。增量调整与存量调整相比，增量调整的可行性更大一些。

四、双重转型中，宏观调控应以微调和预调为主

前面在讨论经济运行中的内生力量和外生力量之间的关系时已经指出，要通过深化改革，让内生力量起主要作用，而外生力量则起辅助性作用。在双层转型过程中，这一点是可以逐步做到的。这符合建立完善的市场经济体制的要求。

问题首先在于政府职能的正确定位。政府不可能是万能的，政府调控经济的作用在任何情况下都带有局限性。经济中的变量过多，这些变量对经济运行的影响经常是不确定的、难以准确预测的。而且，政府掌握的信息始终有限，政府不可能在较短时间

内掌握全部信息，即使在较长时间内可以掌握到较多的信息，但客观形势在较长时间内可能已经发生变化，政府所掌握的信息中肯定有一部分已经过时了。因此一般来说，政府总是在不完整信息的条件下做出决策的。这就是政府在宏观调控中不可避免的局限性之一。

政府在宏观调控中的另一个不可避免的局限性是，政府的博弈对手是公众，政府在同公众的博弈中通常处于被动的地位。这是因为政府只有一个，而公众则是千千万万；公众的千千万万双眼睛都盯着政府，政府却无法用眼睛盯着千千万万个公众。于是就必然形成了如下的格局，即政府有政策，公众有对策，或者说，上有政策，下有对策。公众人数众多，无论是投资者、消费者，还是储蓄者，都根据自己的预期选择自己的对策，从而抵消了政府政策的效果。这表明，来自方方面面的公众的预期和对策，会使政府趋于被动。

政府在宏观调控中还有一个不可避免的局限性就是，由于政府总是在不完整信息的条件下做出决策的，以及由于政府政策的推行总是处于同公众博弈中的被动地位，所以政府的宏观调控措施往往会力度过大，矫枉过正，因此造成了“一管就死，一放就乱”的局面。“一管就死”，是因为政府总是相信自己的力量，所以一紧缩，就把经济搞死了，企业就失去活力；“一放就乱”，也是因为政府事后感到紧缩过度给经济造成了损害，于是从紧缩转向放松，而一放松，投资过热，信贷膨胀，通货膨胀又来了，于是政府又感到再度紧缩的必要。

在双重转型中，这种时紧时松、时“死”时“乱”的现象之所以一再发生，既由于市场机制尚未完善，也由于政府职能未能正确定位。

由此得出的结论只能是，在双重转型已经取得一些成绩的基础上，政府职能更应正确定位，切不要再像过去那样认为政府是万能的。政府要遵循市场规律，不要打乱投资者、消费者、储蓄者的正常预期，宏观调控不宜大升大降、大紧大松、大起大落。否则，要么会导致经济中出现大量泡沫，要么经济中的泡沫会突然破裂。这些都会使经济遭到伤害，并使公众对宏观调控失去信心。

经济运行中是会出现运行不正常的预兆的。即使政府掌握的信息始终是不完整的，但通过筛选，仍会发现经济运行不正常的预兆。所以今后政府的宏观调控应当重在微调，并且要尽可能少采取总量调控措施，而要以结构性调控措施为主。与总量调控措施相比，结构性调控措施所引起的震荡较小，效果会更显著。

在今后的宏观调控中，除了应当重视微调以外，还应当进行预调。宏观调控起始时机的选择是十分重要的。过去，宏观调控起始时机往往滞后，宏观调控的结束时机更可能滞后。这两种滞后都会给国民经济造成损失，也会给后续一段时间的经济运行增加困难。

宏观经济运行中，政府调控原来只是以调节总需求为目标，这主要适应于对失业和通货膨胀的短期调节。自从20世纪70年代以后，由于美国发生了滞胀，单纯调节需求不解决问题，仅仅着眼于短期调节也远远不够的。于是美国在先，其他国家随后，宏观调控由单纯调节总需求转为需求调节和供给调节并重，由短期调节转向短期调节与中期调节并重，以及由总量调控转为总量调控与结构性调控并重。这已经成为当前发达的市场经济国家惯用的调控方式，可供我们在双重转型中借鉴。

在中国，宏观调控滞后的主要原因在于政府不仅所掌握的信息不完整，更重要的在于政府没有对自己所掌握的信息进行认真的筛选，从而易于被各地区、各部门汇报上来的报喜不报忧的假象所迷惑，而经济运行中的许多真实情况却不一定能被政府所掌握，这样，宏观调控的时机往往滞后。在今后的宏观调控中，政府应当吸取以往的教训，要尽可能掌握经济中的真实情况，并把预调放在重要位置上，做到今后预调和微调并重。

最后，还需要谈一谈宏观调控中的限价政策问题。既然我们要继续体制转型，那就必须懂得限价政策的局限性，因为这是破坏市场机制发挥作用的手段。加之，在经济生活中，商品价格总是相互影响的，也是互为成本的。在宏观调控中，有时为了控制某种商品价格的上涨而采取对该种商品限价的政策。但经验表明，限价政策顶多只在短期有效，而给经济带来的损害却是不可低估的，因为限价政策实行的结果，结构失调现象必然更加突出，更加严重。这是因为全部商品价格都得到管制，这是做不到的。能够做到的，不过是对某些商品的价格采取限价措施。这样一来，在商品互为成本的条件下，在其他相关商品的价格可以浮动时，某些商品的价格却被冻结了，那只能使被冻结价格的商品供应量减少，使产业链断裂，使结构更不协调，进而给经济运行带来一系列后遗症。

资源价格的管制所造成的是同样的后果。资源绝对不可能做到无限供给，土地资源、水资源、矿产资源和劳动力资源莫不如此。中国劳动力资源虽然比较充足，但如果按年龄、技术工种、专业水平、居住地区来分类，依旧是有限供给的。所以从土地资源、水资源、矿产资源来考察，不能完全按市场需求来制定使用和分配规则，政府在必要时可以实行配额管理。但配额管理的利弊并存，不能随意使用，否则对经济运行不利。至于对资源产品实行价格调节，也应当考虑到资源有限供给的现实性，价格调节也会导致产业链断裂，扭曲结构现状，甚至使结构失调更严重。对于资源产品价格不合理之处，最有效的对策是推进资源价格体制的改革。只有通过这一改革，使资源定价趋向合理，才能避免资源价格不合理所造成的不良后果。

这再一次证实体制转型在双重转型过程中的首要作用。

（原载《中国市场》2013年第1期）

缩小城乡收入差距，促进社会安定和谐

改革开放30多年来城乡收入差距总在不断扩大，这个趋势到现在还没有停下来。城乡收入差距的扩大是实现社会安定和谐的巨大障碍。要切实有效地缩小城乡收入差距，必须先弄清楚城乡收入差距扩大的主要原因何在。下面，让我们从三种资本概念谈起。

一、三种资本概念

在经济学里，有三种资本概念：

第一种资本概念叫物质资本，这是传统的说法。货币投入转化为生产资料，包括厂房、设备、原材料等，都是物质资本。

第二种资本概念叫人力资本。由体现在人身上的技术水平、知识、智慧、经验所构成。人力资本理论是20世纪60年代内发展起来的。从这时起，一般都认为，财富是物质资本和人力资本共同创造的，而且人力资本往往比物质资本更重要。例如第二次世界大战中，德国和日本的工厂、桥梁、港口被炸坏了，可是战后经济很快恢复了，原因是，虽然物质资本损坏了，但人力资本还在，人力资本对经济振兴起了重要作用。

第三种资本概念是社会资本。社会资本理论大约是20世纪70年代内发展起来的。这跟我们现在报纸上提到的不是一回事。现在报纸上使用的“社会资本”指的是民间资本，也就是民间的货币资金。经济学里的社会资本指的是无形资本，是人际关系，是人的信誉。比如说，改革开放之后，广东经济为什么发展得这么快？因为广东有充足的社会资本。港澳同胞、华人华侨等都是广东人可以利用的社会资本。浙江经济为什么发展得这么快？家庭关系、家族关系、同乡关系都是浙江人的社会资本。

物质资本、人力资本和社会资本这三种资本的结合创造了财富。目前中国城乡比较，三种资本中的任何一种资本都是城市占优势，农村居于劣势。

1. 以物质资本来说，城里的土地是国有的，祖传的房屋有产权，有房产证，可以用于抵押。如果城里人要创业，房产证一抵押，一笔钱就到手了，可以用于投资，开作坊、商店。农民到现在为止，土地是集体所有的，除改革试验区以外，承包地和宅基地都不能抵押，自己盖的房子再好，也没有房产证，不能抵押。农民是没有物质资本的。我带全国政协经济委员会调查组在农村调查，农民就说，国有土地上的房屋为什么能抵押？而我们在宅基地上盖的房子不能抵押，不能转让，连出租都难。出租为什么难？农民说，因为没有产权，心中没底。租给外乡人住，他赖着不走怎么办？他不交房租又怎么办？要出租，只能租给亲戚朋友住，房租很少。有的农民外出打工了，工作稳定了，老婆孩子带走了，房子锁上了。于是产生了“两个老鼠”的故事：老婆孩子也进城了，房子由一把锁锁住，变成了老鼠窝，第一个“老鼠”出来了。他们到城里以后，两手空空，没有房子住，在居民楼找地下室住。于是就有了一种称呼，叫“鼠族”，指这些农民工像老鼠一样，整天过地下生活。

怎么让农民持有物质资本？除了他自己在农业、畜牧业、多种经营中有资本积累外，最主要的是要进行土地确权。土地确权首先是保护农民的权益，使农民的产业不被侵占。土地确权还是土地流转的前提。土地确权后，实行三权三证：承包土地的经营权、宅基地的使用权、农民在宅基地上所盖房子的房产权，这是三权。要给三权发证，权证可以抵押。抵押跟质押是不一样的。什么叫质押？当铺是最典型的，我要去借钱，皮大衣一脱，手镯一放，东西放在那里，钱借到了，这叫质押。抵押不同，房子你照住，土地你照耕，产权证一交就行了，这叫抵押。到时，你不还钱怎么办？通过法院解决。这是让农民持有物质资本的一个重要方式。

2. 再看人力资本的状况。农民的人力资本弱，怎么办？这是由教育资源配置不均衡造成的。城里的学校，投资多，经费足，师资好，设备也齐全。农村的学校差，设备差，师资力量又不足。这样，将来升高中的比例，农村显然小，城市显然大；上大学的比例，城里的学生比农村的更要高得多。

这种情况要改变。教育资源配置一定要均衡化。有些地方正在拟定教育改革方案，比如一个中等发达程度的县的方案是：村里今后一般只办幼儿园，有的也办小学，但仅限于小学一、二、三年级，因孩子太小，在村里办，可以走读。小学（或小学高年级）加初中，都在县城和乡镇所在地办，可以走读，但如果离家太远，学生可以寄宿在亲戚朋友家，也可以住校。贫困家庭的孩子住校，食宿费用全免。有校车，一个星期开两趟，接一次送一次，又安全又好。高中则在县城办，一律住校，便于管理和提高教学质量。这样，城乡教育质量就渐渐拉平了。农村孩子有更多机会升学，升学可以改变将来职业。最近我带着全国政协经济委员会调查组在内蒙古自治区通辽市扎鲁特旗调查，那里山区和边远地区农牧民的孩子一律在城里的寄宿学校（小学和初中）上学，全部免费。他们把这样的学校称作“教育特区”。

3.怎样增加农民的社会资本？要知道，城里人的社会资本比农民多。城里人，如果想闯荡市场，自己创业，总有熟人，“亲戚的亲戚”“朋友的朋友”，都可以帮一把、拉一把。农民的社会资本少，特别是住在山沟里的农民，谁也不认得，对市场经济也不熟悉。在这方面，应当学温州人当初的做法：鼓励农民出来，让他们在市场中摸爬滚打，拼搏，创业。总之，社会资本要靠自己去寻找，去积累。其中最重要的是要有信誉。信誉是自己挣来的。一个人有信誉，就有了最大的社会资本。别人信任你，你就可以在市场经济中施展才能了。常言说得好，小富靠勤奋，中富靠机会，大富靠智慧。这是有道理的。现在可以补充一句：无论小富、中富、大富，都要靠信誉。没有信誉，谁相信你？谁来帮你？“你骗了所有的人，最后你发现，你被所有的人骗了！”

二、二次分配的作用

市场调节下的分配被称为一次分配，政府调节下的分配被称为二次分配。市场经济国家一般都采用一次分配不足二次分配补的方式。也就是说，如果市场调节下的分配形成收入差距过大，通过政府调节，收入差距将会缩小。但在中国存在城乡分割的二元户籍制度的情况下，一次分配不足，二次分配却进一步扩大了这个差距。

为什么会这样？主要由于社会保障不一样。到现在为止，城市的职工是公费医疗，而农民是合作医疗，这就有差距。二次分配还包含了教育、卫生、文化、公共服务经费的配置，给农村的少，给城市的多。这些都会扩大城乡收入分配的差距。这显然是不合理的。所以要加快城乡社会保障一体化改革，要使得城乡教育、卫生、文化、公共服务经费趋向均衡配置。

三、能人外迁和弱者沉淀

这是农村的现状。村里凡是有本事的人、同城里有关系的人，都进城了，做工的做工，开作坊的开作坊，做买卖的做买卖。而留在农村的是老弱病残，如果自己还在种地，则产量低、收入少。农村跟城市相比，收入差距怎么不扩大呢？

收入差距问题怎么办？能人外迁是对的。能人外迁后，愿意在外面长期工作的，听其自愿；愿意回乡工作和创业的，要为他们创造更好的条件。

弱者沉淀怎么办？老弱病残留在农村，最好的办法是让他们把土地流转出去，因为他们自己种地，土地收益率太低，土地利用效率也太低。如果在土地流转的同时给他们安置，他们的收入肯定比自己种地时要多。此外，社会救济也应跟上去。这是下一步缩小城乡收入差距需要考虑的问题。

四、今后谁来种田

能人到城里做工、开店、开作坊去了，弱者的土地又转包、租赁或转让了，那谁来种田？散户始终存在，要听其自愿。今后耕种承包田的主要是三种人：

一种是种植能手、种植大户。他们通过转包、租赁的办法，把自己的耕地面积扩大了。我们在湖北调查，农田种植大户，最多的租了一二万亩地，雇了十几个甚至几十个工人，全部机械化运作，规模经营。农民把土地租出去以后，有的进城打工了，有的做生意去了，有的被种植大户雇用了，他们得到了租金、工资或其他外出劳动的收入。

二是农民专业合作社。这是分专业的。我带领全国政协经济委员会调查组，最近三次到重庆调查，发现农村中有柑橘、西瓜、茶叶、花卉、中药材等专业合作社。合作社由农民自己组成，土地入股、民主管理、账目公开，领导人是自己选出来的。这种情况下，农民能把土地经营得更好。

三是农业企业下农村。农业企业下乡租土地，采用高新技术，投资建设灌溉系统，改良土壤，引进国外新品种。可以举两个例子。第一个例子，广东湛江市徐闻县，在祖国大陆的最南端，隔海就是海南省。那里干旱，没有大河，靠台风吃饭，产量很低。一亩地种粮食收入才三四百块钱。后来，农业企业下乡，其中有民营企业，有港资企业，还有台资企业，从农民手中租到土地，规模经营。种什么呢？因为那里最适合种热带水果，所以大量种菠萝。公司投资，打深井、喷灌。城郊有一片土地，上万亩，挂了个大牌子，连地名都改了，叫“菠萝的海”。现在徐闻的菠萝产量占全国菠萝产量的1/3左右。农民一亩地的租金是几百斤粮食。土地租给企业后，要出去打工就去打工，不去打工就留在当地，同农业企业签合同，当合同工，根据自己的技术水平，干一个月领一个月的工资。这样，农民生活改善了。第二个例子，就是贵州毕节市七星关区，一家民营农业公司在这里经营果园，种梨，引进的是韩国的品种。业主告诉我们，种梨树，一亩地有50,000元的收入，种粮食才1000元收入。

所以说，农业企业下乡很重要，他们带资本下乡，带技术下乡。为了鼓励更多的农业企业对农业进行投资，今后要从单向城乡一体化（指农民进城）走向双向城乡一体化（指愿意来农村经营的来农村，愿意进城打工的就到城市去），这样，不仅农业生产率会提高，城乡收入差距也会进一步缩小。

（原载《北京大学学报（哲学社会科学版）》2013年第1期）

走符合中国国情的城镇化道路

一、传统城市化与符合中国国情的城镇化

传统城市化是先进行工业化的发达市场国家的城市化模式。当时，城市化与工业化基本上是同步的，缺乏统筹安排，也没有科学的城市规模概念，经济和社会的可持续发展并未被城市领导层所考虑。等到发现居民的生活质量下降等问题时，已为时过晚，要改变城市现状已经不易。后起的工业化国家，即使认识到城市化的弊病，想避免，但需要大笔公共投资，往往力所不及。结果，无论在先工业化和先城市化的国家，还是在后起的工业化国家中，都发生了所谓的“城市病”，即农村人口大量涌入城市，城市中出现了棚户区或贫民窟，环境恶化，过分拥挤，失业激增，社会治安欠佳，以致出现了“反城市化”倾向，即穷人继续涌入城市，富人纷纷迁离城市，搬到郊区甚至乡村居住。

在某些发达的市场经济国家，城市化率达到90%以上。城市

化率，在经过200多年的工业化和城市化之后，至今已经没有重要意义，也很少再被人们关注。这是因为：

1. 如果某个国家至今仍旧存在城乡居民权利不平等和身份限制，那么城市化率可以反映社会等级的存在。但在现阶段，在本国公民权利平等和身份限制已消失的条件下，城市化率就没有什么意义了。

2. 如果某个国家至今仍旧存在公共服务因城乡而异，或存在城乡社会保障的非一体化，那么城市化率可以反映社会保障一体化方面尚存在的城乡差距。但这样的例子已经不多。

3. 由于国内交通运输条件的日益完善，再加上通信手段的便利，以及运输成本、信息成本的降低，地区间土地价格差距的存在，所以城市化率高不一定反映工业企业必定趋向于集中，而很可能分散于城区以外的农村。

传统城市化模式是不适合中国国情的。根据中国国家统计局的资料，迄今为止中国的城镇化率略高于50%。但据研究中国城镇化的专家意见，中国目前城镇化率还不到50%，甚至更低，理由是，中国至今仍存在城乡分割的二元户籍制度，城镇中的一些农民工虽然在城镇中已是常住人口，但农民户籍未变，身份仍是“农民”，不能同城市居民享受同等待遇。所以城镇化率对于现阶段的中国仍有意义，这反映了城乡一体化程度的不足。

从另一角度看，如果中国要达到西方发达国家的城市化率，即90%以上的人口集中于城市，那么城市居住条件必定恶化，居民生活质量必定下降。即使城市会因人口的增加而新增不少服务业就业岗位，但就业机会依然满足不了涌入城市的农民们的要求。

因此，中国必须走适合中国国情的城镇化道路，即中国城镇化分三部分：老城区+新城区+农村新社区。

以下，让我们按这三个组成部分分别予以论述。

二、老城区

老城区是指已有的城区，它们有的在工业化以前很久就存在了。工业化开始后，在这里建设了一些工业企业，老城区规模不断扩大，居民日益增多，街道狭窄，人口拥挤。随着工业企业的建立，商业和服务业也发展较快。

老城区的发展方向是改造。由于工业企业已经造成了环境污染，所以一定要设法把这些工业企业迁出老城区。近些年在老城区推行的“退二进三”的做法，是正确的。“退二进三”是指，第二产业迁离老城区，第三产业进入老城区，使老城区成为商业中心、服务业中心和居民区。老城区有不少过去的建筑物，需要根据具体情况，加以维护、修整，保留下来，作为文化遗址。某些街道也应当完整地保存，显现当年的风貌。

老城区改造和环境治理过程中，应当关注棚户区的拆迁问题。这些棚户区是工业化前期建立的，房屋质量差，棚户区的居民生活质量差，而且居民多数是贫困的、受教育程度低。他们之中，有退休的工人和下岗的工人，甚至是无业人员。由于无业人员多，所以社会治安状况不佳，犯罪率偏高。

拆迁棚户区在某些城市老城区改造过程中已经积累了经验，这就是把新城区建设、招商引资、老城区改造三者结合在一起，重视规划。根据某些城市的做法，大体上是这样的：

先在新城区的一块空地上盖成一批标准的、建筑质量合格的居民楼，让棚户区的住户迁过去，把周边的公共设施建设好，如公共交通、孩子上学、环境卫生等问题一并得到解决，让迁入的居民生活安定。

再通过招商引资，或者在新城区建立工业企业，或者在老城区内原棚户区的地址上建立商业、服务业企业，以安置棚户区的失业人员。

如果失业人员愿意自谋职业，也可以扶植他们自行创业，如从事个体工商经营或创办微小企业。此外，他们还可以在新城区的居民区内从事家政服务、保洁、保安等工作。棚户区内还居住了一些从农村来的务工人员，可以在拆迁棚户区的同时，让这些常住于城市并有稳定职业的人员（包括开店的、有执照的摊贩等）转入城市户口。由于这些人迟早要成为城市居民的，不如趁拆迁之机把户籍问题一并解决了。

三、新城区

新城区一般在城市郊区，它们可能是由工业园区、高新技术开发区、创业园区、物流园区等演变而来。这里工厂林立，基础设施完善，有发展空间。

新城区不仅有企业，而且也有常住的居民。这些常住的居民，或者是原来的农村居民，或者是镇上有农村户籍的个体工商户等。在一些镇并入老城区的同时，也有一些镇并入新城区。由于有了常住居民，再加上有新建的工业企业的职工，所以新建的城区除了工业园区以外，还会有商业区、服务区和居民区。

对新城区来说，最重要的是工业企业进园区。这对工业企业有四个好处：一是这里的基础设施完善，交通运输便利，可以减少成本。二是污染源集中，便于监管，便于治理。三是许多工业企都设置在工业园区内，便于信息交流，也便于工业企业获得新的商机。四是政府的服务到位，通过工业园区管理委员会，工业企业可以及时得到政府的服务、帮助。

新城区往往是新兴产业的立足地。新兴产业的增长速度是快的，这是对城市经济增长率和财政收入的巨大支持。

新城区无论是在原来的空旷地带建立起来的，还是以镇为依托发展起来的，一般来说，历史所留下的包袱比老城区要少一些。这正是新城区的优势所在。同时，新城区的就业机会要比老城区多。新城区也完全有可能成为各类技术工人、专业服务人员的职业技术培育基地，成为向新城区自身和老城区，甚至其他城市的老城区和新城区输送各类技术工人、专业服务人员的源泉。

四、农村新社区

现在各地都在兴建社会主义新农村。在不少地区，有的社会主义新农村是在原有的自然村基础上通过旧房改造而成的，也有的是在原有的自然村附近的空旷地带建成的，原有的旧房在居民搬迁后被拆掉，土地经过整理，重新变为耕地。无论以哪一种方式建成的社会主义新农村，都是农村新社区的起点。

农村新社区的进一步建设，一般有五个内容：

1. 农村新社区要实现园林化，成为绿树成荫、花草茂密的适合居民居住的居民区，而不能只以盖好几幢高楼为目标。

2. 农村新社区要成为环境清洁的居民区，实现污染防治、垃圾回收和利用、符合低碳节能要求的居民区。

3. 农村新社区一定要实现公共服务到位，建设卫生院、托儿所、幼儿园、小学、养老院、文化室、公共交通、自来水厂、通信网络、安全保卫体系等相应设施，使得农村新社区内的公共服务与城区的公共服务基本上相同。

4. 在社会保障方面，农村新社区应当及早实现城乡一体化，消除农民与城区居民的身份限制。

5. 在社会管理方面，农村新社区应实行民主管理制度，社区管理机构的负责人由社区居民选举产生，社区居民也可以罢免不称职的负责人。

在实现上述各项要求之后，村级自治就改为社区自治，农村新社区成为基层单位，也就纳入城镇化了。城市居民和农民之间的权利平等了，身份限制不再存在了。

农村新社区居民的就业状况是多样化的，因地而异。在调研过程中，我发现各地有不同的做法。

例如，在某些地方，由龙头企业牵头，把农民组织起来，农民把土地入股到龙头企业。龙头企业按土壤的性质，在这些土地上种果树、种粮食、种葡萄、种饲料。在建设用地上，盖起了各种工厂，在草地办起了牛羊饲养场，此外还办了养猪场、养鸡场，等等。农民愿外出打工的，听他们自愿。把不愿外出的农民分配到工厂当工人，或到果园、葡萄园、粮田、饲养场工作。这样，每个农民每年按股分红，每月还有工资可得。龙头企业还建起了宿舍区，按社区模式管理，分配给居民居住。公共服务设施也由龙头企业兴建。这又称“公司+社区+农户”模式。我们在山东烟台市就见到这种模式。

又如，在某些地方，由农民专业合作社牵头，把农民组织起来。农民专业合作社有的专门种植茶叶，有的专门种植西瓜，还有的专门种植柑橘，等等。同时，也由农民专业合作社牵头，把农民组织起来，或改造旧民居，或在附近的空旷地带新建居民区，使农民迁入居住。农民专业合作社负责组织生产；而改造后的旧民居或新建的居民区，则由住户选举的村委会或社区管委会管理。这是一种“农民专业合作社+社区+农民”的模式。在这种模式下，农民专业合作社与龙头企业之间订立合同，由龙头企业提供技术，提供生产资料（如种子、化肥、灌溉机械），并统一收购产品，经营销售。我们在重庆市的江津、长寿、梁平等地见到过这种模式。

再如，在某些地方，在市县政府或乡镇政府的主持下，在把农民组织起来建设新农村的过程中，给农民一定的建房补助，动员农民自建新房，或改造旧房，政府再投资建设公共设施，并在这里实行社区式的管理。农民则转向专业化的生产，如每家都有蔬菜大棚、草莓大棚，精耕细作，产量高，收入增多。生产由各户自己负责，社区则组织专业的运输队，帮助农民把产品运往农贸市场去销售，或者，社区把这一带改造为旅游点，农民办农家乐，或妇女制作手工艺品，吸引游客前来选购新鲜水果蔬菜、土特产等。这又是一种模式，可以把它称为“社区指导下的农民自营模式”。我们在贵州毕节市见到过这种模式。

还有另一种模式，就是在某些地方，在市县政府或乡镇政府的主持下，在把农民组织起来建设社会主义新农村的过程中，帮助农民集体创业，如全体或大部分农村劳动力从事工业、建筑业、物流业的工作。生产由农民组织的公司和民选的公司董事会负责经营管理，生活则由社区统筹安排，社区管委会负责人同样是民选产生的。可以把它称为“社区指导下的农民集体经营模式”。我们在天津市滨海新区见到过这种模式。

农村新社区的模式肯定不限于上述几种，各地正在根据自身的情况继续探索。这也是很自然的。应当把不同模式的涌现和并存，看成是适合中国国情的城镇化过程中的正常现象，而且是一种可喜的现象，因为这种现象的出现正是调动了民间蕴藏已久的积极性的结果。

五、农民和城市居民无身份差别和权利平等

根据以上的论述，我们已经说明适合中国的城镇化由三个部分构成，即老城区+新城区+农村新社区。

有些专家同意这三部分构成中国城镇化的设想，但他们有一个疑问，这就是，老城区和新城区可以纳入城镇化的范围，但农村新社区纳入城镇化范围，似乎有些不妥。他们说，如果把农村新社区纳入城镇化范围，岂不是自相矛盾？难道农村与城镇化可以合而为一吗？这个疑问不是没有道理的。

我的解释如下：

中国的城镇化是一个相当长的过程。在城镇化推进过程中，开始时，甚至较长时间内，城乡分割的二元户籍制还不能立即取消，城乡居民的身份差别和权利不平等还会继续存在，在这个阶段，从中国实际情况出发，老城区和新城区都有常住的农村人口，农村新社区更不必说了，农民占新社区居民的绝大多数，甚至是全部。根据前面的分析，使用“农村新社区”一词是符合实际情况的。

随着经济的发展和经济体制改革的深化，这些常住于新老城区的农民，迟早会转变为有城市户口的居民。这是总趋势，谁也无法改变。至于在农村新社区居住和工作的农民，随着新社区经济的发展和公共服务设施的完善，特别是随着城乡社会保障一体化的推进，迟早也会转为城市户口。

说得更确切些，在中国城镇化过程中，城乡二元户籍制度一

定会走向全国一元化。城区和农村不再有居民身份的差别，也不再有城乡居民权利的不平等。到那时，就可以把“农村新社区”改称为“新社区”，前面不必加上“农村”二字。

从这个意义上说，中国的城镇化实际上恰恰体现了双重转型的特征。中国的双重转型是指，既是“发展转型”，又是“体制转型”。“发展转型”意味着由农业社会过渡到工业社会。“体制转型”意味着由计划经济体制过渡到市场经济体制。自1979年改革开放以来，这两种转型在中国是重叠的。所以中国的城镇化完成之日，正是上述双重转型成功之时。破除城乡二元户籍制度可能是双重转型中具有关键意义的一段。中国城镇化唯有走适合国情的道路，才能实现城乡居民无身份差别和权利平等的目标。

（原载《学习时报》2013年3月11日）

怎样跨越“中等收入陷阱”？

“中等收入陷阱”包括“发展制度陷阱”“社会危机陷阱”和“技术陷阱”三个“陷阱”。从世界上某些发展中国家的发展经历可以看到，世界银行报告中提到的“中等收入陷阱”确实存在。中国进入中等收入国家行列的时间并不长，中国会不会遇到“中等收入陷阱”并落入其中？这已经成为人们关注的热点问题之一。我们认为，只要应对得当，改革措施及时到位，中国完全可以跨越“中等收入陷阱”。但是，除了“中等收入陷阱”外，就没有其他类型的“收入陷阱”吗？中国在跨越“中等收入陷阱”以后，就能保证此后不会再遇到“高收入陷阱”吗？这些问题都需要予以讨论和研究。

一、“中等收入陷阱”概念的提出

有一些发展中国家在由低收入国家行列进入中等收入国

家行列之后，经济往往长期停滞不前，总在人均国内生产总值（GDP）4000 ~ 5000美元上下徘徊。因此，世界银行在《东亚经济发展报告（2007年）》中提出了“中等收入陷阱”（Middle-Income Trap）概念。

“中等收入陷阱”就是指：有些中等收入国家经济长期停留于中等收入阶段，原有的发展方式中的矛盾积存已久，终于爆发出来了，原有的发展优势渐渐消失了，它们迟迟不能越过人均GDP 12,000美元这道门槛，不能进入高收入国家的行列。例如，东南亚的菲律宾、马来西亚，以及拉丁美洲的墨西哥、阿根廷、智利，都长期落入“中等收入陷阱”之中。

据世界银行的专家分析，落入“中等收入陷阱”的国家遇到了以下困难：

1. 由于国内工资收入水平上升，这些国家无法同拥有廉价劳动力的低收入国家竞争，某些低收入国家在劳动密集型工业品的出口竞争中，比生产同类商品的中等收入国家具有优势，在吸引外资方面也更有吸引力。

2. 由于这些国家缺乏能与发达国家竞争的优势产业、先进技术和自主创新的产品，它们的困难加大了，迈入高收入国家行列的机会几乎没有了。

3. 这些国家已经丧失当初由低收入国家向中等收入国家挺进时的那种艰苦拼搏的精神和斗志。一般民众开始更多地追求福利社会的成果，总希望政府把更多的资源用来实现福利社会的各种目标，否则就对政府不满，于是胃口越来越高，难以自拔。而他们不了解福利社会主要在高收入阶段才能逐步实现。

4. 这些国家政府官员的贪污腐败盛行。人们看到政府官员的贪污、受贿、敲诈勒索、滥用职权牟取私利等情况，他们的信心大大下降，官民矛盾激化，引发社会动乱。他们或者移民国外，或者消沉、失望，甚至绝望，他们不再像当初创业阶段那样致力于经济振兴了。一般民众的消极、颓废、失望、绝望情绪成为落入“中等收入陷阱”的国家的又一致命伤。

“中等收入陷阱”就是这样出现的。在这里，不妨再做进一步分析，“中等收入陷阱”，实际上包括了三个“陷阱”，即“发展制度陷阱”“社会危机陷阱”和“技术陷阱”。

下面，分别对这三个“陷阱”做些探讨。

二、避免“发展制度陷阱”

“中等收入陷阱”中的第一个“陷阱”是“发展制度陷阱”，要靠深化改革来避免。已经或正在落入“中等收入陷阱”的发展中国家，主要是从传统社会走向工业化社会的国家。在它们从低收入国家行列进入中等收入国家行列时，不一定经历了传统制度的激烈变革阶段，从而可能还保留着较多的传统社会的特征，传统势力和传统的社会组织形式仍起着很大的作用。这些特征和势力往往在农村，尤其是经济落后的山区、边缘地区表现得相当顽强，它们成为这些国家“发展的制度障碍”，也就是“发展的制度陷阱”。

一个明显的例子就是土地制度依旧保留着工业化以前的状况。基本上有三种不同的表现：

一是传统的社会组织把持着土地，让土地的氏族共有性质长期不变，实际上农村的土地仍掌握在最有势力的氏族和家族长者手中，农村和农业尚未受到市场化和工业化的影响。

二是农村和农业已经受到市场化的影响，农村中所发生的土地关系变化，表现为一些有势力的家族对土地的占有，从而形成了大地产制度或新建的种植园制度。大地产主通常采取租佃制生产，佃户没有地产，沦为失地的阶级，而成为新建种植园的劳动者或者是雇工。雇工没有土地，他们或靠微薄的工资为生；或靠在种植园内领得一小块份地，自行耕种，作为工资的替代品。

三是在一些国家或地区经历过初步土地制度改革，农民曾分得一小块土地，但在市场经济中，农民中间发生了两极分化，土地兼并加紧进行，有些农民因种种原因，渐渐丧失了土地，又成为无地的农民。

无论哪一种情况，土地分配的不均和贫富差距的增大都成为一些发展中国家的“发展制度障碍”或“发展制度陷阱”。

除了土地问题迟迟未能解决以外，“发展制度障碍”或“发展制度陷阱”还表现在以下这些方面：

1. 传统组织和氏族、家族势力根深蒂固，阻碍了市场化的继续推行，地方政权大多数受到这些势力的操纵，成为大地产主人或种植园主人的工具，地方政府官员成为大地产主人或种植园主人的代理人。公平竞争的市场秩序在广大地区尤其是偏远地区难以建立。

2. 这些国家中，传统社会的限制和土地制度的不合理，使农业劳动生产率低下，农村的收入增长率大大低于城市的收入增长率。农村购买力普遍低下，造成内需不足，限制了工业化的继续推行，市场化步伐相应地受到严重限制。

3. 发展中国家要进一步发展经济，必须有财政的支持。然而在这些国家，由于市场经济发展受阻，财政通常十分困难，只能靠增税来维持，而财政收支经常有巨大缺口，财政赤字无法弥补，结果形成了财政赤字与经济增长率低下交替的恶性循环。

4. 发展中国家要进一步发展经济，必须有金融的支持。然而在这些国家，金融业的发展通常是畸形的：一方面是资本找不到合适的投资机会，没有出路；另一方面是资本严重不足，高利贷盛行。造成这种畸形金融状况的制度障碍主要是金融机构或者被外资控制，或者被官僚和权贵们控制，民间金融不得不转入地下活动。

5. 在这些国家，发展制度障碍还在于社会垂直流动渠道被严重阻塞了。社会垂直流动渠道通常比社会水平流动渠道更重要。这是因为，如果存在着限制居民迁移的户籍制度，农村或集镇的居民不能自由迁往城市居住并在那里就业，其后果主要反映为城市生活环境恶化，出现贫民窟或棚户区，社会治安状况不佳等情况。如果社会垂直流动渠道通畅，则可以调动低收入家庭成员努力学习和工作，以及自行创业、发家致富的积极性。反之，社会垂直流动渠道的严重阻塞，将会对经济的发展和社会的安定产生消极的影响。社会垂直流动渠道的严重阻塞，主要是制度性的问题，往往和垄断的存在、利益集团势力强大，以及社会上种族歧视、身份歧视、宗教与文化歧视、性别歧视等有密切关系。

如何克服发展的制度障碍？如何避免落入“发展制度陷阱”？对发展中国家而言，唯有通过“补课”，也就是通过对传统体制的改革，才有出路。这里包括对不合理的土地制度的改革、完善市场经济体制的改革和从制度上消除各种歧视。

然而，深化改革对这些发展中国家而言，绝对不是一件容易的事情。阻力越来越大，主要原因是：改革拖得越久，利益集团的力量越来越扩张，为改革所付出的代价也会越来越大。

以这些发展中国家的土地制度改革为例。如果在工业化开始前，或者在工业化刚开始时，对传统的土地关系就进行调整，使“耕者有其田”的主张得以基本实现，同时采取立法措施保护农民财产，限制以强凌弱式的土地兼并，也许后来就不会造成那么严重的“发展制度陷阱”。如果在发展之初，采取土地赎买政策，让拥有大地产或大种植园的地主取得土地赎金而转投于工商业，也不至于后来的土地重新分配方案遇到那么大的阻力。然而，改革的最佳时机一旦错过，以后再改革就会困难得多。

何况，以后要深化改革，利益集团及其代理人和支持者是不愿这么做的，因为他们的切身利益必然会因此受到损失。谁来主持和推进改革的深化呢？单靠少数有正义感、责任感的知识分子，不可能实现这项任务，他们力不从心，在激烈的政局动荡中，他们会很快被排挤掉，或者被逮捕、被流放国外，或者被杀害。如果单靠下层社会的穷人，特别是贫困农民来从事改革的深化，很可能酿成暴乱，打出极“左”的旗号，实行极端的“均贫富”政策，甚至演变为一场内战，不仅无济于事，而且只能使局势越演越乱。

这就是这些落入“中等收入陷阱”的发展中国家的深刻教训。

三、避免“社会危机陷阱”

“中等收入陷阱”中的第二个“陷阱”是“社会危机陷阱”，要靠缩小贫富差距、缩小城乡收入差距、地区收入差距和社会管理创新来避免。“社会危机陷阱”是怎样形成的？原因很多，归结起来，无非是贫富差距扩大、城乡收入差距扩大、地区收入差距扩大和缺乏社会管理创新。

在这里，首先要从这些发展中国家经常遇到的失业和通货膨胀难题谈起。

对发展中国家而言，就业压力始终是存在的。经济发展到一定程度后，农村的青壮年，包括妇女在内，走出农村寻找工作的人越来越多，因为早离开农村在城镇中找到工作的人生活得到改善，具有示范效应，会吸引更多的农村中青壮年男女向往城镇，不断走出农村，结果造成求职人数超过城镇的就业岗位数，就业成为城镇不得不面临的巨大压力。

同样的道理，在经济发展到一定程度后的发展中国家，由于投资需求增大，财政支出增大，便有了需求拉动型通货膨胀压力；由于土地、原材料燃料供给紧张，房地产价格上涨，生产成本上升，又有了成本推进型通货膨胀；加之，发展中国家在经济发展过程中同国际市场的关系日益密切，越来越卷入全球化的浪潮，所以无论从商品流通渠道看，还是从资本流通渠道看，都有可能发生国际输入型通货膨胀。多种形式的通货膨胀相继发生，使发展中国家国内民怨沸腾，公众对贫富差距扩大的不满，对政府的不满，对执政党的不满不断增大。

还应当注意到，如果发生的是成本推进型通货膨胀或国际输入型通货膨胀，那就会同失业交织在一起，形成失业与通货膨胀并发，也就是通常所说的“滞胀”。“滞胀”必将使这些国家的中产阶级受到打击，状况恶化，更重要的是使失业者和低收入家庭愤怒、绝望，“社会危机陷阱”就不可避免地形成了。

“社会危机陷阱”的出现，造成社会动荡加剧，农村更加穷困，城市贫困人数增多，失业者增多，经济增长因城乡居民购买力下降而无法实现，因此政局会发生急剧变化，街头政治活跃起来，激进分子煽动大众起来推翻政府，并提出极端的政治主张。有钱人家相继移居国外。这时，任何想改革和发展的政治家都感到束手无策，不知从何着手。这些发展中国家只得长期落入“中等收入陷阱”之中，无法自拔。

就这些发展中国家的实际状况而言，要迈出“社会危机陷阱”，必须进行重大改革，然而，在“发展制度障碍”刚出现时，尽管改革的困难已经比经济发展初期大很多，但只要政府的决心大，魄力大，仍有可能推进，而到了“社会危机陷阱”出现后，改革的难度就更大了。在“社会危机”影响下，政局已很不安定，再谈“改革中发展”或“发展中改革”，都使得政治家不知所措，通常转而以“自保”为第一目标。

比如说，由于贫富差距日益扩大和势力比过去强大得多的利益集团，使得想进行改革的人员左右为难，如果不想得罪穷人一方，就会得罪利益集团一方。任何改革措施都难以使双方满意，有时甚至会使双方都不满意，改革因此半途而废。

要缩小城乡收入差距，在那些土地关系有严重缺陷的发展中国家，必须对现存的土地制度进行改革，但无论是住在农村的还是住在城里的大地主家族或大种植园主利益集团，全都反对土地改革，甚至连妥协的、折中的土地改革方案也被他们反对。这是发生“社会危机”的发展中国家最难解决的问题。

要缩小地区收入差距，一定要从解决三个问题着手，一是增加贫困地区的就业机会；二是改善贫困地区的投资条件和发展条件；三是向贫困地区输入资本。但这三个问题都是不容易解决的。要增加贫困地区的就业机会，就必须增加投资；要改善贫困地区的投资条件和发展条件，同样必须增加投资。发展中国家没有足够的资本，巧妇难为无米之炊。那么，贫困地区能不能依赖本地区以外、本国以外的资本输入呢？这也是不容易做到的，因为必须有安全可靠的投资环境，必须有盈利前景，还必须有在盈利前景的吸引下愿意前来投资的企业家和愿意为企业家融资的金融机构。资本是不可能自动流入动荡中的贫困地区的。

为了保证贫困地区的各项改革措施能有效地推进，社会秩序能在改革和发展过程中保持正常，社会管理工作应有所改变。这通常是指在贫困地区、经济落后地区和失业人数较多的城镇，推行农村和城镇社区的居民自治，采取各种化解民间矛盾尤其是地方贫富隔阂、官民隔阂的社会管理创新的措施。对于民间的突发事件，要采取应对预案，早做准备，早做疏导，早进行化解。在一些发展中国家，如果对民间突发事件处置不当，很容易发生大的骚动，最后加深社会矛盾，甚至激发更大的社会冲突。加之，在一些发展中国家，社会动荡往往同当地的民族矛盾、宗教矛盾、民族或家族矛盾、地方派系矛盾纠缠在一起，因此，社会管理创新就显得格外重要。对民间酿成的社会冲突必须在刚开始时就采取适当的对策，及早化解。

四、避免“技术陷阱”

“中等收入陷阱”中的第三个“陷阱”是“技术陷阱”，要靠技术创新和资本市场创新来解决。一些落入“中等收入陷阱”的发展中国家之所以长期经济停滞，摆脱不了困境，同技术上难以有重大突破有关，虽然它们认识到，如果技术上没有重大突破，缺少自主创新，缺少产业升级，缺乏技术先进的优势产业，是难以使人均GDP跨越中等收入阶段与高收入阶段之间的门槛的。然而，在这方面，它们往往无能为力。为什么？这主要是因为技术创新必须同资本市场创新结合。如果缺少这种结合，这些发展中国家，即使已有一定的制造业基础，但要想在尖端技术方面有重大突破，也是可望而不可即的。这就是“中等收入陷阱”中的“技术陷阱”。

要知道，技术上要有重大突破，必须有尖端的科研和技术人才，而在不少发展中国家，尖端人才是远远不足的。为什么会发生这种情况？一是由于社会垂直流动渠道的严重阻塞，利益集团势力强大，通常缺乏鼓励人才脱颖而出的机制，所以科技领域的高端人才受压制，被埋没了。二是由于工资待遇、福利待遇、社会保障和工作环境的影响，不少在国外学有所成的人才不愿回国工作，而愿意受聘于国外，留在国外长期不回。三是本国培养的人才也受到国外机构的吸引，不断流向国外。这样，尖端人才的严重不足是很自然的。

一些发展中国家之所以在尖端技术领域和产业升级方面有巨大困难，还由于本国的资本市场发育不全。简单地说，落入“中等收入陷阱”的发展中国家的资本市场是先天不足，后天失调，再加上金融专业人才短缺，金融监督松弛，腐败丛生，投资者望而生畏，把创业投资视为畏途。

这些国家的富人尽管拥有较多的财富，但从来都把不动产的持有看作是首要目标。即使从事实体经济领域的投资，也一直把采矿业、建筑业和劳动密集型制造业作为重点，很少涉及风险较大和自身又不存在优势的先进技术设备制造业和新兴产业，因为他们对这方面投资并无把握。

在发达的西方市场经济国家，从来都要依靠较完善、较完整的资本市场体系来为技术创新的开展与推广进行融资。然而在这些发展中国家，如上所述，既由于资本市场不完善，又由于富人作为投资主体不愿涉及风险较大的行业，所以不仅资本市场发展不起来，而且高端技术、自主创新、新兴产业也难以取得重大进展。富人作为投资者，太急功近利了，只想迅速获得暴利。如果股市看涨，他们常常带着投机的想法，大量涌入，徒然增加资产泡沫；一旦股市看跌，他们又匆匆撤离资本市场，造成资本市场无声无息，不起作用。一方面，这在一定程度上归因于发展中国家一直缺乏有战略眼光的、有志于振兴民族经济的企业家。另一方面，这也在一定程度上归因于一些发展中国家的政府几乎从不关心改善资本市场的现状，使先天不足、后天又缺少关心和扶植的资本市场未能在技术创新和新兴产业崛起中发挥应有的作用。

五、没有信心，就谈不上发展优势的创造

这里涉及所谓“红利”已经消失或正在消失的问题。

“红利”，实际上是指一个国家或地区在特定发展阶段所具有的发展优势，以及利用这种发展优势所带来的好处。比如，“人口红利”“资源红利”“改革红利”（或称“体制红

利”“制度红利”）都是发展优势及其运用所带来的结果。

因此，“红利”的消失就是指发展优势的消失。无论是“人口红利”“资源红利”，还是“改革红利”的消失，对任何一个国家或地区来说，都应当被认为是经济发展过程中的正常现象。每一个国家或地区在经济发展的一定阶段都会出现这种现象，原有的“红利”的消失并不是某一个国家特有的问题。

重要之处在于，经济发展方式在经济发展到一定阶段时就必须转变。如果原有的发展方式不能及时转换，那么在原有“红利”消失后，经济便会逐渐陷入困境。由此可知，每一个国家或地区都面临发展方式相应转换、发展战略重新制定以及产业结构及时调整等迫切问题。通常所说的经济转型正是这个意思。经济转型及时、顺利，“红利消失”这一关就闯过去了，否则经济将继续陷于困境之中，难以摆脱。

可以说，一些发展中国家如果认识不到经济及时转型的必要性，如果只是留恋原有“红利”或优势而不愿尽力转型，那只会造成以下三个恶果：

1. 继续发展经济的信心丧失了，认为既然原有的“红利”已经消失，发展的优势已经不存在，那就很难再有所作为了。

2. 由于信心的丧失，所以国内实体经济领域的投资者将会纷纷撤走投资，或者把企业迁移到较晚发展起来的国家，结果，国内投资总额减少，使本国经济的发展碰到投资不足的难题。同时，由于投资不足，与实体经济发展有关的专业人才也随着流向国外。

3.或者，由于本国实体经济空心化了，实体经济产业被投资者认为是没有发展前景的产业，大量资金转到了虚拟经济领域，使经济中的泡沫增加了，经济有可能陷入更深的陷阱之中。资产泡沫的破灭，也会使经济更加停滞不前，使以后的经济发展更加缺乏后劲。

（一）从“旧人口红利”走向“新人口红利”

“人口红利”是指一国或一个地区在经济发展过程中因人力资源的存在而产生的发展优势及其体现。

但人力资源的优势在一国或一个地区的经济发展过程中是会转接的。常见的情况是，在经济发展前期，一国或一个地区人力资源的优势表现为大量廉价劳动力的存在。当时，有四个就业条件适合于这些国家或地区廉价劳动力的使用，于是就出现了廉价劳动力资源所带来的“人口红利”。这四个就业条件是：

第一，国内自然条件适合于经营种植园，生产谷物、甘蔗、水果、棉花、橡胶等农产品，而国内的廉价劳动力大量存在，只要有人（无论是本国投资者还是外国投资者）愿意经营种植园，就不愁雇不到廉价劳动力。

第二，国内有丰富的矿产资源，包括铁矿石、有色金属、煤炭、石油、天然气、稀有金属、贵金属、钻石、宝石、建筑用石料等，有人愿意投资于采矿业，本地廉价劳动力的充裕供给可以满足投资者的需求。

第三，发展中国家在发展前期，在制造业方面主要根据本国的实际情况，以轻纺工业、食品工业等劳动密集型工业为主，对技术要求不高，需要廉价劳动力作为工人。这样，对发展中国家的劳动力稍加培训就可以适应投资者的需要。除劳动密集型工业可以吸纳就业以外，大量个体手工业作坊和小商小贩的存在，也可以使劳动者获得就业的机会。

第四，建筑业在这个阶段的较快发展，也为廉价劳动力提供了就业岗位。如修建公路、铁路、港口设施、住宅、商店、工厂以及其他公用设施的建设，都为廉价劳动力的使用带来“红利”。

上述这种“人口红利”都是同廉价劳动力的大量存在和被使用分不开的。在发展前期，丰富的廉价劳动力资源成为生产成本低廉的主要条件。一些发展中国家正是依靠生产成本低廉而开拓市场，增加资本积累，进而使GDP逐渐由低收入阶段接近中等收入阶段，再迈入中等收入阶段的。

然而形势是会变化的。在那些逐渐由低收入阶段接近中等收入阶段，再迈入中等收入阶段的国家或地区，廉价劳动力资源的优势会逐渐消失，原有的“人口红利”也随之逐渐消失。工资低廉不再成为这些国家或地区吸引投资者前来投资的独特因素，因为又出现了一些较晚发展起来的国家和地区，那里同样存在丰富的廉价劳动力资源，而且他们的工资更低，生产成本更低，从而对外来投资者更有吸引力。加之，有些一直依靠廉价劳动力资源而使收入已摆脱低收入阶段的国家或地区，多年以来忽视人力资本的投资，即不注意提高自己的劳动力质量，仍然满足于提供廉价劳动力。这就造成原来的“人口红利”减少了，消失了，最后使这些发展中国家或地区陷入经济停滞的状态。这种例子并不少见。

怎么办？难道就此对今后的经济发展失去了信心？丧失信心能解决问题吗？这是一个对“人口红利”缺乏正确认识的问题。

要知道，一国在发展的不同阶段都会有适应于当时的人力资源优势。廉价劳动力优势和“旧人口红利”消失后，熟练劳动力优势将取而代之，“新人口红利”将成为发展新阶段的特征，经济将随着经济发展方式的转换而继续发展下去，这是已有先例的。任何一个国家或地区都应当有此信心。

再说，当人均收入随经济持续发展而不断上升的时候，特别是随着城镇化的推进和城镇化率的越来越高，人口增长率一般都出现下降的趋势，于是开始出现人口老龄化和青壮年人口在社会总人口中所占比例下降的现象。这又从另一个角度说明了“旧人口红利”消失的原因。

新旧“人口红利”的交替是不可避免的。所以发展中国家和地区必须坚定信心，争取早日创造“新人口红利”。

措施之一是，增加人力投资，扩大职业技术培训，使工人的技术素质有大幅度提高。应当了解到，为什么当初劳动力廉价？这正与他们素质低、技术水平低、效率低有关。所以对低素质、低技术水平、低效率的劳动力进行职业技术培训，通过增加投资而使越来越多的工人成为技术工人非常必要。

措施之二是，让已经就业的和等待就业的工人有提高自身技术素质的积极性。这不仅取决于企业与职工双方都能认识到提高工人技术素质对于企业生存与发展的意义，而且也取决于企业与职工双方都认同工资应同绩效挂钩的重要性。如果职工工资不同绩效挂钩，只能导致许多职工认为自己努力学习、刻苦钻研、提高技术水平是没有太大意义的，这就有碍于他们发挥向上进取的主动性、积极性。

措施之三是，农村进城务工人员的不平等待遇是阻碍“新人口红利”产生的一个重要因素。这主要因为，他们的权利遭限制，甚至在某些方面还遭到身份歧视。在这种处境之下，他们刻苦学习的积极性也就逐渐消失了。

在这个问题上，还要懂得这样一个道理，即应当重视小微企业在发展中国家经济进一步发展中对技工的培养所起的作用。这里所说的小微企业，是指自行投资、自主创业的小型微型企业，业主本人往往就是熟练工人、高级技术工人。英国工业革命开始于18世纪70年代，最早的蒸汽机、机器设备、铁路运输车辆（机车和载人载货车辆），都是前所未见的。它们是谁最先设计并制造出来的？主要是手工作坊的小老板或熟练手工工匠，如水车匠、钟表匠、磨盘匠、唧筒匠等。手工技艺是家传的，或者是以师傅带徒弟方式，师傅手把手地教出来的。这样，久而久之，熟练工人人数就会越来越多，他们的技艺会越来越好。兴办职业技术学校，那是后来的事情。直到现在，中型企业和小微企业在西方发达国家中仍占有重要地位，它们不但缓解了就业问题，而且还是大型企业的合作伙伴，为后者生产零部件，等等。许多小微企业以自己的技艺为特长，既生产名牌产品，也向社会输送手艺高超的熟练工人，包括为特定顾客定做商品的熟练工人以及修理汽车、摩托车、游艇与一些家用电器的能工巧匠。因此，发展中国家在转向“技工时代”的过程中，不要忽视小微企业在这些方面的作用。

（二）从“旧资源红利”走向“新资源红利”

“资源红利”是指一国或一个地区在土地资源、矿产资源、森林资源、淡水资源、草场资源等方面的优势。在经济发展前期，这些资源一般都比较丰富。以土地资源为例，那个时期可利用的土地数量一般都比较多，土地价格也相当低廉。这就是资源优势，其结果体现为“资源红利”。

应该看到，这些也许是“旧资源优势”。除非在个别确实是地大物博的国家，“资源红利”会长期存在，否则经济发展到一定阶段，某些资源会越来越紧张、短缺，一定时间以后，原有的资源优势和“资源红利”都会逐渐消失。

“新资源红利”从何而来？新的资源优势和“新资源红利”都来自先进的科学、先进的技术，以及对这些科学技术的运用。在一个国家境内，自然界提供的资源一般说来总有用完的时候，只有智力资源、人才资源是无限的。先进的科学和技术来自智力资源、人才资源。增加开发、利用智力资源和人才资源的投入，才能使科学技术越来越进步。一旦先进的科学技术研究成果应用于实际，新的资源优势就形成了，“新资源红利”也就产生了。

比如说，在淡水资源严重不足的沿海国家，如果海水淡化的成本降低了，这将是一个巨大的突破。又如，新能源的开发和应用、沙地的改良、石漠化的治理、草场牧草良种化，等等，都是有助于“新资源红利”产生的科研开发活动。

在某些方面，“新资源红利”往往是同“新人口红利”结合在一起的。

“新资源红利”同“新人口红利”相结合之处在于：没有大批科学研究人员、专业人才、熟练技工，就谈不上科技领域的新突破，也就不会出现“新资源红利”。人才为本，资源优势才能显现。从这个意义上说，“新资源红利”和“新人口红利”相辅相成，谁都离不开谁。科研队伍和技术人员队伍的成长是“新人口红利”产生的前提，也是“新资源红利”产生的必要条件。

正由于“新人口红利”和“新资源红利”都要依靠专业人才的大力培养，也要依靠庞大的熟练工人、高级技术工人队伍的形成，因此，如果不建设新的、有效的职业技术教育制度，如果不打通社会垂直流动和社会水平流动渠道，使优秀人才能脱颖而出，如果不重视教育经费在GDP中比例的逐步上升，怎能使专业人才、熟练工人、高级技术工人队伍迅速成长和扩大呢?

为了在更多的科学技术领域内实现突破，一是需要有更多的新发明，二是需要把新的发明应用于经济领域，使这些科研成果产生经济效益。前者靠发明家，后者靠企业家，这两种人才缺一不可。

也就是说，社会需要有更多的发明家和企业家，需要有更多的人加入成功的发明家队伍，加入成功的企业家队伍。成功的发明家，可能终身从事科学研究工作和技术创新工作，也可能在科技发明之后从事企业家的活动，自己创业，成为出色的企业家。

成功的发明家和成功的企业家的成长，都需要有合适的制度环境。比如说，乔布斯之所以能够成功，主要不在于他个人的聪明才智，也不在于他个人的魄力、勇气和决断，而在于他成长在一个适宜于人们施展才能的制度环境中。那里有产权激励的体制，有严格的知识产权保护制度，还有比较完善的资本市场，于是在乔布斯的周围形成一支庞大的科研开发团队，整个团队的积极性被调动起来了。这样才形成了技术创新的热潮。

于是就必然涉及“新改革红利”问题。

（三）从“旧改革红利”走向“新改革红利”

从以上所述可以懂得，在“新人口红利”“新资源红利”和“新改革红利”中，“新改革红利”是最大的红利，也是具有关键性的红利。

“改革红利”又称“制度红利”或“体制红利”。这是指通过改革，使制度或体制得以调整，让制度或体制能释放出更大的能量，推动经济的前进。

每一项改革的出台总是适应于经济发展过程中某一时段特定

状况的。改革的“红利”体现于消除了原有制度或体制对生产力的束缚，使经济继续发展、前进。

要知道，任何一种改革措施实行了一段时期之后，改革带来的优势或“红利”总有越来越减少的趋向。这是难以避免的。道理很简单：在一定体制之下，改革措施总会有从适应当初的形势到逐渐不适应新形势的变化，因为任何改革都适应于某种客观形势，后来由于形势改变了，原有的改革效力的递减也就成为必然。原有的“改革红利”逐渐消失，是普遍现象，而并非只有某一个国家才发生的情况。

可以把原有的改革措施带来的优势或红利称为“旧改革优势”或“旧改革红利”。这里，新与旧都是相对而言，而不问有效期的长短：有的改革红利可能存在的时间相当长，有的改革红利可能只存在短暂的时间，这无非是因为形势变化的快慢不同，以及改革措施的效应有大有小的缘故。所以当“旧改革红利”行将消失之日，也就是原有改革措施的优势潜力耗尽之时。

改革，就是制度调整。制度调整必须及时推进。继续推出新的改革措施，继续进行制度调整，才能保证“新改革红利”或“新制度红利”的出现。民间从来都蕴藏着极大的积极性，这是改革的最大动力。不继续进行制度调整，就是对民间蕴藏的极大积极性的漠视，甚至是压制。

六、中国完全可以跨越"中等收入陷阱"

中国至今仍然是一个发展中国家，而且由低收入国家行列进入中等收入国家行列的时间并不久。在中等收入阶段继续前进时，中国会不会遇到"中等收入陷阱"并落入其中，这已经成为人们关注的热点问题之一。希望中国能够跨越"中等收入陷阱"，这虽然是一种愿望，但也只是一种假定，因为这里还有若干假设条件，需要探讨。

假设条件之一：在中国经济发展的现阶段，如果遇到"发展的制度障碍"，该怎么对待？是继续推进改革，清除这些制度障碍（如城乡二元体制、市场的不公平竞争环境，等等），还是犹豫不决，不敢或不打算采取有效措施，或者认为这些方面的障碍在现阶段的格局下不可能阻碍中国经济的继续前进？只有下定决心，大力推进相关的改革，才可以跨越"发展的制度障碍"而不至于落入"中等收入陷阱"。

假设条件之二：要对中国现阶段和在经济继续发展的过程中的社会冲突的状况和趋势做出实事求是的估计，要正确对待已经露头的社会不和谐的迹象，既不能视而不见或听之任之，也不要惊慌失措。正确认识，正确评价，正确对待，是最重要的。如果认为贫富差距、城乡收入差距、地区收入差距等问题确已到了必须正视而不能忽略的程度，那就应当迅速采取有效的措施来一一缓解，以增加社会的和谐程度。这样就可以防患于未然。否则，是有可能导致社会不安定和社会矛盾激化，从而落入"中等收入陷阱”的。

假设条件之三：在中国今后经济发展过程中，如果绕不过“技术陷阱”，不能在自主创新、产业升级、新兴产业壮大和尖端技术等方面有重大突破，如果资本市场依旧是不完善、不完整的体系，技术创新得不到资本市场有力支撑，那么即使跨越了中等收入阶段，但在高收入阶段仍会长期停留在较低水平的高收入阶段。这可能反映出中国资本市场在促进技术创新中并没有发挥应有的作用。也就是说，中国的产品能以“中国制造”而开拓国际市场是必要的，今后仍应继续在“中国制造”方面努力，不能丢掉“中国制造”的成果。但中国又不能以“中国制造”为限，而应当努力在某些关键性行业和产品上以“中国创造”代替“中国制造”。

假设条件之四：在中国，必须摆脱过去长时期内支撑经济增长率的旧模式，也就是主要依靠政府投资的旧模式。中国应当摆脱过多依赖投资来拉动增长的旧模式，转向投资与消费并重拉动增长的模式，再进而实现以消费需求带动增长为主、投资需求带动增长为辅的拉动增长的模式。这样才会形成经济的良性循环，才能避免经济的大起大落，避免失业与通货膨胀的交替出现或并发。否则，即使中国过几年人均GDP超过了10,000美元，也不能认为中国走上了稳定、健康增长的道路。

假设条件之五：中国民间蕴藏着极大的积极性，中国之所以在改革开放之后能够在发展中取得这样显著的成绩，全依靠改革开放以来调动了民间的积极性，一个重要的原因是民营经济作为国民经济的重要组成部分迅速成长壮大了。如果今后循着这样一条道路走下去，致力于发展民营经济，培养一批又一批有战略眼光的、有志振兴民营经济的企业家，中国一定能跨越“中等收入陷阱”，进入高收入国家行列。反之，如果认为民营企业的发展到此为止了，民营经济将受到抑制，民间积极性将受到挫伤，这不仅会阻碍我国经济的继续成长，而且还会引发一系列社会问题，最突出的是会发生失业、脱贫地区返贫、社会动荡激化等问题，这样，中国落入“中等收入陷阱”的可能性也将成为事实。

七、“中等收入陷阱”问题的提出为今后发展经济学的研究提供了明确的方向

从世界上某些发展中国家的发展经历可以了解到，虽然世界银行报告中提到的“中等收入陷阱”确实存在过，但只要应对得当，改革措施及时到位，中国完全可以跨越“中等收入陷阱”。

但是，除了“中等收入陷阱”外，就没有其他类型的“收入陷阱”吗？中国在跨越“中等收入陷阱”以后，就能保证此后不会再出现“高收入陷阱”吗？这些问题都需要讨论和研究。

其实，近代和现代有些最不发达国家人均GDP长时期停留在1000～2000美元上下，无法摆脱困境。这种情况可能比“中等收入陷阱”更为普遍，更值得关注。

一个国家的人均GDP跨越了3000美元这道坎以后，再往前

看，人均GDP 5000、10,000、12,000美元不又是无数道坎吗？如果经济到此就止步了，难道不仍然是“中等收入陷阱”在作怪吗？

再说，人均GDP达到12,000美元被认为是中等收入阶段和高收入阶段的一条分界线，人均GDP跨越了12,000美元就算是高收入国家了。在高收入阶段，难道不会发生所谓的“高收入陷阱”吗？未必如此。当初，当希腊人均GDP迈上12,000美元台阶时，世界银行为此大肆宣传，并向希腊表示祝贺，认为这是一个重大的进展。2011年希腊人均GDP超过了20,000美元，可是它却遇到种种困难，经济增长停滞，失业率猛涨，民怨沸腾，社会动荡，不得不向欧盟国家伸出求援之手，这是“高收入陷阱”一个典型例子。西班牙、意大利、爱尔兰的情况同希腊相差无几，甚至像日本这样的高收入国家，人均GDP超过40,000美元以后，也遇到经济长期停滞的困难。当然，一个高收入国家的经济停滞也许是因为受到国际金融风暴的冲击，或者是受到国际经济衰退的影响，但时间稍长而一直难以摆脱停滞、衰退，必定有深刻的内在原因，因此称它们落入了“高收入陷阱”，是有道理的。

那种认为一国的经济增长只要越过某个门槛就会顺利地增长下去的说法，并没有足够的说服力。世界银行报告中提出的“中等收入陷阱”概念，就属于这一类说法之列。这使人们回想起20世纪60年代初期西方经济学界环绕着美国经济学家罗斯托的“起飞”和“由起飞进入持续增长”的假设而进行的一场争论。

罗斯托的观点是：在人类经济增长过程中，最主要的一个阶段是“起飞”阶段，“起飞”意味着一个国家从传统社会进入现代社会即工业化社会的关键时刻，越过了这一关键时刻，经济就可以持续增长了。用参加这次争论的西方经济学家们的比喻说，这就像飞机起飞一样，在起飞时必须加大油门，使飞机升空，一升入天空时，据说就可以顺利飞行了。经济的“起飞”也如此，为了“起飞”，必须费很大的劲，一旦“起飞”成功，就能顺利向前飞行。当时，在讨论会上，大多数经济学家不同意罗斯托的“起飞”学说。

现在看来，罗斯托关于“由起飞进入持续增长”的假设缺乏根据。一些发展中国家落入“中等收入陷阱”或一些高收入国家陷于“高收入陷阱”的事实表明了这样一点：经济发展的任何阶段，都会出现因社会矛盾深化和制度障碍的存在而引起的经济停滞状态。那些认为一国经济增长只要越过某个门槛就会顺利增长下去的说法都是没有根据的。换句话说，在经济发展的任何收入阶段，都会有门槛，都会有“收入陷阱”。能不能闯过去，要看有没有适当的制度调整，有没有社会的安定，有没有技术创新和资本市场的密切结合。

今天，中国完全可以跨越“中等收入陷阱”，难道以后不会遇到“高收入陷阱”吗？当我们跨越“中等收入陷阱”之际，应当站得更高些，看得更远些，为以后跨越可能发生的“高收入陷阱”早做准备。

总之，“收入陷阱”已成为发展经济学中值得注意的新课题了。无论是“低收入陷阱”“中等收入陷阱”还是“高收入陷阱”问题，其中都包含了丰富的内容，值得人们认真研究。

（原载厉以宁、石军等著《中国经济改革警示录》，人民出版社，2013年5月版）

经济发展中必须警惕通货膨胀

近年来中国通货膨胀的一再发生，在很大程度上与投资热是有密切关系的，由此形成的通货膨胀通常被称为投资需求拉动型通货膨胀。由于通货膨胀影响诸如工资、物价、利率、投资和失业等国计民生的基础，因此物价水平的大幅波动已成为滋生社会不稳定因素的温床，能否将通货膨胀维持在可接受水平，减少通货膨胀带来的不确定性，是学界和政策制定者最为关心的问题。本文拟着重讨论通货膨胀对我国经济和民生问题的影响，研究综合性通货膨胀条件下总量调控的局限性，概述经济中通货膨胀和通货膨胀不确定性的原因，进而分析在治理通货膨胀时货币流量分析的局限性，并就如何预防和控制通货膨胀提出若干建议。

一、谨防投资冲动怪圈的重演

中国是一个发展中国家。由于在发展过程中要兴建各类企业，要建设各类基础设施，以及要更新原有企业的装备，所以投资需求十分旺盛。不仅中央政府如此，地方政府的投资积极性往往更强于中央，因为地方政府为了促进本地区的经济增长，增加地方财政收入，缓解地方就业压力，总是争取多上项目，扩大投资规模。这样一来，从中央到地方，投资都呈不断上升趋势，投资热不可避免地形成了。

增加投资对现阶段中国的发展而言，是必要的。但投资规模过大，却会带来许多问题。其中最严重的问题之一就是随着投资热的形成，信贷急剧膨胀，然后伴之而来的便是通货膨胀和某些部门的产能过剩。

通货膨胀和产能过剩并存的状况，使中央政府不得不紧急刹车，转而实行紧缩政策。财政和信贷两个闸门一关，经济增长下滑了，失业人数增加了，财政收入也相应地下降了，地方政府纷纷向中央诉苦，于是中央政府不得已又采取刺激经济的做法。如此周而复始，便产生了中国经济运行中的投资冲动怪圈。

在市场化推进而金融监管制度还不健全的条件下，中国经济运行中的投资冲动怪圈经常同资产泡沫怪圈联系在一起。这是因为，在刺激经济和扩大投资的同时，低利率和信贷规模的增大也往往体现于资产的炒作上。有些投资者以低利率取得贷款后，为了赚取较高的利润，把一部分资金投入了股市、楼市，或其他资源性资产的交易中，这就形成了资产泡沫。资产泡沫的形成一方面继续推动投资热，另一方面使资金链不断延伸，延伸到经济生活的各个角落。而资金链越是延伸，薄弱环节就越多，断裂的可能性也就越大。一旦银行或其他金融机构放出去的贷款未能如期收回，资金链就会断裂，这就会导致因炒作资产而卷入债权债务纠纷的银行、企业倒闭甚至破产。资产泡沫的破灭导致实体经济受累，必然加速因投资冲动怪圈导致的实体经济空心化问题的爆发。

所以，近年来中国通货膨胀的一再发生，在很大程度上与投资热是有密切关系的。由此形成的通货膨胀通常被称为需求拉动型通货膨胀。或者说，正由于投资规模不断扩大，信贷规模也相继扩大，于是投资需求膨胀带来了物价普遍上涨。而为了抑制物价上涨趋势，政府所采取的紧缩措施，虽然在抑制这种投资需求膨胀而导致的通货膨胀方面有一定成效，但紧缩的结果却是经济增长率下滑和失业人数增加。这正是中央政府有时感到放松和收紧左右为难的原因。

二、不可低估通货膨胀对经济和民生的危害

通货膨胀的危害性主要表现在两个方面：一是危害经济，二是危害民生。

（一）通货膨胀对经济的危害

1. 因通货膨胀而导致的原材料、燃料价格上升、运输成本的上升、厂房办公用房租金的上升，等等，都促使生产成本和交易成本上升，使企业感到竞争力下降，从事实体经济业务的利润缩减，资本会转向虚拟经济，从而形成实体经济空心化，对此后的经济增长十分不利。

2. 通货膨胀导致企业和投资者的预期紊乱，对经济缺乏信心，进而对长期经济走向难以判断，以至于企业行为尤其是投资行为趋于短期化。企业行为尤其是投资行为短期化必将严重影响今后的经济增长。

3. 通货膨胀导致企业与企业的关系难以协调，包括违约率的增加、资金链和产业链的断裂，使企业之间形成债务链并且一时不易化解，越来越多的企业因此停产、歇业。严重的通货膨胀给企业界带来的困难并不小于严重的通货紧缩，只不过通货膨胀造成的困难很快就会被企业和居民所察觉到，而通货紧缩造成的困难则要拖延一段时间之后才会被察觉。

（二）通货膨胀对民生的危害

1. 通货膨胀下，生活用品、食品价格的上涨，以及交通费用、电费、煤气费、住房租金等上涨，无一不直接影响居民的生活，居民的感觉是直接的，但他们无能为力，只得接受生活质量降低的现实。

2. 通货膨胀导致的居民生活费用的上升和生活质量的下降，是持续的，然而工资和退休金的调整却是滞后的，而且通常是隔一段时间之后再调整。换言之，如果物价每个月都在上涨，工资不可能月月都上调，而只能隔一段时间才得到相应的调整。这样一来，靠工资和退休金维持生活的居民成为持续的受害群体。

3. 通货膨胀的持续存在，使得房屋出租者、私人借贷中的债权方从经验中了解到物价上涨的持续性，在议定房租、债务利率时，往往把预期的通货膨胀率考虑在内，以免自己受损失，而那些分散提供个人服务或家政服务的非正式务工人员等，往往在议定工资报酬时，也把物价上涨因素考虑在内，即把物价上涨率放入议定收费和服务报酬之内，以减少自己的损失。这样，租房户、私人借贷中的借债方、需要雇用个人服务和家政服务务工者的一方，便是受损失的一方，因为他们自己得到的薪酬是固定的，而要支付出去的房租、贷款利息、工资报酬等则可能预先提高一些，因出租方、贷款方、服务提供者等总想少受损失。

4. 银行储户者在通货膨胀条件下也是明显的受害者。存款利率的调整总是滞后于通货膨胀的调整，这就使得广大储户蒙受损失。如果他们取出个人定期存款，损失更大。对他们来说，继续以定期方式将手头货币存入银行，无非是“两害相衡取其轻”的一种选择。

5. 对于那些向市场供应农副产品的农户来说，在通货膨胀条件下，虽然所售商品的价格较高，但再度进货时，包括用于生产的种子、饲料、化肥、燃料，等等，价格也上涨了。对从事小商小贩的城乡居民来说同样如此，再度采购商品时需要付出更多的货款。物价上涨过程中，他们稍有不慎，就会陷入赔本的境地。

总之，通货膨胀无论是对经济的危害还是对民生的危害，都不可低估。结合两种危害来一并考虑，可以肯定地说，通货膨胀的最大危害在于对社会和谐的破坏，企业、投资者、城乡居民的不满都在增长。他们会责怪政府未能实现维持经济稳定增长和改善民生的承诺。他们甚至认为政府无能，才使经济滑坡和社会贫富差距扩大，使穷人的日子更加艰难。这也被国内外通货膨胀的历史所证实。

三、综合性通货膨胀条件下总量调控的局限性

在中国，从2007年开始的这一轮物价上涨同1993、1994年的情况不大一样。那时，正是邓小平同志南方谈话以后，全国各地建设投资热气腾腾，投资过大造成银行信贷过多，货币供应量过大。这是典型的投资需求拉动型的通货膨胀。由于原因单一，所以当时的政策也比较简单，就是“双紧”政策，即财政收紧、货币收紧。“双紧”政策取得了较好的效果，通货膨胀很快就被压下去了。尽管由于“双紧”政策实行的时间过长，20世纪90年代后期又出现了通货紧缩，但通过调整很快就解决了这一问题。

中国现阶段的通货膨胀是综合性的，也就是由多方面原因造

成的。

1. 投资规模过大，信贷过多，货币投放过多。这个原因和20世纪90年代前期发生通货膨胀时的原因相似。这就是投资需求拉动型通货膨胀。

2. 外汇储备占款过多。国家的外汇储备是用人民币换来的。因为企业创汇以后，由央行用人民币把外汇买下来，这样，企业收入人民币，人民币就投放到市场上了。在1996年时，中国的外汇储备刚刚超过了1000亿美元；1993、1994年通货膨胀的时候，中国外汇储备只有几百亿美元；中国目前的外汇储备高达3万多亿美元，这就意味着有大约20万亿人民币投放到市场上。因外汇储备增多而导致的通货膨胀，基本上也属于投资需求拉动型通货膨胀一类，因为外汇结售给中国人民银行后，人民币转入创汇企业手中，而企业主要用于投资。

3. 由于要素成本上升而引起的通货膨胀，被称为成本推进型通货膨胀。

在当前的中国，成本推进型通货膨胀主要由以下五个原因造成：

一是原材料燃料价格上升推动普遍的成本上升，从而导致通货膨胀。其中，固然有人为炒作因素，但也可能是因为原材料燃料的供给不足，主要是短缺问题引发了某些产品价格的上升。

二是农产品价格因成本上升而上涨。这些成本的上升往往同自然灾害有关，但也不能忽视地价、农业务工成本、运输成本、中间环节过多在引起流通费用上升方面所起的作用。当然，这里同样存在着人为炒作和人们预期不稳定的因素，但农产品成本的上升仍是主要的。

三是因用工成本上升推动成本普遍上升，从而引起通货膨胀。而用工成本上升的原因包括：①工资水平历来偏低，调整工资是合理的；②新生代农民工已不同于老一代农民工了，他们不仅要求工资较高，而且挑工作，他们不愿从事学不到技术、长期重复简单劳动的工作，而愿意从事能学到技术和有发展机会的工作；③新生代农民工现在更多地考虑外出打工的成本，愿意就近打工，或就近创业，民工短缺现象引起工资上升；④技工的短缺造成技工工资上升。

四是地价和房价上升推动成本上升，例如房租价格上升，既使企业成本上升，也使职工生活费上升。

五是利息成本上升也起了作用。融资难加剧了这一现象。存款准备金率每上调一次，民间借贷利率就会有较大幅度的上升。

4. 由国外因素引起的通货膨胀，被称为国际输入型通货膨胀。

国际输入型通货膨胀，对中国来说，改革开放以来虽然有过，但影响不大，因为当时即使国际上某些商品价格上涨，通过进口会影响中国经济，但那时的进口额不多。进入21世纪以后，情况不同了，中国对外贸易发展很快，国内对国外的原材料、燃料的需求量增多，尤其像石油、有色金属、铁矿、黄豆、棉花，等等，进口额都增长很快，这就使国际性的通货膨胀传入中国。

除此以外，通过资本流动渠道而流入国内的资金增多了。一是由于中国在2008年国际金融风暴后回升快，利率相应上升了，而发达国家的经济回升慢，利率仍保持低水平。国际资本为了追逐利息率差，不断流入中国。

二是由于中国投资机会多，投资前景看好，相形之下，发达国家经济回升缓慢，所以为了寻找投资机会，大量资本流入中国。这是资本追逐较高的利润率所致。

三是由于近些年国际市场上对石油、黄金、矿石、房地产等重要商品的价格预期在上升，价格预期上升的直接后果之一是引发资本在国际的流通性增大，投机性炒作之风盛行。比如说外商对中国的房地产投资就带有投机性，这也对中国经济产生冲击，使泡沫增多。

为了应对当前的综合性通货膨胀，有人建议国家采用增加进口的方式解决，而有人提出减少出口的对策。但后一种方式必须慎重，某些消耗能源过多，或对环境污染过大的产业，可以减少其产品的出口。但总的来讲，这个方法之所以要慎重，是因为中国减少出口，其他国家马上就会占领这块市场，以后再想去收复失去的市场就难了。

通货膨胀，不管是哪个原因引起的，都是一种货币现象，是与货币流量过大有关的。因此需要运用宏观调控政策来调节货币流量。

货币政策的调控通常是总量调控，它的依据就是货币流量分析。货币流量多了，就采取减少货币流量的调控措施；货币流量少了，就采取增加货币流量的调控措施。货币政策中惯用的做法，无非是提高或降低存款准备金率、提高或降低基准利率、增加或减少公开市场业务，有时还直接调控信贷规模，如增加信贷总量或压缩信贷总量。货币政策之所以习惯于运用总量调控手段，因为货币流量分析的依据就是：在经济运行过程中，货币流量的多或少，增或减，将直接影响总需求，影响宏观经济全局。

货币政策的总量调控虽然有用，但它的局限性同样不可忽视。货币政策总量调控的局限性主要反映于以下四个方面：

第一，宏观经济的基础是微观经济，而微观单位千差万别，各自的情况很不一样，货币政策的总量调控往往造成“一刀切”的弊病，对于正处在经济转型阶段的中国经济来说，后果是严重的。

第二，货币政策总量调控作用于总需求的扩大或压缩，但对于总供给的影响不明显。对总供给的调控不可避免地会涉及产业结构调整、产品结构调整、地区经济结构调整、技术结构调整、劳动力结构调整、投资结构调整等问题，可见，货币政策总量调控的局限性十分清楚。既然它影响不了总供给的调整，又怎么可能有效地实现总需求和总供给的平衡呢？特别是对中长期的平衡，应当从总需求调控和总供给调控两方面着手，双管齐下，调控才能有效。

第三，要知道，迄今为止中国经济依然是非均衡经济。市场还不完善，资源供给有限，资源定价机制还在继续改革并有待于形成，再加上信息的不对称，使得货币政策总量调控不可能像在完全市场化的经济中那样发挥作用。由于沿海和内陆地区的差别、东部和中西部的差别、大城市和小城镇的差别的存在，总量调控的效果是不一样的。总量调控不仅缩小不了地区间的差距，反而会扩大这种差距。

第四，即使在发达的市场经济国家，宏观上的总量调控有可能通过减少货币流量而抑制通货膨胀，或者有可能通过增加货币流量而刺激总需求，从而减少失业，但一旦遇上了滞胀，即经济停滞、失业率上升与通货膨胀并发，货币政策的总量调控就无能为力了。如果中国今后发生了滞胀，或者，为了防止出现滞胀现象，货币政策的总量调控显然不是有效的对策。

四、治理通货膨胀应当总量调控与结构性调控兼用

在宏观经济中，政府调控经济的手段一般有四大政策，即财政政策、货币政策、价格政策和收入政策。除货币政策以外，其他三大政策都是强调结构性调控的。

财政政策。财政政策既是总量调控，又是结构性调控，而且更侧重于结构性调控。财政政策大体上包括财政收入政策和财政支出政策。以财政收入政策来说，总量调控是指对财政收入总量的调控、对税收总量的调控，但在具体执行过程中，必须有结构性调控与之配合，例如哪些税收应增，哪些税收应减，哪些税收不变；又如，就纳税人而言，哪些纳税人的税收负担宜加重，哪些纳税人的税收负担宜减轻，哪些纳税人的税收负担宜保

持现状。这些都属于财政收入政策的结构性调控。再以财政支出政策来说，控制财政支出总量或增加财政支出总量，都属于总量调控，但总量调控必须落实到具体支出项目，才能具有针对性，才能实现调控目标。什么支出应增，什么支出应减，什么支出不变，这些都是结构性调控。可以说，财政政策从来都是总量调控和结构性调控并重的。

价格政策。调控总物价水平，以及调控物价水平同比增长率，都是价格政策的总量调控，但总量调控目标是通过结构性调控目标的制定而实现的。具体来说，生产资料价格水平和消费品价格水平各自适宜于保持在何种水平，这就是目标。生产资料价格中，有必要进行细化，石油、天然气、煤、电、建筑材料、钢材、有色金属等有影响的生产资料的价格，都应当根据市场供求状况来进行调控。消费品价格中，同样有必要进行细化，粮食、食用油、畜产品、棉花等价格以及某些与人民生活密切相关的服务收费（如交通费用、通信费用、医药费用、教育费用、房价和房租等），也都属于价格政策结构性调控的对象。所以价格政策同样需要兼用总量调控和结构性调控，在实际工作中，价格政策的制定和执行部门正是这么做的。

收入政策。对居民收入水平进行的调控是总量调控，但应当通过结构性调控来实现调控目标。根据中国经济现状，有必要把城镇居民和农民的收入水平分开计算，并分别制定如何提高城镇居民收入和提高农民收入的措施，这就是结构性调控。再说，收入总量等于各种生产要素收入之和，而每一种生产要素所获得的收入及其所占比重，则是收入分配结构问题。如何提高劳动收入在收入总量中的比重，是收入政策结构性调控的任务，因此仅有总量调控是不够的。

然而货币政策与财政政策、价格政策、收入政策不同。货币政策调控建立在货币流量分析的基础上，向来都偏重于总量调控。不仅如此，货币流量分析作为一种总量分析方法，往往掩盖矛盾，制造假象，使人们对经济形势得出不正确的认识，进而导向错误的判断。

即使在治理通货膨胀过程中货币政策的总量调控与结构性调控并重，但仍有一个重要情况需要关注，这就是对通货膨胀预期不可忽视。要知道，人们对物价上涨的预测，同对天气的预测是不一样的。如果明天是休假日，人们都希望是个晴天，也都预测会是个晴天。但自然界有自己的运行规律，即使大家都预测会是晴天，明天该下雨还是下雨，天气不以人们的意愿或人们的预测而改变。而经济的预测并非如此。通货膨胀预期会导致通货膨胀的加速来临。这是指：如果社会出现了通货膨胀的预期，一传十，十传百，百传千，大家都说通货膨胀快要来了，于是作为消费者的个人，以及作为供给方和需求方的企业，是会改变自己的消费行为和投资行为的。如果每户居民多储存一袋粮食，以防粮食价格上涨，结果粮食价格真的会涨上去。如果企业预期钢材价格、煤炭价格会上涨，作为供给方，企业产生惜售心理，暂时减少出售，等待时机再出手，钢材、煤炭的市场供应量就少了；作为需求方，企业愿意多储备一些可能涨价的生产资料，于是钢材、煤炭的价格就涨上去了。可见，通货膨胀预期是会使通货膨胀提前来到的。

货币政策。无论是总量调控还是结构性调控，都贵在掌握时机，当断即断，不要总是议而不决。货币政策议而不决，反而会造成人们预期紊乱，从而改变自己的消费行为和投资行为，使经济的走向发生变化。而在总量调控与结构性调控二者的比较中可以发现，总量调控的变化对人们预期变化的影响更大，更直接，而结构性调控变化的影响多多少少要和缓一些，轻一些，也间接一些。这是货币政策决策部门需要考虑的。

但应当承认，近年来，中国在货币政策总量调控和结构性调控的结合方面是有进展的。已采取的货币政策、结构性调控措施如下：

1. 针对大量信贷资金并未进入实体经济领域，而是停留在虚拟经济领域的情况，所采用的调控措施是实行信贷资金用途的追踪调查。凡是信贷资金用途与原定的资金用途不符合，必须限期收回。在某些情况下还可以处以罚款。这样，既能限制信贷资金流入股市、楼市，进行炒股、炒楼，又能收回贷款的一部分，甚至大部分。

2. 关于中小企业、民营企业难以融到资金的问题，有针对性地从以下四个方面着手，以缓解这一问题：

一是增设以民间资本为主的中小银行，包括地区性股份制商业银行、村镇银行等。银行有大中小之分，企业也有大中小之别，历来是大银行对大企业，中等银行对中等企业，小银行对小企业，各类银行有自己的主要贷款对象。这样一来，中小银行的贷款对象明确了，中小企业也就容易得到贷款了。

二是增设担保公司和担保基金。担保公司中的民营企业应当同国有担保公司处于平等地位，不应有差别待遇。某些地方政府支持成立担保基金，多方筹集担保基金，便于中小企业、民营企业得到贷款。

三是扩大抵押品的范围。在当前，有针对性的是容许企业以专利、知识产权和品牌作为抵押，这有利于高新技术行业的中小企业、民营企业得到贷款。

四是地下金融在引导和规范化后容许浮在面上，即由非正式的融资过渡为正式的融资。这对于小企业和个体工商户的帮助是很大的。至于地下金融浮到面上以后究竟采取何种形式，可以由投资人自行选择。

3. 为了防止产能过剩行业和产能即将过剩的行业继续盲目扩张，银行应当严格按照国家产业政策发放贷款。如果发现企业把已经获得的贷款转移到产能已经过剩和产能即将过剩的生产线上，或打算新建产能已经过剩和产能即将过剩的分厂或车间，银行应收回贷款。这样就可制止企业的违规行为和盲目扩张行为。

除了上述三项有针对性的制止信贷量偏大的结构性调控措施外，中央银行通常采用的存款准备金率调整和利率调整的总量调控政策，如果合理分类，区别对待也是可以进行结构性处理的。

先谈存款准备金率的调整。如果存款准备金率的调整幅度是全国统一的，那就是总量调控。这种总量调控可能有“一刀切”

的弊端。如果使存款准备金率的调整幅度因地区而有所差别，那就体现了货币政策总量调控和结构性调控的兼用和配合。比如说，对中西部地区和东部地区实行有差别的存款准备金率调整幅度，可以使中西部地区在信贷方面多得到一些照顾，而就全国范围而言则存款准备金率的调整仍可以收到控制货币流量的作用。

再谈利率政策的运用。差别利率政策是货币政策总量调控和结构性调控相结合的又一种形式。差别利率政策的差别，可以体现于地区的差别、行业的差别、企业规模的差别和企业技术水平的差别等方面，从而给经济欠发达地区以适当照顾，有助于经济欠发达地区更快发展。对新兴行业、短板行业给予适当照顾，将促进这些行业的成长。企业规模的差别，主要反映于企业分为特大型企业、大型企业、中等企业和小企业这样几类（有的专家建议从小企业中再分离出职工人数和资本金更少的微型企业），从而在利率方面也可以有适当的差别。至于企业技术水平的差别，则可以体现在政府对于采用新技术和致力于自主创新的企业的鼓励和支持。比如说，凡在采用新技术，节能减排方面有显著成效的企业在贷款方面可以得到利率的优惠；或者，有重大技术突破，在新能源、新材料、生物科技、环保等领域有巨大贡献的企业，也可以得到贷款利率优惠的照顾。

总之，货币政策的总量调控和结构性调控的并用和配合，在控制货币流量和治理通货膨胀方面是可以收到较好效果的。

五、治理通货膨胀时，货币流量分析的局限性

这是一个与有效治理通货膨胀密切相关的问题。下面从三个不同的角度来加以分析。

1. 为什么流动性偏大和流动性不足有时是并存的，为什么二者有时会迅速转化？据调查，2008—2009年，浙江、福建、广东一些地方在流动性偏大的同时还存在流动性不足的情况，并且从流动性偏大转向流动性不足异常迅速，几乎在很短的时间内一下子就从流动性偏大变成流动性不足了。怎么会有这种现象呢？

2008年第三季度，正是国际金融危机对中国的影响显现的时期。到第二季度末，我们所获得的资料一直是流动性偏大；到第三季度初，听到越来越多的企业反映资金紧张；到第三季度末，企业普遍都在诉苦说，银根太紧了，简直无法融到资金。调查结果表明，虽然当时受打击最大的是出口企业，但出口下降所影响的却是一条条产业链。虽然出口产品产业链的最末一端是出口企业，但产业链上的其他企业则为出口企业供应原材料、半成品、零配件和提供服务，结果，整条产业链上的企业都受到了影响。产业链处于断裂状态，意味着平时正常运行的资金链也断裂了。

于是，“现金为王”的观念很快地扩散到很多企业。企业害怕资金链断裂会带来不利影响，就手持现金，不敢轻易出手。超正常的企业现金储备已成为企业应急手段。所以从中央银行的角度看，现金出笼的数量很大、流动性很大，而实际上真正在市面

上流通的现金数量不多，企业普遍惊呼流动性不足。在这种情形下，2008年第二季度所采取的一连串削减流动性、抽紧银根的做法，除了给企业增添更大困难之外，能有什么积极效应？

从这里可以总结的一点经验教训是：要了解中国经济运行的特点，应从实际情况出发而不要迷恋于货币流量分析。

2. 为什么企业信贷成本总高于名义利率和实际利率？在研究有效治理通货膨胀的对策时，一定要了解名义利率、实际利率和企业信贷成本之间的复杂关系，这反映了中国经济运行的又一个特点。

名义利率是指中央银行规定的贷款利率，也就是在中央银行信贷规模之内企业贷款时所支付的利率。相对于通货膨胀率而言，名义贷款利率是比较低的，哪家企业能够按名义利率获得贷款，无论从什么角度来看，这家企业都是合算的。问题恰恰在于：有多少企业能够得到信贷规模之内按名义利率支付的贷款？

实际利率是指借贷双方通过协商而议定的贷款利率，也就是市场决定的贷款利率。借贷双方议定的以这种利率实现的借贷，不在中央银行的信贷规模之内。因此实际利率往往高出名义利率若干个百分点。由于企业通常感到资金紧张，而信贷规模又有限，所以它们只好接受实际利率。

企业信贷成本是指企业为获得贷款而花费的成本，除了其中包括企业支付的利息（或者是按名义利率支付的利息，或者是按高于名义利率的实际利率支付的利息）以外，还要加上担保公司所收取的费用（如果企业贷款由担保公司担保的话）、质押贷款时质押品所丧失的流动性和由此带来的损失，以及企业为了得到贷款而支付的公关活动支出，等等。可见，企业的信贷成本不仅大大高于名义贷款利率，而且也高于实际贷款利率。

以上所分析的就是经济转型过程中中国经济的实际情况。在这方面，中央银行的信贷规模起了重要作用。一方面，在信贷规模控制之下，如果信贷规模扩大了，实际利率同名义利率之间的差距就会缩小，相应地，企业信贷成本也会降低；反之，如果信贷规模削减了，名义利率可能升高，实际利率和信贷成本也都会随之升高。另一方面，信贷规模的扩大或缩小会影响通货膨胀率的上升或下降，进而对名义利率的调高或调低产生直接影响，结果又会使实际利率和企业信贷成本随之上升或下降。

由此看来，信贷规模控制在当前中国经济中的作用不可忽视。它影响着名义利率、实际利率和企业信贷成本的变动，影响着通货膨胀预期，影响着通货膨胀率的升降。然而，中国经济正处于转型阶段，利率的市场化改革仍在进行之中，信贷规模控制依旧是必要的，目前还不可能听任信贷量自行扩大，但对于信贷规模控制的弊病也应心中有数。特别是运用信贷规模调控手段的过程中，不能只根据流动性的大小做出决策，因为流动性大小是参考指标，或决策依据之一，但并不是决策的唯一依据。金融决策部门必须考虑结构问题。在信贷规模控制时，兼用总量调控和结构性调控将会更有成效并减少副作用。这样，名义贷款利率、实际贷款利率和企业信贷成本也就会调整到比较合理的水平，它们之间的差距虽然存在，但仍有可能趋于缩小而不至于扩大。

3. 为什么货币流量分析难以解释成本推进型通货膨胀的原因？应当承认，货币流量分析对于弄清楚通货膨胀的成因是有一定帮助的，但那只是对总需求过大引起的通货膨胀原因有所说明。货币流量分析对于成本推进型或结构性通货膨胀的成因难以做出有效的解释。

如上所述，成本推进型通货膨胀的成因主要不在总需求方面，而在于成本的上升，包括劳动力成本的上升、土地成本的上升、原材料燃料价格的上升等。资源有限所造成的成本上升和供给不足，不可避免地会导致价格的上涨，由此造成的通货膨胀被定义为成本推进型通货膨胀。在这种情形下，通过货币流量分析不能解释这种通货膨胀形成的主要原因。而且，面临着成本推进型通货膨胀，往往需要采取增加供给的措施，而增加供给往往又同增加投资有关。假定把这类通货膨胀归结为总需求过大引起的，所采取的主要是减少流动性，压缩信贷，削减投资等措施，那是治理不了成本推进型通货膨胀的。假定这时采取的是价格政策（硬性限制成本的上升，即冻结物价水平），至多是临时性措施，肯定不能持久。假定这时采取的是收入政策（硬性限制工资收入的上升，即冻结工资水平，或硬性限制利润率的提高），很可能激起工资收入者群体和投资者群体的不满，对经济的害处更大。20世纪70年代初美国政府实行的价格管制和收入冻结等措施在治理成本推进型通货膨胀时的无效，证明了这一点。

成本推进型通货膨胀的成因主要在于产业结构、产品结构的失调，从而引起一部分技术工人的供给不足、生活必需品供给不足、关键性原材料或燃料供给不足，进而推动要素成本上升和物价上涨，所以压缩总需求的调控措施难以解决问题，而流动性大小的总量分析也无法指明有效对策之所在。这时，主要应采取货币政策总量调控和结构性调控相配合的措施来治理，同时还必须调整产业政策，增加短缺生产要素的供给。而且一部分短缺要素的供给不足则很可能与资源定价体制不合理和行业垄断体制的继续存在有关。这就再一次证实了货币流量分析的局限性。

六、货币流量正常水平的判断

经常听到“让货币流量回归到正常水平”这个提法。这个提法总的说来是对的。因为从理论上说，不管哪一个因素导致的通货膨胀都是一种货币现象。通货膨胀总是同货币流量偏多有关。但问题并没有那么简单。这里还有若干问题需要进一步探讨。

（一）什么是货币流量的“正常水平”？

在计算时通常都是以西方发达国家的经验为准的，并以充分的市场化和完善的市场环境为前提。要考虑的无非是人口增长率、经济增长率、通货膨胀率、货币流通速度等数据，这种分析方法是不是完全适用于现阶段的中国经济，需要研究。这是因为，中国至今仍处在从计划经济体制向市场经济体制的转型阶段，城乡二元体制继续存在，某些行业的垄断现象也继续存在，货币流通机制不像市场完善条件下那么灵活、有效，流通渠道的中间环节多，而且往往不顺畅，这些都会增加对货币的需求量。再说，在过去这么多年内，农民在计划经济体制影响下生产和生活，很少涉及市场经济，他们对货币的需求不大，然而在体制转型过程中，农民越来越卷入到市场经济大潮中，对货币的需求量不断增加。因此，搬用发达国家货币流量分析的经验，往往会造成这样的结果：所计算出来的货币流量“正常水平”对现阶段的中国而言实际上是偏紧的，换言之，中国经济实际上的货币流量的“正常水平”要高于由此计算所显示的货币流量“正常水平”。中国改革开放30多年的经验说明了这一点。

（二）如何计算外汇储备增长对货币流量“正常水平”的影响？

外汇储备增长所造成的人民币外汇储备占款数额的上升，如何影响货币流通量“正常水平”，是有待探讨的。假定同20世纪90年代初那次通货膨胀那样，外汇储备只有几百亿美元，外汇储备的人民币投放量对货币流通量的影响可以不计。但现在就不同了，外汇储备已有3万多亿美元。无疑，这么大数量的人民币投放，是会增大货币流通量的，也会刺激物价上涨。针对这种情况，能有什么有效对策？只能说，紧缩货币流量不能解决问题，而只会使经济运行变得困难。抛售外汇储备，换来人民币回笼，可能有些用处，但怎么抛售外汇而不引起大的震动？很难保证。

何况，即使逐步抛售，那也是一个长时期才能解决的问题，岂能在短期内收效？假定要抛售一部分外汇储备，那么近期内抛售多少，才能使货币流量回归到“正常水平”，这又是一个谁也无法回答的难题，而且没有可操作性。既然大量抛售外汇储备不具有现实意义，那么在计算当前中国货币流量的“正常水平”时，是不是应当把外汇储备的人民币占款数额剔除出去不计？或者剔除多少为宜？这同样涉及另一个可供探讨的问题，那就是：当前中国的“最佳外汇储备数量”是多少？算出了“最佳外汇储备数量”以后，才知道多余的外汇储备数量是多少。但“最佳外汇储备数量”并没有一个公认的标准，仅仅计算出三个月的进口额和年度到期的外债本息偿还额，只能作为参考，而不能作为实施时的依据，因为还有许多因素需要考虑在内。

（三）结构对货币流量“正常水平”的影响有多大？

在分析当前中国通货膨胀时，中国的产业结构分析、所有制结构分析和地区经济结构分析可能比货币流量这个总量指标更能说明问题。要使货币流量回归到“正常水平”这一分析，应当同产业结构、所有制结构和地区经济结构的分析结合在一起。这是因为，通过产业结构分析，可以了解到产品供求基本平衡的产业、产能严重短缺的产业以及产能大量过剩的产业各自所占比重状况，而这些不同的产业对货币的需求量是不一样的。无论是存款准备金率的调整还是贷款利率的调整，都要因产业结构而异，

“一刀切”的做法有可能得到相反的结果，使经济的正常运行和经济社会的协调发展受损。对所有制结构的分析，可以了解到，国有大型企业、民营企业（尤其是民营中、小、微企业）、个体工商户、承包土地的农民，对资本的需求和进行融资的渠道完全不一样，即使可以计算出全国货币流量的正常水平是多少，也很可能使得国有大型企业基本不受影响，而民营的中小企业则受到较大的影响，至于个体工商户和承包土地的农民则不得不遭受更高的民间借贷利率的打击。地区经济结构分析的结果可以说明同样的问题。假定一定要按发达国家的货币流量计算方式来确定货币流量的“正常水平”，必然会使东部地区的日子不好过，而中西部地区的经济则更加困难。

（四）紧缩货币流量如果过了头，会有什么后果？

要谨防企业资金链的断裂，而企业资金链的断裂又是同产品供应链的断裂连接在一起的。在当前的形势下，在实行货币流量向“正常水平”回归时，很可能引起产品供应链的断裂和企业资金链的断裂，从而使经济中出现企业停产、倒闭和工人下岗、失业的情况，也可能出现使个体工商户收缩，以及使承包土地的农民收入下降的情况。这是因为，正如前面已说过的，不同的产业、不同的企业、不同的地区，在名为向货币流量“正常水平”回归的政策影响之下，受到不同程度的冲击。有的产业、有的企业、有的地区和有的人群受影响大，于是就会发生产品供应链和企业资金链的断裂。

不仅如此，还应当看到货币流量宽松时，经济规模无论大小的企业基本上都能受益，只是大企业的利益可能多一些，中小企业的利益可能少一些。而当货币流量压缩到“正常水平”或“正常水平以下”时，那么大中小型企业之间的受损失程度的差别就大得多。大企业还可以活下来，中小企业中不少却活不下去了。这就是货币政策效应的不对称性。

经济学界容易犯的一个错误是，研究宏观经济时容易忽视结构问题，容易忽视微观经济的变动，也容易忽视目前存在的制度或体制所带来的影响。如果把已经偏紧的货币流量误认为还未回归到“正常水平”，继续紧缩，那么从结构层面来说，产品供应链和企业资金链的断裂，以及由此引起的失业人数增长同样不可避免。

七、今后较长时间内预防和治理通货膨胀的基本对策

为了预防和治理通货膨胀，宏观调控是必不可少的。根据近半个世纪市场经济发达国家的经验来看，宏观调控起始时机的掌握非常重要。宏观调控的开始，可能滞后；宏观调控的结束，更可能滞后。这两种滞后都会给国民经济带来损失，甚至会给后续一段时间的经济运行造成困难。

首先，应当防止投资冲动怪圈的重来。这是转轨时期中国最

容易出现的现象，因而仍应把预防投资需求拉动型通货膨胀放在重中之重。比如说，目前正在进行城镇化，需要防止的就是某些地方政府借实现城镇化时机，大规模上项目，重形式而不重视内容，搞铺张而不讲究实效，结果造成投资规模过大，信贷随之扩张，投资需求拉动型通货膨胀又来临了。这是不利于城镇化的切实推进的。

宏观调控由于种种原因而有可能滞后，其中最重要的一个原因在于中央政府不了解经济的真正走向。有关部门容易被汇报材料中“报喜不报忧”的假象所迷惑，所以等到了解实际情况后再采取调控措施时，已经滞后了。除此之外，经济中有些现象并非统计数字所能反映的。两个明显的例子是投资者心理和消费者心理的变化。以投资者心理来说，经理人采购指数只能反映一部分情况，而投资者对前景的估计和对各个行业的盈利前景的预测不一定（至少不是全部）都能通过经理人采购指数而反映出来。消费者心理同样如此。通常情况下，消费者对社会保障制度的完善程度的预期就是影响消费者心理的因素之一，消费品（主要指耐用消费品）的家庭保有量和消费品的时尚也是影响消费者心理变化的另一个因素。有关部门对经济走向的分析和判断总会有一定误差。因此，在做有关今后一段时期内的实际状况的判断时，一定要弄清楚通货膨胀究竟是不是已经来临，应当如何正确下结论，而不要被假象所迷惑。

如果做出正确的形势判断，那么对宏观调控的转向问题，尤其需要慎重。该转向就转向（如由松到紧，或由紧到松），不必转向的只做微调（如由大松到略松，或由大紧到略紧）。政策要有连续性，不要打乱投资者和消费者的正常预期，以免经济中出现大的波动。在经济运行过程中，除非又发生了急剧的通货膨胀，或发生了严重的失业，或通货膨胀和失业已经并发，即滞胀已经出现，一般说来，宏观调控不宜大升大降，大紧大松，以免经济大起大落。否则，有可能导致或者是经济中出现众多泡沫，或者是经济中的泡沫会突然破裂，这两种情况对经济运行都十分不利。

如果经济运行已经出现通货膨胀的迹象，应当及时采用微调措施。采用微调的前提是：有关部门有预见性，并建立预警机制，以便防患于未然。正如一有山火警报，就必须及早采取措施，予以扑灭。如果等山火的火势扩大了，蔓延开来了，就难以迅速扑灭了。所以对于通货膨胀要重视微调。

微调措施包括了结构性的调节、细节性的调节。也就是说，为了不至于在宏观调控过程中出现过松过紧现象，结构性的调节、细节性的调节有助于避免出现较大的偏差，也有助于防止出现较大的后遗症。这里所说的细节性的调节，主要是指针对具体问题采取针对性的措施，比如说，房价上涨较快，可以采取增加住宅供给，尤其是适合中低收入家庭居住的平价、廉价出售和出租的保障性住房的供给。又如，蔬菜、猪肉价格上涨，可以采取给生产者补贴和降低物流成本等措施。

应当懂得，经济运行中出现的某些问题，如结构失调、投资过热、某些关键性产品供给紧张、技术工人供给不足、要素成本上升等情况，不是单纯依靠宏观调控就能解决的，所以不能以为宏观调控措施一用就灵。在这种情形下，要慎重采用升降存款准备金率之类的措施，否则有可能使存在的问题复杂化了。这是因为调整存款准备金率作为一项重要的宏观调控措施，影响太大，往往会引起社会经济的震荡，只有在不得已的时刻才使用。

在判断经济形势走向时，重要的是，要弄清楚导致物价较快上涨的原因，对症下药。例如，因用工成本上升而引起物价上涨，就应针对具体情况采取带有预调性的政策措施，例如加快培养技术和专业人员，帮助劳动密集型企业转移到中西部地区，以及帮助它们自主创新和产业升级，等等。总之，在成本推进型的通货膨胀条件下，要抑制物价的上涨，不能单纯依靠宏观调控中的紧缩总需求措施。不然会使得供求关系进一步失调。

商品价格总是相互影响的，因为商品价格互为成本。在宏观调控中，有时为了控制某种物品的价格上涨，曾经采取限制价格的措施，这同样是没有什么成效的。以资源价格调整为例，对某些物品的价格管制，只会使经济中的结构失调现象更加突出，更加严重。在其他相关产品的价格可以浮动的同时，某些物品价格被管制死了，那只能使得被管制商品和劳务价格的行业减少产量，使供给下降，给经济运行带来一系列后遗症。

可见，商品价格互为成本的关系不能靠行政管理手段来打破。宏观调控也必须尊重市场规律。背离市场规律的宏观调控措施，迟早会暴露出它的无效性。

归根到底，在今后较长时间内，预防和治理通货膨胀基本对策，可以归结为三项：

1. 防止投资过热，不追求国内生产总值（GDP）的过高增长率，重在结构优化，重在提高经济增长质量，以抑制投资需求拉动型通货膨胀。投资需求拉动型通货膨胀毕竟是最常见的一种通货膨胀。

2. 要预见到要素成本上升的趋势，切实转变经济发展方式，以技术创新、体制创新、营销创新开拓市场，以产业升级提高效率。这是大体上稳定物价，保证实现有较高质量的经济增长的基本对策。

3. 在中国经济依然处在非均衡条件下，“零通货膨胀”是不可能实现的。宏观调控对通货膨胀的现实警戒线只能使目标定在略高于“零通货膨胀”的位置上。为此，可以把目标通货膨胀率作为警戒线（例如2013年定为3.5%）。相应地，城乡居民收入增长率目标的制定，应在目标GDP增长率之上加上目标通货膨胀率。虽然这是很不容易做到的，但它是需要遵守的原则，以兑现政府对城乡居民的承诺。如果实际通货膨胀率超过了目标通货膨胀率，那就应当以各种补贴的方式来增加城乡居民的实际收入。这就是非均衡条件下对政府的要求，也是非均衡条件下对待通货膨胀的基本对策。

（原载厉以宁、石军等著《中国经济改革警示录》，人民出版社，2013年5月版）

以农村新社区为新型城镇化建设重点

一、农村新社区帮助农民就近城镇化

有调研数据显示，现在中国只有1/3的农民愿意转为城市户口，2/3的农民还在观望。他们在观望什么呢？通过在一些地方的调查，我发现农业人口转化成城镇人口有三个困难：

第一个困难就是就业问题。要给他们安排就业岗位，实现有收入的就业，还需要突破农村土地从征用补偿向可流转交易转变。

第二个困难就是公共服务问题。从托儿所、幼儿园、小学一直到更高一点的学校，还有医院、卫生所，再加上其他的设施一定要建设好。但目前好多地方因财政困难都解决不了。

第三个困难就是生活习惯的问题。我到一些地方的新居民楼去考察，住户反映："好是好，就是天天爬楼，也没电梯，我年纪大了腿走不动了。""不能养鸡，我家的小孩天天要吃鸡蛋，鸡都没有。”还有，过去在农村，邻居相互串门很容易，现在一家一户，周围的人都不认识。但他们埋怨的也只是生活习惯问题，生活质量好转，迁移还是受欢迎的。

这些困难解决不了，此时强行让他们远离农村进入城市，不见得有成效。“就近城镇化”就是要逐步解决这些困难，走一条新农村—新社区—新城镇的道路，先把农村的村民变成社区居民后，再进行城镇化改造。

二、建设农村新社区，有效避免大城市病

如果中国要达到西方发达国家的城市化率，即80%～90%以上的人口集中于城市，将意味着13亿人口中至少有9亿～10亿人要进城，那么城市居住条件必定恶化，居民生活质量必定下降。即使城市会因人口的增加而新增不少服务业就业岗位，但就业机会依然满足不了涌入城市的农民们的要求。所以说，传统城市化模式并不适合中国国情。

传统城市化是先进行工业化的发达市场国家的城市化模式。当时，城市化与工业化基本上是同步的，缺乏统筹安排，也没有科学的城市规模概念，经济和社会的可持续发展并未被城市领导层所考虑，等到发现居民的生活质量下降等问题时，已为时过晚，要改变城市现状已经不易。后起的工业化国家，即使认识到城市化的弊病并且想避免，但这需要大笔公共投资，往往也力所

不及。结果，无论在先工业化和先城市化的国家还是在后起的工业化国家中，都发生了所谓的“城市病”，即农村人口大量涌入城市，城市中出现了棚户区或贫民窟，环境恶化、过分拥挤、失业激增、社会治安欠佳，以致出现了“反城市化”倾向，即穷人继续涌入城市，富人纷纷迁离城市，搬到郊区甚至乡村居住。

因此，中国必须走适合中国国情的城镇化道路，具体应包括三部分：其一是城市老城区改造，通过工厂外迁形成商业区、服务区；其二是建设工业新区，通过工业化带动城镇化，将成为未来的新经济增长点；其三是农村新社区，指靠近城镇的农村社区建设，现在还都是叫社会主义新农村，它们不仅吸引了农民前来，更重要的是引导农民向城镇化的路走，向城乡一体化的目标走。

城镇化不仅是个单纯盖楼的问题，它要园林化，要走循环经济道路，要公共服务到位，还要社会保障一体化。这样的话，农村渐渐就成立了新社区组织，叫新社区，不再以“村”命名。新社区一开始也可能叫农民新社区，但最后“农民”两个字要取消的，因为城乡社会保障都一体化了，户籍制度将来由二元的变成一元的了，所以叫新社区就行了。这样，中国的城市就有一定的发展余地，就业问题也可以解决，居民可以务农务林，也可以从事养殖。身份取消后，大家都是中华人民共和国的公民，而不要用职业划分。

三、农村新社区推动中国经济双重转型

中国的新型城镇化将是一个相当长的过程。在城镇化推进过程中，开始时甚至较长时间内，城乡分割的二元户籍制度还不能立即取消，城乡居民的身份差别和权利不平等还会继续存在，在这个阶段，从中国实际情况出发，老城区和新城区都有常住的农村人口，农村新社区更不必说了，农民占新社区居民中的绝大多数，甚至是全部。

进入老城区和新城区的居民，随着经济的发展和经济体制改革的深化，这些常住于新老城区的农民，迟早会转变为有城市户口的居民，这是总的趋势，谁也无法改变。至于在农村新社区居住和工作的农民，随着新社区经济的发展和公共服务设施的完善，特别是随着城乡社会保障一体化的进展，新社区中的农民迟早也会转为城市户口。

在中国城镇化过程中，城乡二元户籍制度一定会走向全国户籍一元化。中国的城镇化实际上恰恰体现了双重转型的特征。中国的双重转型是指：这种转型既是“发展转型”，又是“体制转型”。“发展转型”意味着由农业社会过渡到工业社会；“体制转型”意味着由计划经济体制过渡到市场经济体制。自1979年改革开放以来，这两种转型在中国是重叠的。所以中国的城镇化完成之日，正是上述双重转型成功之时。

（原载《政协经济评论》，人民政协报经济研究中心，2013年7月12日）

在市场中学习　在市场中成长

一、怀念董辅礽同志

董辅礽同志是我的好友。改革开放之初，我们就经常聚在一起，共同探讨如何推进中国的市场化进程，如何实现国有企业的股份制改革。在第七届、八届（1988—1997）全国人大期间，作为全国人大常委，一同参与了经济转型中的立法工作。不幸，从2003年起董辅礽同志患上重病，2004年逝世。在病床上，他的遗言之一是："我在武汉大学还有几位博士研究生没有开题，请转给厉以宁教授继续指导，让他们完成学业。"又说："我的学生都是厉以宁的学生，即使他们已经毕业了，仍是厉以宁的学生。"我牢记着董辅礽同志的嘱咐，指导他们一一完成了博士论文的开题、写作、答辩，取得了经济学博士学位。

2005年，董辅礽同志逝世一周年之际，我写了一首诗，以纪念这位挚友：

七绝

少年空负神来笔，临老愧书归去辞，

谁解冯唐心内苦，黯然又是雪飘时。

本书作者陈东升是董辅礽同志的弟子，因为董辅礽同志与我多年相知相交的关系，他对我一直执弟子礼。1992年他辞职从商之后，相继创建了嘉德拍卖、宅急送、泰康人寿这三家企业，这么多年，这三家企业在不同的行业和领域都成了佼佼者。作为师长，我感到很欣慰。

二、坚定的市场化改革趋向是“九二派”企业家群体的最大特点

我一直推崇市场化改革，而现代企业和企业家正是市场化的主力。1980年我在一次劳动就业座谈会上提出企业股份制改革思路，但因为当时刚刚改革开放，并没有引起多少回应。直到1992年邓小平南方谈话后，中国才正式确立了社会主义市场经济体制的改革目标，明确“公司制股份制是建立现代企业制度的有益探索”，这为一大批企业家登上历史舞台创造了思想和体制条件，从此浩浩荡荡的创业大潮涌现。“九二派”就是其中最具代表性的企业家群体。

坚定的市场化取向和专业化追求，是以陈东升为代表者之一

的“九二派”企业家最大的特点。他们主动从计划体制内向体制外转型，成为最早也是最大范围脱离原有体制寻找独立舞台的一群人，他们是中国现代企业制度的试水者、实践者和受益者。

关于“体制内”和“体制外”可能有两种解释。一种是指人员是不是纳入政府或国有企事业单位正式编制之内。纳入正式编制的，是“体制内人员”，未纳入正式编制的就是“体制外人员”。用这一含义来解释“九二派”，说得过去。另一种解释是：“体制”一词就是指经济体制，而且专门指原有的计划经济体制，凡是属于计划经济体制的，就是“体制内”，否则就是“体制外”。所以“九二派”就是从“已经有所松动的计划经济体制”转到“正在形成的社会主义市场经济体制”。换句话说，所谓“体制内”和“体制外”正是从这个角度来观察的。实际上，人作为社会的人，是不可能脱离了任何一种“体制”的，除非他是鲁滨逊。

这批“九二派”企业家，既然率先离开计划经济体制，就必须善于寻找市场，适应市场，发现市场的空白点，引领一个企业、一个行业，开拓一方市场。董辅礽同志的弟子中除了陈东升以外，田源、毛振华等人也都是如此。在市场中学习，在市场中成长，“做市场的好学生”，陈东升一直以此自勉。我衷心希望他带领泰康人寿循着市场化道路，不断开拓，不断创新，赢得并且巩固自己的竞争优势。

三、探索养老服务的新模式

从经济史上看，保险业起源于西方，它和银行、证券以及股份制等都是历史非常悠久的商业设计、商业组织和制度安排，通过集中管理风险，实现风险的规避和转移，促进社会可持续发展。我认为在建设高水平的小康社会进程中，保险业大有可为。泰康专注于人寿保险，充当人们改善“生活方式”的参谋、顾问，提出“买车、买房、买保险”新三大件。针对中产人群的家庭需求推出“一张保单保全家”。这些适合于现阶段中国国情的设计，使广大客户感到满意。在我看来，特别是为了应对老龄化社会的日益临近，泰康人寿率先探索养老服务的新模式，是很有远见的。

近几年，陈东升的事业平台更大了，他的主要精力除了放在企业的具体管理实务上，也放在了关注公益事业，以及经济和社会发展的大问题上，以体现企业的社会责任。他把董辅礽基金会、亚布力论坛，作为表达对历史、现实和未来的关切及思考的平台，这也是我欣赏和钦佩的。一名优秀的企业家一定是有理想，有抱负，具有“家国情怀”的负责任的企业家。

陈东升这次出版的《战略思维》一书，体现了他17年来创办、管理泰康人寿的诸多思考。这些思考，呈现出了一家企业从无到有，由小长大，由弱变强的发展轨迹，以及陈东升本人从一个创业者、企业家，再到商业领袖的历程。这些思考，尊重时间和历史，不矫饰，不夸张，不溢美成绩，不避讳问题，原原本本、实事求是地呈现在读者面前。他考虑得很细致，比如说如何建立品牌精神，如何应对高速成长的压力，如何平衡企业规模、效益、风险，如何建立持续不断的利润池，等等，都是他所思考的，愿意同读者分享。从某种意义上说，《战略思维》一书可以成为研究中国转型期间企业发展史的宝贵素材和案例。

为此，我欣然作序，并祝愿陈东升创办的泰康人寿能够基业长青，实现“成为中国人生活的一部分”的梦想。

（为陈东升著《战略思维》一书撰写的序言，中国财政经济出版社，2013年8月版）

《民族贫困地区发展过程中的文化资源整合——以楚雄彝族自治州为例》一书的序言

一、民族贫困地区只有在发展中才能解决贫困问题

西部民族地区是我国的主要贫困地区。目前我国贫困人口绝大多数分布在西部，而且主要分布在少数民族地区。这些少数民族地区由于自然环境恶劣、基础设施落后、资金人才匮乏、资源开发利用率低、经济社会发育缓慢，因而长期难以摆脱贫困。如何发挥民族贫困地区的后发优势，推动民族贫困地区实现可持续发展，早日解决民族地区贫困人口的温饱问题？这不仅是一个经济问题，也是一个关系国家安定、各民族团结进步和共同繁荣的政治问题。

民族地区虽然大多数是贫困地区，但往往也是资源富集地区。这些地区不仅具有独特的自然资源，而且有着丰富的文化资源。由于受各种因素的制约，民族地区丰富的资源难以得到有效开发利用，因而形成“富饶的贫困”。

多年来，党中央、国务院和地方各级党委、政府高度重视民族贫困地区的发展及扶贫开发问题，出台了一系列扶持政策措施，投入了大量的人力物力，使民族贫困地区的面貌发生了巨大变化，人民生活有了明显改善。但是，民族贫困地区与发达地区的发展差距仍然在扩大，加快民族贫困地区经济社会发展已成为我国当前和今后一个时期推进区域协调发展与扶贫开发的重大任务。因此，探索研究民族贫困地区科学发展问题，不仅具有重要的理论意义，而且具有重大的实践意义。

从发展模式看，民族贫困地区是否应该遵循传统的产业演进规律，在优先发展传统农业以解决群众温饱问题的基础上再发展工业，进而推动服务业发展？从民族贫困地区多年发展的实践经验看，因地制宜地发展特色农业、优先解决群众的温饱问题是必要的，但温饱问题解决后是否应该优先发展工业？这是一个值得深入研究的重要问题。从大多数民族贫困地区的情况看，虽然有些地方矿产资源相对富集，但发展工业往往受到交通、水资源、环境、人才等因素的制约，即使少数地方有条件发展冶金矿产业，但多数也是以矿产资源开发为主的采选和冶炼加工业，这些粗放型产业不仅资源消耗大，而且容易污染环境，难以实现可持续发展。因此，民族贫困地区要实现科学发展，既不能简单照搬发达地区的工业化发展模式，更不能在低水平、低层次上承接发达地区的产业转移，必须从民族贫困地区的实际出发，按照科学发展观的要求，找准发展优势，在特色上做文章，促进资源优势向经济优势转变，不断增强自身发展能力，在发展中解决贫困问题。

二、丰富的民族文化资源是民族地区的宝贵财富

综合分析民族贫困地区的发展环境和资源禀赋，最具开发潜力和比较优势的资源是良好的自然生态环境和丰富的民族文资源。由于民族贫困地区地理位置偏僻，交通闭塞，社会发展进程缓慢，受工业文明和现代文化的冲击较小。这种特殊的地理和人文环境，使许多历史文化和民族传统文化得以保护传承。所谓“中原失礼，求诸四野”。许多古老的文明因子在不同文明的嬗变演替中退出了历史舞台，但在偏僻的民族地区顽强地生存下来，形成了一个个文化的孤岛和历史的活化石，成为一座座闪金烁银的文化富矿。因此，运用现代科技手段对这些弥足珍贵的文化资源进行整合开发，加快发展以文化旅游业为重点的第三产业，通过发展第三产业积累资金、聚集高端人才和技术促进其他相关产业的发展，进而催生民族地区产业转型升级，这既是保护民族文化遗产、弘扬优秀传统文化的迫切需要，也是推动民族贫困地区实现科学发展的必然选择。循着这样一条思路走下去，我们或许可以绕过传统工业化的门槛，探索出一条破解民族贫困地区工业化难题的路径，从而推动民族贫困地区实现现代化。

三、如何推进民族地区文化资源整合？

明确了民族贫困地区的发展方向和思路之后，接下来的任

务就是如何推进民族贫困地区的文化资源整合。近年来，就文化改革与发展问题，各地进行了大胆的实践和探索，有力地促进了文化事业和文化产业同步发展，推动文化建设不断取得新成就。中共十七届六中全会审议通过了《中共中央关于深化文化体制改革 推动社会主义文化大发展大繁荣若干重大问题的决定》，提出了“坚持社会主义先进文化前进方向，以科学发展为主题，以建设社会主义核心价值体系为根本任务，以满足人民精神文化需求为出发点和落脚点，以改革创新为动力，发展面向现代化、面向世界、面向未来的，民族的、科学的、大众的社会主义文化，培养高度的文化自觉和文化自信，提高全民族文明素质，增强国家文化软实力，弘扬中华文化，努力建设社会主义文化强国”的战略要求。推进民族贫困地区的文化资源整合是发展社会主义文化的重要内容，围绕这一问题，近年来各地已经有所重视并进行了大胆探索，但总体上还缺少系统的研究和规划，更缺乏理论的支撑。《民族贫困地区发展过程中的文化资源整合——以楚雄彝族自治州为例》一书，就此进行了初步的尝试，是一个可喜的开端。云南省楚雄彝族自治州是一个文化资源丰富的民族贫困地区，“元谋人”化石的发现使楚雄成为东方人类的故乡，春秋战国时期的万家坝铜鼓使楚雄成为世界铜鼓之乡，一亿八千万年前的恐龙化石使楚雄享有世界恐龙之乡的美誉，一年一度的彝族火把节已成为展示中国彝族文化的重要平台。但这些文化资源如果不进行统筹规划和整合开发，就难以形成文化产业，更难以成为蜚声中外的知名品牌。

该书以文化资源整合为主题，认真分析了我国民族地区文化资源的概况及特征，阐述了文化资源整合的概念、背景、意义及路径选择。在此基础上，以楚雄彝族自治州为案例，分析了楚雄州文化资源概况、特征及开发前景，总结了楚雄州近年来文化资源整合的措施、成效及面临的困难问题，同时从机遇与挑战、有利条件与制约因素两个方面分析了楚雄州文化资源整合面临的环境和条件，提出了楚雄州文化资源整合的战略思路、平台建设、重点项目及对策措施。全书在对全州文化资源整合进行系统研究的基础上，选择了8个典型案例进行重点剖析，同时对铜鼓文化、文化旅游产业和民族文化传承保护3个专题进行了重点研究。全书立意深远、观点新颖、资料翔实、论证充分，既有理论高度又有实践价值，特别是他们在理论和实践方面的许多探索对民族贫困地区文化资源整合具有重要的借鉴意义。我对楚雄州了解不多，只是在当地做过短暂的考察，但对楚雄州丰富的文化资源印象深刻，对他们整合文化资源加快发展民族文化产业的实践备感欣慰和深受启发。整合文化资源是推动民族贫困地区科学发展的重要抓手，对解决民族地区的贫困问题具有重要意义。可以说，这个研究仅仅是个开始，希望在这方面的探索能有更多的成果面世。希望楚雄州在文化资源整合方面取得更大的成绩，希望楚雄州的明天更加美好。

（为厉以宁主编、朱非副主编《民族贫困地区发展过程中的文化资源整合——以楚雄彝族自治州为例》一书撰写的序言，经济科学出版社，2013年8月版）

现阶段中国经济改革的四大关键

就现阶段的中国经济改革而言，究竟应当首先抓哪些方面的改革呢？笔者认为，以下四大改革，应当是具有关键意义的。

一、城乡二元体制改革：可以带来最大改革红利的大事

当初建立计划经济体制时，有两大支柱：一是国有企业体制，二是城乡二元体制。这两大支柱支撑着整个计划经济。在城乡二元体制下，户籍分为城市户籍和农村户籍，城乡被人为地割裂开来，城市和农村都成为封闭性的单位，生产要素的流动受到十分严格的限制，城市居民和农民的权利是不平等的，机会也是不平等的。在某种意义上，农民处于“二等公民”的位置。尽管中国的经济体制改革开始于推行农村家庭承包制，但这只是否定了城乡二元体制的一种极端的形式（人民公社制度），而没有改

变城乡二元体制继续存在的实际状况。

时至今日，距农村家庭承包制改革已经30多年了，无论从完善社会主义市场经济体制的角度来看，还是从协调社会发展，让广大农民共享改革发展的成果，使农民与城市居民政治权利平等的角度来看，对城乡二元体制进行实质性的改革都是亟须的。

因此，在中共十八大召开以后，首要的、具有关键意义的经济体制改革无疑是走向城乡一体化的改革，其中包括城镇化的推行、土地确权、城乡社会保障一体化、教育资源的均衡配置、户籍一元化等改革与发展措施。这是关系到“以人为本”原则得以贯彻的大事，也是可以带来最大的改革红利的大事，切不可等闲视之。

二、市场化改革：使企业处于公平竞争的环境中

改革开放以来，尤其是1992年邓小平同志南方谈话以后，市场化改革一直在推行，并且取得了很大成绩，这是不可否认的事实。但应当注意到，市场化改革距我们的目标模式仍有相当大的距离。为什么会有差距？主要是由于认识不足。

一方面，对于经济，要正确看待内生力量和外生力量的区别。正如一个人，如果这个人健康，一定是内生机制健全、完善，靠内生机制的调节就可以保持身体的健康。虽然必要时也需要服药打针，但这种外生力量的作用毕竟是辅助性的。经济生

活同样如此。市场机制健全、完善，是基础性的。虽然宏观经济调控是必要的、不可缺少的，但不能主要靠宏观经济调控措施来治理经济，否则经济活动越来越受政府的财政政策和货币政策的支配，从而违背了市场经济体制下以市场调节为基础性调节的原则。

另一方面，要想确立社会主义市场经济体制，就必须赋予企业自主经营的权利和地位，而不能依旧像过去那样视企业为政府的下属单位和附属机构，不让企业与企业之间存在竞争关系。实际上，现实生活中依然存在着所有制歧视，存在着行业垄断。这些都不符合市场化的要求。必须深化所有制改革，使企业处于公平竞争的环境中，彼此既有合作关系，也是竞争对手。

三、国有资本配置体制改革有助于提高国有资本的使用效率、配置效率

国有企业体制的主要弊端主要表现于以下五个方面：一是政府干预太多，二是自行运转机制不灵活，三是行业垄断性强，四是法人治理结构不健全，五是创新能力差。由于国有企业资本雄厚，上述弊端的存在使得国有企业的盈利状况同国有资本总额是不对称的。按机会成本理念，以“不赚就是赔”“赚得少也是赔”的标准来衡量，国有企业的业绩从整体上说是不佳的。

怎么改？正确的改革思路应该是：把现存的国有企业体制改为国有资本配置的新体制，也就是要进行国有资本配置体制的

改革。在这种改革思路的指导下，今后，改造国有企业体制的着重点不在如何调整国有资产监督管理部门的权限，而在于把它的权限规定为只管国有资本的配置，而不再管国有企业的运作。国有企业要尽可能改制为股份制企业，而且要尽可能改制为上市公司。它们同其他非国有的或非国家控股的股份制企业、上市公司一样，一律自主经营管理，由股东大会、董事会、总经理、监事会行使各自的权力并承担各自的责任。

新的国有资产监督管理部门之下，可以设置若干个国家投资基金公司，分工（主要按行业划分，也可以是综合性的）管理国有资产的配置状况，并可以撤出对某些经营不善的企业的投资，并可以增资到某些盈利的或产能短缺的企业中去。国家投资基金公司是国有资本具体的投资主体，它们负责对本公司所投资的股份公司资本经营效果的考核。而对国家投资基金公司的运营和本投资基金公司所属国有资本配置效果的考核，则由国有资产监督管理部门负责。这样既有利于产业结构的优化，又有利于国有资本配置效果的增加，更有利于促进对国有资本已经进入的股份制企业、上市公司对自身业绩、设备更新、创新能力和盈利效果的关注。

四、收入分配制度改革：重点一定要放在初次分配上

收入分配制度改革是当前急需推行的关键性改革措施之一。首先需要弄清楚的，是把重点放在初次分配方面，还是把重点放

在二次分配方面。笔者的观点是，初次分配的改革更加重要。

收入的初次分配照理说是市场机制起作用的结果，只要确实由市场机制按人们提供的生产要素的贡献大小（所提供的生产要素的数量、质量和作用）进行收入分配，那依然是符合市场规律的。在市场调节下所出现的收入分配差距，再由政府主持下进行的二次分配调节。

然而在中国现阶段，市场机制受到各种因素的影响，包括历史因素的影响、经济生活中的行业垄断继续存在的影响、计划经济体制对初次分配的工资标准和级差的影响、劳动力市场上买方和卖方力量的极不对称的影响等，所以不可能真正形成由市场调节作为基础性调节所谓均衡条件下的工资率。

比如，农民初次分配收入是在非均衡条件下形成的。这可以从四个角度来解释。第一，农民还没有成为真正的市场主体，因为农民只有土地的承包权、使用权，而没有产权，不能用于抵押、转让。土地流转在很大程度上要受到市场外因素的干预，农民的土地收入受到多方面的限制。农民甚至不可能对未来的收入前景有预先的策划。而利用土地的“寻租”行为的负担恰恰落在农民身上。第二，农民工可以在城镇和企业中工作，但他们却是劳动力市场中最弱势的受雇群体。农民工与城市居民的身份不同，农民工的权利受限制，雇用农民工的单位或企业相对于农民工而言是强势的。农民工与这些单位或企业地位的不对称性，更大于城市居民受雇者们。第三，农民种植农产品或饲养家畜家禽并从事销售时，由于所处的是弱势地位，无法争取到合理价格，常常被压低价格。这就使农民初次分配收入减少。第四，二元劳工市场的存在使求职者受歧视，农民工只能进入低级劳工市场，无法进入高级劳工市场。在这方面，农民工受到的歧视比城市居民求职者更为突出。上述这四个角度的分析清楚地表明，农民和农村外出务工人员所处的地位是十分不利的。他们初次分配的收入少，也就不奇怪了。

由此得到的看法是，在现阶段的中国，要进行收入分配制度的改革，重点一定要放在初次分配上，因为这是导致社会收入差距连续扩大而且难以治理的重要原因。二次分配制度改革的重点，当前应是城乡社会保障的一体化，即今后不应再存在“初次分配有收入差距，二次分配反而进一步扩大了收入差距”的怪现象。

（原载《市长参考》2013年第6期）

宏观调控不能替代改革

一、结构调整：提高经济增长质量

在中国，多年以来形成了投资冲动怪圈。什么叫投资冲动怪圈？它是这样形成的，地方政府要求加快经济发展，提高国内生产总值（GDP），才能使得地方政府财政收入改善，使就业问题得到缓解。地方政府有了增加投资、扩大信贷的强烈需要，但此后的结果是：经济虽然上去了，通货膨胀随之而来，致使物价上涨太快。于是，中央又不得已采取紧缩政策，通过紧缩财政和信贷，经济增速放慢，而这又引致地方出现问题，地方财政收入、就业受到影响，就再一次呼吁增加投资。如此循环反复，结果给经济带来了一种大起大落、大升大降的现象，这就是投资冲动怪圈。

现在中国经济的情况跟这个怪圈都有关系。比如产能过剩，现在全国产能过剩情况相当严重，产能过剩必然造成很多的资源浪费。所以，中国当前最需要做的就是提高经济增长的质量。这告诉我们：GDP总量虽然重要，但更重要的是经济结构的优化。即便经济增速低一点，但是整个经济状态是好的。

产品结构比总量更重要。举一个例子，1840年，中英鸦片战争爆发时，中国GDP世界第一，远超出英国，但是经济结构不行。在1840年时，英国工业革命从1770年算起已有70年，工业化进展到了一定程度，英国GDP结构符合当时技术进步潮流。英国当时的情况是：钢铁产量上去了，技术设备制造发展了，棉布全是用机器纺织的，其出口产品一部分是机器制造的棉布，另一部分是蒸汽机等机器设备，交通工具是轮船和火车。反观中国，GDP总量的产品主要是农产品和手工业品。中国的棉布是手工纺织的棉布，中国的出口产品是茶叶、瓷器、丝绸、桐油等，从结构上说，比英国差很远。

今天，虽然我们的经济总量超过了日本，这是不容易的，但是我们的结构还不如日本。现在日本跟中国相比，它的高新技术产品占GDP的比重比中国要大得多。所以，当前我们的改革重点是结构问题。

另一个重要的结构是人力资源结构。1840年，中国人口总量比英国多得多，但人口结构跟英国不一样。当时，英国普及了小学教育，建立了大量的中学，又建立了很多新的高等学校，每年培养出大量的工程师、技术专家和科学界的知识分子，还包括近代的经济管理人才、金融人才，这是英国当时的教育水平和人力资源结构。而中国虽然人口多，但是结构不行。农民绝大多数是文盲，妇女也绝大多数是文盲。中国少数读书人，读的是四书五经，目的是为了考科举，很少人懂得近代科学技术、经济管理和金融。

同样，我们跟日本相比，人力资源总量比它大10倍。但是在人力资源结构上，日本大学毕业生在全人口中的比重比中国大。日本的工人队伍中，熟练技工人数比中国多，所占比重也比中国大。这都表明了结构问题的重要性。

当前，我们怎么提高经济质量呢？一是优化结构。优化结构是没有止境的，因为技术在发展，客观形势在变化。另外，经济增长质量的提高，反映对低碳经济的要求越来越大，这是全世界的趋势。比如说，在20多年前，全世界的环保概念要求废水、废气、废渣不能有毒，明令禁止。今天的环保概念仍然是不能有毒，但却不同。二氧化碳并没有毒，但是必须要减排二氧化碳，因为它会影响世界的气候，大气变暖可能给人类带来很大的灾害。所以，我们一定要把环保提高到新的阶段，不仅要没有毒，而且要低碳。同时，人民生活水平要随着经济增长而不断提高，这也表明经济增长的质量。

二是技术创新，要不断地技术创新。当前，虽然中国讲技术创新重要，但企业反映的实际情况是，我们的实体经济距离世界要求还有相当大的距离。关键是看制造业，中国的制造业能真正自主创新的仍然很少，大部分仍然是依赖外国的技术。这就表明，自主创新少，经济增长质量不够。在企业界流行一句话："不自主创新，等死；自主创新，早死。"原因是自主创新带来了债务等负担。

这就表明，当前中国的主要问题就是结构调整。在结构调整的过程中，我们的经济增长才能提高质量，我们的经济结构才能够随之优化。

二、宏观调控：不能替代改革

经济如同一个人的健康情况。一个人如果要身体健康，应该主要是靠内在机制的完善，健康出问题时打针吃药是可以的，也是必要的，但这毕竟是处于辅助地位。经济亦是如此，经济能够顺利地发展，能够解决结构问题，主要靠机制的完善。

宏观经济调控好比是外来的力量，也重要，但它处于辅助的地位。近几年来，中国经济情况中出现了一种现象——宏观调控在实际中比它应该起的作用还要大。这就造成了“宏观调控依赖症”，什么事情都要宏观经济调控。经济发生通货膨胀，宏观调控；经济增长率下降，宏观调控。

而且，宏观调控的依赖性容易产生误导：既然宏观调控这么灵，还要改革干什么？实际上，这耽误了改革。

改革是着手解决机制问题，宏观调控作为外来的一种力量，是对经济的干预。所以，绝对不要因为宏观调控有点成效就频繁利用，使经济大升大降、大起大落，在投资怪圈中摆脱不开。改革是不能拖延的。若不依靠改革来健全内在机制，那么越拖到后来，代价会越大，成本会越高，而且难度也越大。所以，在宏观调控问题上，一定要以改革为主，不能依赖宏观调控。宏观经济调控应该重在微调，重在预调，且只是在不得已的情况下才可采用，一般情况要避免采用。

现在，经济学界中有两种观点争论。一种观点是，从去年开始，我们经济增长率在滑坡，所以国外“唱衰”中国经济的人说，中国经济将会从此一蹶不振。

这个观点不对。因为，无论从哪个角度讲，今年中国维持7%~8%的增长率是没有问题的。7%的增速，也绝不是一个低速度，而是一个中等偏上的速度。再想回到过去每年10%以上的增长，现在是不可能的。为什么不可能？因为付出的代价太大。10%的增长率，环境承受得了吗？结构调整得了吗？在原有的基础上加码，结果产能过剩的现象会不断地出现。

另一种观点是当前要加大投资促使经济增长，防止滑坡。加大投资时，想过经济增长质量吗？如果再增加几万亿投资，中国经济的后遗症将越来越大，使得中国经济长期不能摆脱这个阴影。

投资需要增加，但今后应着重在三个方面：一是技术创新的投资加大；二是民营经济投资力度加大；三是基础设施环境工程的投资要加大。这些是为中国经济增长准备后劲的。

投资固然重要，但应该考虑到中国的大局，当前绝不能够又来一个几万亿投资，这样下去，对中国经济长远是没有好处的。再一次组织增大投资，实际上会使中国经济卷入到一个遗患无穷的地步。

宁可速度慢一点。最近一段时间能保持在7%～8%的增长就行，不要追求过高的增长率，重在结构调整。

中国的宏观调控还有一点很重要，就是不能够照搬国外的增长模式。中国是一个需要双重转型的国家。第一种转型是“发展转型”，为发展经济学所研究的，从农业社会转向工业社会、现代化社会；第二个转型是“体制转型”，即从计划经济体制转到市场经济体制。对中国来说，这两个转型是重叠一起的，全世界没有先例。

在中国的双重转型中，中国经济有自身的特点。比如说，现在有观点认为货币流通量要控制，不能太大。这是货币学派的一个观点，是根据国外发达的市场经济国家的经验而提出来的，但对中国来说，不适合。

在双重转型下，原先中国农民被排除在市场经济以外，跟货币经济接触很少，但是现在广大农民都卷入到市场中间。农民吃的粮食，不是自己种的。自己种的卖了，他喜欢吃什么就吃什么，要到市场上买，很多交易要通过货币进行的，这种情况过去是没有的。所以，农民卷入到市场经济中来，货币流通量一定要增大。

还有，中国的货币流通渠道不是通畅的。流通环节太多，加上农民的加入，中国的货币流通速度是相对慢的。跟西方国家流通渠道很畅通不一样，西方的农民卷入市场是100年前就完成的。根据中国的情况，货币流通量必然比西方经济学家所计算出的货币需求量要大。因此，对中国的货币流通量应该要根据中国的国情来重新考虑。

几个月前闹“钱荒”，原因是什么？因为从统计数据看，M1、M2都是很大的，表示货币流通量多。但却借不到钱，到处在缺钱，这就必须根据中国具体情况来解释。因为中国融资难的问题没有解决，尽管货币流通大，但实际生活中的货币需求比这个还要大。

因为融资难，在已有货币不够的情况下，每个企业都另有打算。在企业当中流行的一句话叫作“现金为王”，每个企业都要保留一部分现金在手上，现金就全流到超正常储备中去了，以备不时之需。造成了一方面M1、M2数量很大，另一方面感觉经济生活中现金是不足的。这就是中国的情况。若不根据中国的情况来判断、制定政策，就一定会出乱子。这个问题表明我们的宏观调控需要跟市场化结合在一起。

宏观调控绝不是万能的，更是不能够替代改革的。有人经常说，核心在政府调节和市场调节之间的关系。有人说“小政府、大市场”，这个说法有道理，但是不准确。“小政府”意味着政府工作人员少更好，政府管理事情少更好，但这要具体情况具体分析。这不能用大小来衡量，因为这不是一个范围大小的问题。

还有人说是“强政府、强市场”，说中国将来是“双强”体制。这个说法有可能引起误解。“强市场”就是市场发挥作用，“强政府”意思是好像政府一定处处管到，这也不一定对。比如家用电器行业，政府不管它，它就起来了。管得越多，产能过剩越多。

所以，正确的说法应该是“有效的政府、有效的市场”。政府不在于大小，因为它不是一个人员多少的问题，也不是管辖范围多大的问题，主要是政府做政府应该做的事，而且效率要高。市场也不是万能的，市场还有很多地方是管不到的。有效的政府加上有效的市场，这就是中国政府与市场的关系。两者都要讲效率，都要有效，政府做政府该做的事情，市场做市场可以做的事情，这样就行了。

三、国资改革：提高资源配置效率

邓小平南方谈话之后，国有企业在最近20年之内，的确有很大的进展，但是改革并未到尽头。国有资产改革应该有两个层次的改革：一个层次是国有资产配置机制的改革，或者是配置体制的改革。国资委不要去管具体的企业，国资委下面成立若干个行业性或者是综合性的投资基金公司，任务就是管国有资产的配置。我们平时谈效率，只谈到生产效率。生产效率是说投入产出之比，投入为既定，产出越多越好；产出为既定的话，投入越少越好，这样效率就高。20世纪30年代之后，出现了另外一种效率，这就是资源配置效率，即假定投入不变，以不同的方式来配置资源，然后进行对比，看谁配置效率最高。资产不断地重组、调整，是为了资源配置效率的提高。

资源配置效率提高在经济学里引起了两个变化。其中一个变化，过去长期认为在企业中搞人事组织工作的、搞宣传工作的、搞行政管理互作的，都列为非生产人员，他们不在生产第一线，对生产效率没有贡献。资源配置效率出来之后，看法就不一样了，做人事组织工作的人员，从事的是人力资源的优化配置，这就是提高了效率。做宣传工作的人员，是调动每一个投入者的积极性，提高了效率。行政管理人员是将物资资源和人力资源更好地组合在一起，产生更高的效率。所以从事这些工作的人员，今后如果再有人说你们是非生产人员，你们可以说那些观点是旧的，是60年前的观点，现在是讲资源配置效率，我们都是从事资源配置的。

国有资本最大的问题是配置不当，该发展的新兴产业，要进行大量的国有资本投入，不重要的或者是市场可以解决的、民营企业可以解决的，国有资本就可以退出来。

至于国有企业改革，国有企业应当成为自主经营的国有企业，控股问题由法人治理结构决定，控股多少，相应地派出董事。在这个过程中，应该尽量避免一家独大。这样，董事会就不是一个声音、一个面孔，就会有争论，而争论有利于效率提高。如果国有企业都是独立自主的企业，由法人治理结构来管理，这样中国的改革就会有进一步发展的希望。

在这个过程中，我们应该看到国有企业跟民营企业应当既是竞争对手，同时也是合作伙伴。没有民营企业，光靠国有企业，不可能一枝独秀。国进民退、国退民进，这些都不是我们的政策目标，我们的政策目标是国有企业和民营企业双赢。我们应该看到这样一点，在国际市场上，不论是中国国企的产品还是中国民营企业的产品，都是中国产品，都是中国制造，都是中国品牌。将来在国内市场也一样。这样的话，国企、民企最后达到共赢的格局。

四、民企转型：首在产权意识

民营企业当前需要转型。第一，要有产权意识。产权意识对民营企业非常重要，要知道保护自己的产权，要知道民营企业靠产权清晰为主，如果产权糊里糊涂的，始终是不清的，这就对未来造成隐患。只有产权清楚，企业才能保护自己的产权。民营企业在转型中，首先就是要产权清晰，产权要界定清楚。规模大的民营企业，同样应该健全法人治理结构，股东会、董事会、监事会、总经理，各司其职、各尽其责。家族制在企业成立之初起过作用，因为家长往往是一个能人，具有凝聚力，但是这个时间不会太长，一旦企业走向正规之后，就应该健全法人治理结构，其中最大的问题涉及接班人的问题。趋势上讲，亲属可以有股份，但不一定要成为接班人。接班人要有能力，能够保证企业按照法律法规来经营、来发展。

民营企业要重视自主创新，重视产业升级。比如说产品设计、原材料的选择自主权和节约、节能减排、营销方式等都可以有新的变化，还有管理的创新。任何企业都不要忘记自主创新和产业升级问题。

在这方面，中国的民营企业转型要做到两点：第一，除了注意生产之外，还要注意营销和产前产后的服务。只有生产、营销、产前产后服务做得更好，企业才有钱赚。第二，要抱团。在危机之后我们常说抱团过冬，这是对的，大家要抱团互助，资金的融通方面可以有办法内部协调。

现在出现了两个抱团走出去的例子。第一个是在西欧，中国企业家抱团出去。单个一家企业到冰岛去，结果失败了。现在抱团了，好几十家企业一块儿去，准备投资，同意就全部留下，不要其中一家，就统统都走。第二个例子，中国汽车行业正在谈判，准备进入美国的底特律市场。底特律破产，财政负担很重，但是它有很好的厂房设备，还有一支很强的工程师队伍、设计师队伍。中国的汽车行业准备接管，把他们的设备、厂房全部买下来，把这里开发成中国汽车研发中心，那些工程师、设计师能够起作用，可以恢复工作。当然，这件事也会遇到困难，因为那里的工会力量太强了。

中国民营企业抱团出去，是非常有用的，这也属于民营企业的转型。要破除传统的小业主意识。从某种意义上说，小业主意识不利于中国民营企业的进一步发展。

（原载《民营经济内参》2013年10月11日）

自主创新和产业升级：中国制造业的必由之路

一、创新和创业的制度环境：自主创新和产业升级的前提

对任何一家企业，不管是国家控股的公司还是家族经营的民营企业，利润率都是重要的。利润率是吸引投资者前来的磁石。利润率下降，甚至亏损，必然引起投资人的不满，经理人一定会失去投资人的信任。企业不得不认真考虑，如果利润率连续下降，问题究竟出在何处？

实际上，这是一个在很大程度上涉及企业在价值链上处于什么位置的问题。价值链有高端，也有低端。如果企业处于价值链的低端，成为单纯的加工者，那么，利润大部分将归有创意和创新的其他企业，知识产权属于他人。这样的企业一般只得到加工费，盈利的空间是狭窄的。

所以，有眼光、有抱负、有实力的企业，要让利润率增长，

就必须走自主创新之路，让产业升级，并拥有自己的知识产权。企业要尽可能立足于价值链的高端。现代市场的竞争态势是："最优才有出路，最优才有前途。"这意味着，次优者在市场中会被排挤，会被淘汰。形势逼人，市场从属于最优者，是最优者的天下。只有最优者，也就是控制了本行业、本领域的制高点，站在价值链最高端的企业，才是本行业、本领域的领跑者。

企业还应当了解到，站在价值链的最高端，将会提高本行业、本领域的整体质量。结果是共赢、互惠。这是因为，本行业、本领域中的各个企业，彼此既是竞争对手，又可能是合作伙伴，如存在配套关系，相互提供服务。这样，本企业越有更多的自主创新成果，就会越加快本行业、本领域的资产重组，进而使本行业、本领域的整体质量会提高。如果某一家企业是本行业、本领域中的领跑者，那么它更有可能带领价值链上各个相关企业共同升级、转型。当然，并不排除本行业、本领域中新的竞争对手的涌现。对国民经济来说，这也未尝不是一件好事。

这从另一个角度告诉我们，在创意、发明、创新、创业的道路上，任何企业都不能满足现状，都需要在现有基础上继续前进而决不能自满、止步。然而，在这里有一个必不可少的合适制度环境。下面从五个方面对此进行分析。

1. 要有一个由市场主体投资决策的体制。创新和创业都是需要投资的。创业成功或取得成效以后，扩大生产规模更需要投资。如果市场主体没有投资的决策权，政府审批手续繁琐，迟迟未能批准，那就会错过最佳时机，创新和创业都不可能取得实际的成效，市场占有率也不可能增加。因此，必须简化政府审批手续，减少政府干预，只要符合国家产业政策，就准许市场主体做出决策。这就会大大鼓励市场主体从事创新和创业。

2. 要形成公平竞争的市场环境，特别要切实取消所有制歧视和企业规模歧视。众多市场主体都在进行研究开发，准备实践新的设计成果。它们理应处在同一个平台上，形成公平竞争。无论是所有制歧视还是企业规模歧视，都应取消。在公平竞争前提下，出发点是相同的，差别是竞争的结果。

3. 要有一整套政府在税收、信贷、奖励等方面帮助创新者和创业者的优惠措施。政府根据国家经济发展战略和产业政策，在不同行业、不同领域的企业扶植方面，实行轻重缓急区别对待的做法。但有一个前提是不可忽视的，即公平对待所有的企业，没有所有制歧视和企业规模歧视，只按创新和创业的贡献以及在国民经济中的重要性来给予扶植，给予优惠和奖励。

4. 要有一整套严格的知识产权保护的法律、法规和规章制度。缺少知识产权保护的法律、法规和规章制度固然是对创新者和创业者的沉重打击，但有法不依、执法不严、违法不究，危害性更大。因为这样一来，创新者和创业者就丧失了信心。而他们信心的丧失，对国民经济的危害性是难以估量的。因此，必须使知识产权的保护落到实处，否则，创新、创业都会落空。

5. 要有一整套激励从事创新和创业活动的企业内部产权分享制度。根据国外创新型企业的经验，企业内部产权分享制度是一种行之有效的激励制度。这就是，为了调动企业内部职工的积极性，特别是为了调动企业中从事研究开发的专业人员的积极性，以企业的产权分享作为激励方法，使专业人员、广大职工不同程度地可以按优惠价格或在一定时间内以约定价格购买本企业的股票，或者以奖励方式给做出贡献的专业人员和职工一定数量的股票。于是很自然地掀起了企业内部的自主创新热潮，并且在这个过程中形成了一支有研究开发实力的团队，团队成员提出不少有价值的创意，在发明、创新、创业方面做出了贡献。

综合以上五方面的分析，可以得出如下结论，合适的制度环境是创新和创业的必要前提。

二、中国制造业的产业升级

制造业是工业化大国中最重要的产业。中国经过100多年的奋斗，终于成为世界制造中心，是一件值得庆贺的大事，这是中国人的骄傲。不要听信某些人的说法，说这不是好事，是把中国的廉价劳动力和廉价的资源产品拱手让出去，使西方发达国家得到了实际好处。哪有这么一回事？我们说，中国成为世界制造中心是一个里程碑，我们还需要继续努力，争取使中国早日成为世界创造中心之一。但中国作为世界制造中心这个地位不要放弃，也不能丢掉。路总是一步一步走出来的。作为一个大国，只有先成为世界制造中心，今后才有可能在此基础上成为世界创造中心之一。

1. 中国制造业面临的亟待解决的问题

一是要素成本上升，尤其是工资成本上升。工资成本上升是不可避免的，工业化到达一定程度后，工资成本继续偏低反而不正常。其他要素成本，如土地成本、厂房建筑或租赁成本、某些原材料和燃料成本、运输成本，也都因供给增长不够快而需求则一直旺盛，呈上升趋势。这也是工业化推进过程中经常遇到的现象。不管怎样，成本增长成为中国制造业企业面临的难题之一。

二是国际竞争激烈。受国际形势影响，近年来一些发达国家的市场不振，以至于中国制造业企业订单下降。先是美国发生金融风暴，后来又是欧债危机的困扰，使中国制造业面临的出口困难增大。加上在有些产品，如纺织品、食品等工业产品的制造方面，中国还遇到一些东南亚国家的竞争，订单减少。

三是中国制造业企业长期居于制造业价值链的中端和低端，盈利空间狭窄，企业处境困难。这一现象表明，如果制造业企业能够处于价值链的高端，在经济形势不利于制造业时，处境要相对好一些；如果处于价值链的中低端，企业的日子显然不好过。不止中国制造业如此，其他一些国家的制造业同样如此。

四是资金普遍紧张，融资难，技术升级难，发展也难。这是中国制造业企业经常遇到的难题。为什么融资困难？总的说来，有两方面的原因：一方面，近两年宏观经济上采取控制货币投放的政策，制造业企业通常感到贷款困难；另一方面，制造业企业在利润率低下的情况下，经营困难，特别是受到东南亚国家劳动力价格和土地价格低廉的影响，经营前景不看好，于是金融机构对国内制造业企业的贷款较为谨慎，害怕有较大的贷款风险。这样一来，民营制造业企业纷纷撤离制造业，或转移到境外投资，或转入虚拟经济领域，如房地产炒作等。

五是由于中国制造业企业缺少国际知名的品牌，在国际市场上知名度低。正因为如此，所以中国制造业企业，尤其是一些日常生活用品的制造业企业利润率低，只能赚取加工费。这可能是中国制造业企业长期不重视品牌建设的结果，然而，知名品牌的建设和树立，绝不是短期内就能达到的目标。

根据以上分析，可以肯定地说，中国制造业的出路在于自主创新和产业升级。

要知道，在任何一个市场经济国家，企业都是市场主体。自主创新和产业升级都依赖于企业。不管是国有企业、国家控股企业、民营企业还是各种混合所有制企业，它们只要有自主经营权，就都承担着自主创新和产业升级的任务和责任。政府起着规划者、引导者和协调者的作用，应当严格按照产业政策给予相关企业帮助，并按公平竞争原则来对待每一个企业。

2. 制造业企业自主创新和产业升级的要点

一是通过制造业企业的自主创新和产业升级，实现从制造业价值链低端上升到中端的位置，并使一部分较为领先的企业升到高端位置。但这并不意味着处于价值链低端和中端的企业不重要，因为处于价值链高端的企业照样需要处于价值链低端和中端的合作伙伴。加之，在中国，就业压力一直是较大的，要靠许许多多处于价值链低端和中端的制造业企业来缓解。而且处于价值链高端的企业也不一定是大型企业，只要技术领先就可以了。

二是制造业企业的自主创新和产业升级一定要与产业结构的优化和产业结构调整配合。在现阶段的中国，要统筹解决以下问题：如何促进短缺部门的发展和增加短缺产品的供给？如何消除产能过剩现象？如何实现资本向实体经济，尤其是制造业的回归？等等。

三是位于价值链低端的劳动密集型中小企业同样需要自主创新，但它们如何自主创新则是一个有待探讨的问题。珠江三角洲中小企业自主创新的经验是：①设计创新。包括玩具业、服装业、家用日常用品制造业在内的许多中小企业主都认为，产品设计创新是可行的。②产品新功能。同样是一种产品，如果给它增添了新的功能，就能打开销路。③原材料精选。这是指有些产品，如日常生活用具，如果在原材料上做一些精选，产品档次就会上去，会受到消费者的欢迎。④节能减排。这是经过企业努力可以做到的。⑤与同行业的其他企业合作研发新产品。

由此看来，即使是制造业中的中小企业，在自主创新上仍然大有可为。

三、中国制造业的市场前景

关于中国制造业的市场前景，首先要摈弃悲观失望的情绪，要有信心，对前景抱有乐观的情绪。前面已经说明，自主创新和产业升级是中国制造业的出路，现对中国制造业的市场前景再做进一步的分析。

1. 要了解国际制造业产品市场仍有很大发展空间，要依赖国际竞争力来开拓、争取。对中国制造业企业来说，这既是机遇又是挑战。中国制造业企业只要努力，发展机会是存在的，我们没有理由在这场竞争中失去信心。

2. 要懂得要素成本的上升，包括工资水平的上升，从来都是靠技术突破来缓解的。技术有了突破，不仅成本会降低，而且品牌也树立起来了。品牌总是由不断创新来支撑，品牌也是打开新市场的敲门砖。

3. 为了开拓国内国外新市场，中国的制造业企业除了在自主创新和产业升级方面狠下功夫以外，还应着重在营销和产前产后服务等方面努力。需求也是可以靠创新产品供给提升的，市场份额的扩大只可能是老产品推陈出新和新产品具有巨大吸引力的结果。对技术研发人才要重视，要调动他们的积极性，但应当注意，营销人才同样要受到重视，他们在开拓市场的过程中起着同样重要的作用。

4. 国内的制造业企业，不分国有企业、民营企业、混合所有制企业，要“抱团”，要合作开发，形成共赢的格局。在开拓市场方面，不同所有制制造业企业各有优势，比如说，国有制造业企业一般规模大，资本雄厚，人才众多；民营制造业企业一般机制灵活，自行决策，自负盈亏，敢于冒风险等。

一般来说，国有企业、民营企业、混合所有制企业有四种合作开发新技术、新产品的模式：

一是横向模式，又称产业链模式。这是指，在某个制造业的产业链上，有各种不同所有制、不同规模的企业。其中，有些企业愿意共同攻克本产业链上的薄弱环节，取得进展后将有利于解决本产业链上的瓶颈问题，产业链上所有企业都会因此受益。

二是纵向模式，又称同行模式。这是指，在某个制造业内，生产同一类产品的，有各种不同所有制、不同规模的企业。其中，有些同行企业愿意共同攻克本行业中的薄弱环节，取得进展后将有利于解决本行业的瓶颈问题，和克服本行业的共性难题。

三是子公司模式，制造业中生产同类产品或产业链上相互衔接、配套的国有企业、民营企业、混合所有制企业，经过协商，共同出资，组成一个子公司，专门从事研究开发，以解决制造业中遇到的技术难题。

四是国家立项的某个重大课题，以公开招标方式吸收各种制造业的生产厂家、研究机构，甚至高等学校共同参与；或将该重大课题分解为若干子课题，让投标单位竞争获标。这也是一种产学研合作方式，这种合作方式还可以应用到建设研究院（所），形成经常化运作。

总之，在技术创新中，企业之间的合作形式、产学研方面的合作形式，是多种类型的。在国际市场上，只有中国制造业企业、中国制造业产品、中国品牌，不分国有企业还是民营企业。

（原载《全球化》杂志2013年第12期）

城镇化过程中的资源配置问题

中国目前正在大力推进城镇化。从某种意义上说，城镇化是一场牵涉面极广和影响极其深远的生产要素重新组合，也就是旨在资源重新配置、有效配置的经济改革。毫无疑问，资源配置效率必然成为社会各界普遍关注的大问题。在人们的记忆中，改革开放以来已经有大批农民工流往沿海城市和内陆省份的一些城镇，各地的城镇也都陆续扩建。虽然从计划经济体制的角度来看，人口的流动以及其他生产要素的流动都显得是“无序的”，但从中国经济发展的角度来看，这种状况却仍然符合经济规律，“无序”之中仍然“有序”，这主要指生产要素由供给过多的地区向供给不足的地区流动，供求关系正在趋向平衡，至少是趋向供求差距的缩小。这就是市场机制的作用。市场是一只无形之手，资源配置的效率是通过市场机制的作用而表现出来的。如果说改革开放之前的计划经济年代内，城市的发展和农村人口向城市的转移是按计划配额进行，看似“有序”，但那只不过是计划配额下的秩序，计划配额隐藏着深层次的结构性矛盾，暂时被掩盖了，等到日子长久了，再也掩盖不住了，一旦全盘暴露，损失已难以弥补。

一、坚持资源配置的市场导向

在社会主义市场经济体制下，市场调节是起决定性作用的。凡是市场能够调节的应当由市场调节，政府只从事市场做不了或做不好的事情。这样，市场和政府之间的界限就清楚了，市场调节的局限性也就清楚了。就资源配置而言，市场调节的局限性主要表现在以下四个方面：

1. 资源配置的市场导向是从经济效益出发的，然而在有些部门、有些行业或有些地区，资源配置还涉及社会效益问题，这是市场调节的一种局限性。因此，从社会效益的角度来考察，政府调节依然有其必要性。

2. 由于资源并非是无限供给的，在资源有限供给的条件下，如果仅仅依靠市场调节，资源价格可能急剧上升，结果不一定形成资源的有效配置。土地供给就是一个明显的例子，淡水资源的供给是又一个明显例子，所以为了资源配置有效，政府调节不能缺少。

3. 资源配置的市场导向有可能使区域收入差距扩大。这是因为，西部地区，尤其是偏远山区一带的自然条件和经济发展基础设施都比较差，在市场调节之下，资源配置的结果有可能使东部更富，西部更穷，因此市场调节的局限性会越来越显现出来。这表明政府调节对协调东、中、西部关系的重要性是不可忽视的。

4. 同样的道理，资源配置的市场导向也可能使居民个人收入差距扩大。在市场调节之下，不同的居民家庭，因居住地点不同、家庭成员构成情况不同、个人知识水平和能力不同以及个人机遇不同，收入差距扩大难以避免。假定没有社会保障措施的推行，没有二次分配的调节，这同样会形成新形势下的社会问题。

以上四种情况都说明了市场调节在资源配置，也就是生产要素重新组合方面是有局限性的。但这并不否定市场调节依然起决定性作用。市场调节在资源配置方面的局限性是存在的，而且这种局限性反映了经济和社会的复杂性，远不是用经济效益大小这种单一的分析方式就能说明的。比如说，经济效益与社会效益（包括生态效益）的并存，市场主体的经济目标和社会目标（包括生态文明目标）的并存，人作为生产要素提供者的经济责任和社会责任（包括生态责任）的并存，等等，都是任何人无法回避，更是无法否认的。经济学研究中必须经济效益与社会效益兼顾、近期利益与长期利益并重，而不能只顾双重目标、双重责任中的任何一方。

那么，为什么在资源配置方面既要了解市场调节的局限性而又必须坚持市场调节的决定性作用，坚持资源配置中的市场导向呢？这主要应从市场主体的确定方面来说明。

市场主体包括参加市场交易活动的各类企业和各种不同身份

的个人，包括劳动者、生产要素提供者、消费者、储蓄者、投资者，等等。所有这些市场主体都应当是产权清晰、自主经营、自负盈亏，并且承担法律责任的交易者，也都应当是有活力的市场参加者。他们越有活力，市场交易活动也就越有生气。市场作为一只无形之手，就越能发挥调节供给和需求的作用，资源配置效率也就越有可能上升。市场的最明显特征正是反映了无数个企业和个人的选择的自发性和自主性，进而导致资源的有效配置。倘若市场主体不是充分意义上的自主经营者，产权不清晰，自己决定不了自己的交易行为，倘若市场主体都是受限制的交易者，无法行使自己的选择权，那么市场的活力就难以发挥出来，这样的市场也就起不了调节作用或市场导向的作用，显然就是病态的市场、缺乏活力的市场。换句话说，病态的市场、缺乏活力的市场是难以成为资源有效配置的市场的。

这就清楚地说明了产权清晰、自主经营、自负盈亏的企业和个人是形成真正意义上的市场主体的前提条件，是实现有活力的市场的前提条件。资源配置的市场导向无疑是以真正意义上的市场主体为出发点的。

二、政府在资源配置中的引领作用

以上已经对市场调节的局限性做了扼要的说明。现在结合中国城镇化的推进，不妨把市场调节的局限性做进一步的阐述。

比如说，中国城镇化的推进必须兼顾经济效益和社会效益，二者不能偏废。在市场调节资源配置的过程中，企业和个人作为市场主体有可能侧重经济效益而忽视社会效益。这显然不符合城镇化目标的完整实现，所以政府的引领作用至关重要。

又如，中国城镇化的推进必须重视资源有限供给以及由此产生的约束。土地有限供给和淡水有限供给就是两个例证。因此，政府的引领作用在土地和淡水有限供给条件下有助于经济与社会协调发展。这对于城镇化的推进同样不可缺少。

再如，由于区域发展不平衡，所以在推动城镇化的过程中，政府应当统筹安排，协调东、中、西部的发展，不要扩大各个不同区域的收入差距，不要为今后的经济社会发展增添困难。这又是一个有待于政府发挥引领作用的问题。

此外，由于多年来经济发展已经造成居民收入差距的增大，所以在推进城镇化过程中，政府应当致力于帮助低收入家庭提高收入水平，并在城乡社会保障一体化和二次分配方面实行有效的措施。

基于以上的考虑，政府在与城镇化有关的资源配置方面的引领作用应得到高度重视。具体地说，政府在城镇化过程中的引领作用着重表现于以下五个方面：

1.政府应抓紧规划的制定。无论从全国范围还是从省（市、自治区）、地级市，甚至从县城来看，城镇化规划的制定都是重要的。尽管规划都是指导性的而不是指令性的，但有了规划作为指导，既可以使各级政府心中有数，避免盲目性，又可以调动各界提高参与城镇化建设的积极性。

2. 政府应把经济增长、结构调整、支撑产业的建立、民生改善和生态文明建设统筹安排，统一考虑。这是市场主体（包括企业和个人）力所不及的。政府及其负责人要遵守法律法规，依法办事，有法必依，违法必究。政府的威信是在法治中建立并被居民认可的。

3. 政府对于城镇化过程中可能出现的重大问题，应有预案，不要因突发事件而陷入被动状态。突发事件既包括社会纠纷，也包括自然灾害。事前事后政府要多征求人民群众的意见，要多向他们做解释，尽可能化解纠纷，以保证问题得到妥善的解决。

4. 在城镇化过程中，经常遇到土地转让、房屋拆迁、招商引资、工程招标等事件，城镇管理部门的有关工作人员往往处身其中，会有经济上的牵连。在这种场合，工作人员一定要遵纪守法，严于律己，清廉自守，否则一旦发生收贿、贪污、谋取私利等行为，不仅会在城镇化过程中大大败坏政府的声誉，损害政府的形象，而且会使城镇化工作受到挫折。不要以为这只不过是个别政府工作人员的违法违纪事件，实际上这是关系到城镇化能否得到广大群众支持的大事。

5. 地方各级政府在本地城镇化推进时，要防止铺张浪费、追求奢侈豪华的痼疾。在一些地方，政府办公大楼超标准设计，富丽堂皇，似乎非如此不足以显示气派。政府领导人的别墅区的建筑，同样是群众指责的对象。城镇化是要花费投资资金的，但应从中国目前的实际状况出发，在办公大楼建设、领导人住所建设等方面要符合国情，否则不仅浪费资金，而且严重脱离群众，造成群众对城镇化政府及其领导人的不满，为害难以估计。这是各级政府领导人必须警惕的。

三、政府在资源配置中应当尊重市场规律

在城镇化过程中，资源配置方面的大量交易活动是各个市场主体（包括企业和个人）自发进行的。政府可以制定城镇发展规划，但不能以下达指令的方式命令企业和个人如何投资，如何储蓄，如何消费。迁移到城镇的农民，到哪个单位、哪个工地、哪个企业务工，由这些农民自行选择再做决定。假定他们不打算务工，而准备做小生意，或开个小作坊，也由他们自行决策。这一切都应是市场导向，政府不包办、不下指令。这样，不仅符合农民自己的愿望，而且他们经过碰碰试试，自己探索，自己总结经验教训，最终是可以找到合适的就业岗位的。如果他们在甲地找不到适当的机会，未尝不可以转到乙地、丙地去找工作。

寻找就业机会是自主的，寻找投资机会同样如此。民间资本在城镇化过程中是流动的。民间资本的流动性反映了市场的活力。政府有政府掌握的信息，民间资本持有人也有自己掌握的信息。他们可以参考政府所提供的信息，但投资决策在任何情况下都应由投资人自己决定。民间资本持有人更相信自己掌握的信息，因为他们的信息渠道多，而且亲戚、朋友、同乡、同学多，

生意往来联系面广。更重要的是，他们把在市场上的各位亲戚、朋友、同乡、同学都看成是自己的社会资本，只要自己讲信誉，自会得到亲戚、朋友、同乡、同学，甚至“亲戚的亲戚”“朋友的朋友”“同乡的同乡”“同学的同学”的帮助，互相拉一把，扶一下，就有商机出现。这就是市场自发的力量。投资愿望正是这样实现的。

还可以以某些城镇的支撑产业的成长和发展为例。每个城镇在建立自己的支撑产业的过程中，都有自己的特色。这里有说不完、数不尽的故事，都是一些创业者艰苦拼搏的创业经历。除了矿产资源丰富的城镇以采掘矿产和初步的加工作为本地支撑产业而外，凡是以具有本地特色的工业品、手工艺品和特殊工艺品生产作为支撑产业的城镇，几乎无一不是靠民间资本持有人的投资而兴建起来的。大到制造业工厂，小到小微企业，甚至还有大批小商贩、小摊主、小代销店主等都围绕着这些有特色的产品而奔走忙碌。这岂是依靠政府包揽一切的安排所能做到的？

由此清楚地看到，市场在资源配置方面的主导作用绝不是政府所能替代的。政府只做市场做不了和做不好的事，政府要尊重市场规律，尊重市场在资源配置方面的调节作用。这样，政府调节和市场调节的界限就清晰了。市场主体的积极性、主动性、创造性也被调动起来了。

四、资金融通的重要性

在城镇化过程中，与资源配置的调整密切相关的资金融通问题大体上有四个，它们是：

1. 为实现陆续进城的农民及其家属子女的市民化，地方政府必须拨付保证城乡社会保障一体化的资金。地方政府如何筹措这样一大笔资金，是一个难题。假定按照现有资料，一个农民户籍的人要转为城镇户籍，在中小城市大约每人要花费10万元，大城市约花费20万元，甚至更多。因此，这对于地方政府来说，解决筹资融资难题必须找到可行之路。

2. 城镇化过程中的进城农民和今后陆续成年的农民子弟需要有就业岗位，还有，城镇中的原有居民子弟中也有一批人达到就业年龄，就业压力是巨大的。因此，城镇当局必须始终关注本地的经济增长和繁荣，新的就业岗位总是在经济增长和繁荣中涌现出来的。城镇当局对本地经济增长和繁荣的支持集中反映于对民营企业和小微企业的鼓励和扶植上，迫切需要解决的是民营企业，尤其是小微企业的融资难问题。解决融资难的途径较多，与城镇经济发展直接有关的是两项措施：一是多建立针对民营企业和小微企业贷款活动的小型贷款机构，如村镇银行、小额贷款公司、资金互助社、小额担保公司，便于民营企业和小微企业能及时融到资金；二是鼓励大银行（包括国家控股的商业银行，以及股份制的商业银行）眼睛向下，把城镇小额贷款列入自己的贷款业务范围，同时着手解决从事小额贷款业务而无法回避的风险较大和成本较高的问题。

3. 在城镇化推进过程中，为了使农村出来的人口逐步融入城镇社会，民间资本有着很大的积极性，但在全国不少地方发现一个普遍现象，即民间资本依然有相当大的份额处于地下状态，至少是半地下状态。原因究竟何在？其中很重要的一个原因是民间资本持有人的信心不足。他们怕露富，怕公开活动后被人们盯着，更害怕被追究资本的积累过程，比如说，所积累起来的资本是否来自走私活动，是否来自高利贷行为，或者来自其他不光彩的经历，以至于这些民间资本的持有人宁肯继续以半地下半公开的身份从事经济活动，有利就投，见形势不好就收。本来，民间蕴藏的大量资本是可以参与城镇化建设的，却由于民间资本持有人至今仍存有种种顾虑且未能消除，所以一方面，城镇化建设中依然缺乏资本投入，另一方面，仍有大量民间资本游离于资本流动的正常循环渠道之外，成为地下金融的重要部分。因此，设法使民间资本持有人解除政策顾虑是一个有待于继续研究的课题。

4. 在从20世纪90年代后期东南亚金融风暴到21世纪第一个10年后期的美国次贷危机、欧洲某些国家的主权债务危机期间，中国商品外销遭遇了巨大的风险和动荡，出口订单锐减，外向型企业减产、停产、倒闭，打击接连而来。中国企业得到的一个沉痛教训是：资金链千万不能断裂，产业链应当一直保持畅通，万一资金链断裂了，产业链断裂了，许多城镇的经济就会陷于瘫痪状态，不用说城镇化难以继续推行下去，就连已经进城多年的农民工，农民身份的小微企业主、小商贩、小手工业者也都感觉到很难再在城镇中经营下去、生活下去，有些就回乡务农了，而不准备务农的，则纷纷回到家乡附近的城镇去另谋出路。那么，为什么企业的资金链、企业间长期形成的产业链会突然断裂呢？而且一断裂又难以在较短时间修复呢？这与中国金融市场的脆弱性有密切的关系。

要知道，在经济增长的繁荣阶段，由于宏观经济政策通常趋于宽松，信贷是膨胀态势，企业通常以为这时的银根较松，所以并不太在意银根会突然转变为紧缩。然而，正因为中国的金融市场一向是脆弱的，并且是受严格管制的，利率并没有市场化，所以在金融领域内一下子出现紧缩的征兆（例如中央银行公布的M1、M2数字有过多的现象，或国家统计局公布的消费品价格指数有上升较快的情况），马上就会引起企业采取自保措施，即保留较多的现金，作为应急的手段。这就是民间所说的“现金为王”现象。企业保留超正常的现金储备，或者囤积必需的原材料、燃料，甚至利用手中的现金进行短期拆借活动，获得利息收入。这样，从宏观信贷和货币流通量的数据上看似乎是货币未紧缺，但从企业界所面临的实际情况看，却是“钱荒”的降临，企业的资金链告急，甚至产业链也随之告急了。这就是中国经济的特点，并且已被近些年的经历所证实。

在讨论城镇化推进过程中的资金融通问题时，根据以上的分析，我们可以清楚地了解到保持资金融通渠道的通畅十分重要。由此得出的以下四点结论，可供参考：

第一，要让地方政府找到可行的融资筹资途径；

第二，要着力解决民营企业（尤其是小微企业）的融资难，大银行要开展小额贷款业务，并且要多开设村镇银行和其他小型金融机构；

第三，要尽可能解除民间资本持有人对政策的顾虑，让更多的民间资本由地下升到地面；

第四，要加快金融体制的市场化改革。

关于这些问题，将在下面再做进一步阐述。

五、加快金融体制的市场化改革

利率市场化是当前中国金融体制市场化改革的重大改革措施，也是改革的大势所趋。关于利率市场化，争论是很多的。争论的焦点之一是利率市场化同利率自由化是不是一回事。有人认为利率市场化就是取消对利率的管制、甚至管理，听任利率自由波动，所以利率市场化与利率自由化并无差别。也有人认为，利率市场化是把利率的波动纳入市场调节的范围，但不等于政府对利率的波动不管不问，不等于利率从此无拘无束，放任自流。中国实现利率市场化，并不等于利率从此走向自由放任。政府调节作为一种高层次的调节，它应当做市场做不了的事情。如果金融市场的波动过于剧烈，引起的经济震荡已经不是市场调节所能化解的，那么政府的宏观经济调控依然必要，尤其在紧急状态下政府是可以用行政手段来处理的。美国和西欧发达国家在这方面都有过先例。所以我认为后一种观点，即利率市场化并不等于利率自由化，是符合中国国情的。

要知道，利率市场化作为金融体制改革的内容之一，应当同金融改革的其他措施平行且相互配合。金融改革的其他措施包括：金融机构的设置应当按照宏观经济发展的目标而进行调整，以弥补当前政策性银行较弱和大中型股份制商业银行较少的缺陷；银行要把主要业务放在回归实体经济方面；采取更积极更有效的措施动员民间资本参与实体经济的发展，等等。此外，在加强金融监管、防范金融风险、促进资源有效配置等方面，还需要通过深化体制改革，创造新的格局。

再以推进城镇化为例，当前有必要成立政策性的城镇建设银行。它们的任务是帮助城镇化过程中的一些城镇完成城镇中长期建设的融资筹资任务，特别是为了缓解城镇化建设中公共设施、服务性设施、廉租房建设、环境治理项目的完成等困难。城镇建设银行作为政策性的银行可以发行城镇建设中长期债券，以缓解城镇在城镇化推进过程中的债务危机。

在我们明确了利率市场化不同于利率自由化的基本特征之后，还需要认真地探讨一下现阶段利率市场化对城镇化事业的利弊比较问题。这同样是有争议的。有人认为弊大于利，有人认为利大于弊，双方都有理由，也都有依据。情况究竟如何？怎样做出判断？在这里不妨展开论述。

从有利于城镇化推进的角度分析，利率市场化主要有以下三个优点：

1. 通过利率市场化有助于调动民间资本进入金融市场的积极性，从而可以扩大金融业的规模，特别是有利于建立小型金融机构，包括村镇银行、小额贷款公司、资金互助社等。民营企业，尤其是小微企业和家庭农场、家庭林场、家庭养殖场等，平时很难得到贷款，利率市场化后，它们得到贷款比较方便了。可见，利率市场化调动了民间资本活动的积极性，这对于城镇化的进展是有积极意义的。

2. 通过利率市场化有助于抑制地下金融活动，抑制地下高利贷行为，压低地下高利贷的利率，减轻民营企业、小微企业、农民生产者和经营者的融资成本负担。这同样有利于繁荣城乡经济和增加城乡生产经营者的收入。

3. 利率市场化对所有的金融机构，不管是大银行还是中小银行，都是一种鞭策，要求它们加强经营管理，适应金融市场的变化，努力提高自身的经济效益和社会效益，否则就完全有可能在竞争中受挫。换句话说，无论大中小银行，今后都不能再躺在固定的存贷款利率之差上获得收益了。所有的银行都要既主动争取客户，又避免风险，才能维持生存，求得发展。银行自身加强经营管理的积极性的提高，无疑有利于银行的发展，有利于银行在开展存贷款业务活动中提高自己的素质和竞争力。

那么，对城镇化推进而言，利率市场化将会有哪些不利之处呢？根据我们目前掌握的资料，主要有以下两个不利之处：

第一，在利率市场化的影响下，银行之间在业务上的竞争加剧了，银行在存贷款业务上受到的冲击扩大了，这对于某些银行可能是不利的，有些实力单薄的金融机构甚至会因此陷入困境。

不过，对于这种情况，应当做进一步的分析。这就是，对某些银行来说，压力可能转化为契机，即利率市场化的压力可以迫使这些银行加快自身的改革，提升自身的竞争力。事在人为，就看这些银行能否抓住机遇。

第二，从总体上看，利率市场化实现后，国内经济的波动和金融市场所受到的震荡会加大，国际经济和国际金融方面的波动一旦发生，传递给中国的影响，也会比过去大得多，这是因为，过去存在的政府对国内利率的管制以及政府对存贷款利率之差的控制，多多少少可以减少来自国外的冲击。但利率市场化以后，这种“保护性的防波堤”失去作用了。

但对于这一点，同样可以做进一步的分析，即中国的各个银行如果总是受政府对利率的保护，从长远看是否一定是好事呢？这也是可以探讨的。利率市场化对于市场经济国家迟早会实现。只要与利率市场化改革紧密联系在一起的配套性改革能相继推出，那也未必不利于中国金融市场的发展。

六、城镇化中的生态文明建设

在工业化和城镇化平行推进的过程中，政府一直面临着两难选择：一方面要保持持续的经济增长，另一方面要维持环境的清洁和良好，二者必须兼顾。但究竟怎样协调持续的经济增长同良好的生存环境之间的关系，却是一个摆在政府面前的难题。在西方国家工业化和城镇化平行推进的过程中，曾经试行过一些做法，如“先污染，再治理”“边污染，边治理”，以及“发展与环保交叉进行”等，但全都不见成效，每一种做法的结果都引起城乡居民的不满，导致城区居民纷纷迁出城区，搬到近郊、远郊，甚至附近的乡村居住，而寻找工作的穷人连同他们的家属则不断照常迁进城区，以致城区污染和拥挤如故。

然而，造成环境破坏和环境污染的直接责任者主要不是政府，而是在建设和生产过程中破坏环境、滥采资源，以及排放废气、废水、废渣的企业，包括那些生产出有损于生态的产品的企业（如生产农药、化工产品、纸张、金属及其制品，以及其他破坏环境清洁的企业）。使用这些产品（如汽车、农药、化肥等）的企业和消费者同样负有责任。政府的责任在于：规划不当，或监督不严、惩罚不力，以致对造成污染的生产者和消费者没有尽到环境维护者的责任。特别是政府担心关闭这些企业可能给地方财政收入和地方经济带来重大损失，而迟迟不愿着手治理环境。结果，地方生态继续恶化，政府因此陷入困境。而等到环境问题已经日趋严重之后，即使政府禁止新建会造成污染的企业，关闭已经造成污染的企业，但已经被破坏的城乡生态环境如何恢复呢？已经受到严重污染的水源、土壤如何治理呢？这些都需要政府投入大量人力、物力、财力。在城镇化继续推进的过程中，地方财政能负担这一切的费用吗？看来，“先污染，再治理”“边污染，边治理”“发展与环保交叉进行”等做法已经不适用于城镇化建设了，那么政府究竟应当采取什么样的有效对策呢？这就是现阶段地方政府不得不面临的重大问题。

根据不少地方近年来的环境治理和生态恢复的经验教训，政府态度的转变是前提。政府应重视环境保护，实行“先规定严格的废气、废水、废渣的排放标准，再批准开工建设和投产”的做法，才是可行的。“环保一票否决”的原则不容许废弃，无论这会引起多大的争议，都必须坚持下去。政府必须清醒地认识到，在保持人与自然和谐的基础上发展经济，科学技术的进步和制度、体制的完善二者缺一不可，并且二者是相辅相成的。城镇化的继续推进，必须坚持生态文明建设的必要性。而科学的技术进步和制度、体制的完善相比，制度、体制的完善可能比新型科技装备的引进和利用更加重要。

这显然意味着城镇化推进方式将有重大的转变。数千年以来，城镇就已形成，直到工业化开始以后，城镇一直流行的兴起和发展方式，就是人们单纯向自然界索取资源的方式。工业化以前，经济增长率低下，主要是农业、畜牧业、手工业的发展。虽然对环境的破坏这时已经开始，但对环境的破坏还不严重。工业化以后，人对自然界的索取越来越多，对环境的破坏也越来越严重，以至于到了工业化中期以后，形成了人们对自然界疯狂掠夺的格局。等到人们开始醒悟，已经晚了，对自然界恣意掠夺的结果所造成的灾难已十分严重，这样才有今天强烈要求人与自然界保持和谐发展的世界性行动。中国当前的城镇化正是在这种大背景下推进的。中国当前的绿色增长、绿色GDP、绿色就业、绿色消费以及绿色城镇化等承诺，也正是在这种大背景下提出的。

七、绿色城镇化

绿色城镇化已经被公认为现阶段城镇化的重要内容。怎么实现这一目标，有必要从以下三个方面谈起。

1.绿色增长和绿色GDP

城镇化要靠经济增长来支撑，经济的持续增长表现为国内生产总值（GDP）的持续增长。新型城镇化要求发展方式有重大的转变，即不再以一般的经济增长、一般的GDP增长作为目标，而强调以绿色增长和绿色GDP为经济增长的标志。

比如说，在经济增长过程中，如果在GDP增长的同时，废气、废水、废渣的排放给环境带来污染，或者即使没有排放有毒的废气、废水、废渣，但二氧化碳的排放却超标了，这同样应排除在绿色增长范围以外，因为这不符合经济低碳化的标准。

因此，绿色增长、绿色GDP的实现，一方面有赖于制度、体制的完善，即必须有制度、体制上的保证，才能使清洁生产和低碳化的需求落到实处；另一方面，在工艺设计、新产品设计中应有较大的突破，设计中应当把清洁生产、原材料和燃料的选择、节能减排和低碳化的新标准考虑在内，从而找到实现绿色增长和绿色GDP的途径。

2.绿色就业和绿色消费

绿色就业是指：城镇化推进过程中，就业岗位总是在经济增长和繁荣的条件下增加的，因此，城镇在考虑增加就业机会时不能置生态文明建设于不顾，而一定要考虑所增加的就业岗位是否符合清洁生产、环境治理和修复，以及经济低碳化的要求。

比如说，城镇的绿化、园林化和城镇所辖的区域内扩大造林面积、治理已遭破坏的生态环境等工作所增加的就业，就属于绿色就业之列。即使是新建的工业企业、扩建的工业企业，如果能够符合清洁生产和经济低碳化的要求，那么由此增加的就业也属于绿色就业的范围。比较困难的问题在于以下两项：

一是家庭农场、家庭养殖场、家庭蔬菜大棚的生产，是否符合清洁生产的要求。这是不容易掌握标准的。比如说，测试农药、化肥的施用是否符合环保的要求，就需要有一定的检查手段，所以有时就难以符合标准。这既要依靠检查，更要依靠农民们的觉悟。但检查始终是必要的，要形成一种制度。

二是小微企业、个体工商户，以及零散的小商、小摊主和食品供应户。他们习惯于自己制作、自己加工、自行销售。这同样需要有一套检查质量标准的制度。与此有关的还包括绿色消费的推行。实际上，绿色消费的推行还要依靠公众广泛参与和监督。

3.公众广泛参与和监督

这里所说的公众广泛参与和监督对于绿色城镇化也是必不可少的。没有公众的广泛参与和监督，不仅绿色消费难以实现，而且绿色生产同样难以实现。例如，公众监督对防止工业企业排放废水、废气、废渣的行为，特别是暗地里排放的行为就很有效。还有，家庭生活废品的分类回收，对城区绿地的保护，对野生动物的保护和濒危物种的拯救，拒绝食用国家保护动物，抵制不文明的饮食习惯，对环境修复和爱护，对食品市场的监督，以及节水节能节电的行为，等等，也只有在公众广泛参与和监督之下才能取得更好的效果。

在城镇化节水中，包括在生态文明建设中，公众应有知情权、监督权。政府换届时，对到届的政府官员在任期内的环境保护和环境治理的政绩的评价，对新一届政府在这方面的承诺，以及今后履行承诺的情况，公众的参与将起着十分重要的作用。对于一切已经造成或可能造成生态破坏的企业及其领导人而言，公众的监督同样是有效的。保护环境是一切企业都应该履行的社会责任，企业（不管是国有企业还是民营企业）违背了这一社会责任，都会遭到公众的抵制。企业不仅将因此失去消费者和合作企业的信任，而且会失去市场，甚至会遭到比政府处罚更大的经济损失。

最后还应指出，我们通常说到在城镇化建设的过程中要努力发展环保产业。其实，环保产业有狭义和广义之分。狭义的环保产业主要包括制造环保设备、仪器，以及净化环境的各种物品的行业，和运用环保设备等从事净化环境、恢复受破坏的环境的有关行业。而广义的环保产业，则包括绿化造林，土壤改良，治沙，治石漠化，净化江河湖泊和海岸滩涂，资源回收和利用等行业。无论是狭义的环保产业还是广义的环保产业，公众都有参与的积极性和可能性。环保事业需要众多的志愿者，志愿者的介入有助于环保事业的发展。志愿者队伍的不断扩大，也是积极推进城镇化和实现绿色城镇化的重要因素。

（在北京大学光华管理学院研究生班的讲话，2013年12月）

2014年

谈谈产权改革的若干问题

近年来，我对产权改革问题比较关注，这里结合中共十八届三中全会通过的《中共中央关于全面深化改革若干重大问题的决定》（以下简称《决定》）的有关精神，谈谈有关产权改革的几个问题。

一、关于产权：没有产权界定，就谈不上市场经济

贯彻落实《决定》的精神，一个很重要的实践问题就是产权界定问题。因为没有产权界定，就不能形成真正的市场主体，就谈不上市场经济。

关于产权改革和非均衡经济中的市场主体，我在20世纪80年代末写作、90年代初出版的《非均衡的中国经济》一书中有所论述。其实，非均衡是一个普遍现象。非均衡可以分为两类：一类

是资本主义国家出现的非均衡，主要是因市场不完善和存在着垄断等情况而形成的；另一类是中国这样的非均衡，即除了市场不完善以外，还缺乏市场主体。为什么会缺乏市场主体呢？因为产权不明晰，产权没有界定；没有产权界定，当然就不会有真正的市场主体。所以我当时提出的主要观点是股份制改革。我认为，股份制是明确产权最有效的办法，因为只有产权明确了，市场主体才能形成，这样中国才能走上市场经济的道路。

中国的产权改革到现在为止尚未完成。为什么呢？虽然国有企业进行的产权改革相当有成就，但是还不彻底，还要继续努力。另外，从全国范围看，广大农民的产权至今没有明确界定。这么多农民，他们作为农产品的种植者、销售者，照理说都应该是市场主体，但因为产权没有界定，农民实际上并没有产权，从而没有财产性收入，所以到现在为止仍算不上是真正的市场主体。

加快发展社会主义市场经济，我们仍然需要推进产权改革。因为不妥善解决农民的产权问题，不继续解决剩下的国有企业的产权改革问题，我们的市场经济就很难发展成为有效的市场经济。所以，《决定》指出："健全归属清晰、权责明确、保护严格、流转顺畅的现代产权制度。"这是完善社会主义市场经济体制的必然要求。

二、关于土地确权：农村改革最重要的环节

“允许农村集体经营性建设用地出让、租赁、入股，实行与国有土地同等入市、同权同价。”“完善土地租赁、转让、抵押二级市场。”《决定》中的这些规定，对于推进农村改革、进一步解决“三农”问题具有重要意义。当前，农村改革从哪里启动？最重要的环节在哪里？我认为，就是土地确权。去年中共十八大结束后不久，我带领全国政协经济委员会的调研组到浙江的杭州、嘉兴、湖州三个市下面的县做了土地确权的调研。我们经过调查、座谈，听取市政府的汇报，感觉土地确权的确是一场受农民欢迎的大变革。

1. 农民心里踏实了。对于土地确权，农民说：“我们不怕别人随意侵占土地了。承包地的经营权、宅基地的使用权、宅基地上房屋的房产权都已经明确了，他能够随便圈我的地吗？能够不经过我们同意就把房子拆了吗？他不敢！”土地流转，也使农民心里踏实了。要知道，农村土地流转到现在为止还很少。因为以前如果农民用土地入股，他们会怕入股以后土地就归别人了。现在不一样了，土地确权以后入股，农民的股权有了保证。土地出租以后产权不变，所以农民放心了，踏实了。

2. 城市人均收入与农村人均收入之间的差距缩小了。例如，嘉兴市的汇报明确地讲：在土地确权以前，城市人均收入与农村人均收入之比是3.1∶1，土地确权以后调查的结果是1.9∶1。为什么会缩小那么多呢？我们在农村开座谈会时，听到有的农民

说："土地确权了，我放心了。一方面，我扩大了种植业、扩大了养殖业。另一方面，我宅基地的旧房子拆掉了，盖成几层楼的新房。"我们调研时去的那个村子，农民都盖了四层楼。我当时问了一位农民："你住得了吗？"那位农民回答："家里人少，我只住两层就够了。第一层出租，租给别人开店、开作坊，另外三层，价钱不一样，他愿意租哪一层就租哪一层。这样，我就有房租收入了。另外，土地确权以后我不怕了，土地流转以后我可以到外面去打工。"所有这些都表明，城乡收入差距在缩小。

3. 还有一个意想不到的好处就是耕地面积增加了。这是因为：土地确权之前，要重新丈量，丈量以后发现耕地面积增加了20%。怎么会增加20%呢？主要有如下原因：一是当初承包制开始的时候，土地质量差别大，所以好地一亩算一亩，坏地两亩折算为一亩。经过30年的承包和农民精耕细作后，土地质量差距不大了，所以这次土地确权前重新丈量时，都是一亩算一亩，这样土地就多了。二是过去土地都分成小块的，有田埂，用牛耕作。重新丈量土地时，田埂扣除不算耕地，田埂两边挡住太阳的地方也不算耕地。现在，田埂都拆掉了，农民用拖拉机了，于是耕地也就多了。三是当初农民要交农业税，所以村里对于耕地基本上都是少报。比如，一亩三分地报一亩，家家如此。现在不同了，不用交农业税了。而且，土地刚丈量完毕，大家都实报，没人少报，因为少报吃亏。少报土地，土地入股后股份少，土地出租面积也少了。这样，重新丈量后，耕地增加了20%。农民都很开心。

土地确权将使农业大有希望。今年中央一号文件提出，要推行家庭农场制。这次中共十八届三中全会《决定》也明确提出：“鼓励承包经营权在公开市场上向专业大户、家庭农场、农民合作社、农业企业流转，发展多种形式规模经营。”这也将会给农村带来一些大变化。现在，世界上只有西欧、美国、加拿大有真正意义上的家庭农场制，中国还没有。中国要推行家庭农场制，要提高家庭农场主的技术水平和劳动生产率。农民还要懂经营，要采用规模经济的做法。

三、关于国有企业：行政干预太多

《决定》对于我国今后的国有资本体制改革将产生重要影响。一般说来，国有资本体制改革分两个层次：高层次的是国有资本配置体制的改革，低层次的是国有企业管理体制的改革。《决定》指出：“完善国有资产管理体制，以管资本为主，加强国有资产监管。”因此，不妨可以这样改革：国资委下面设立若干个专业的或综合的国家投资基金公司，负责国有股权的增加和减少：哪个部门是短缺的，哪个是新兴产业，要增加投资；哪个是产能过剩的，哪个是效益不好的，把国有资本撤走。这样，资源配置的效率就能提高了。

中共十八届三中全会《决定》提出要“使市场在资源配置中起决定性作用”，这突出强调了市场在资源配置中的地位和作用。为什么强调资源配置呢？经济学中原来所讲的效率是生产效率。生产效率多年以来一直是一个传统的概念，着重点是生产单位的投入和产出之间的关系。一定的投入下，产出增加了，表明效率提高了；一定产出下，投入减少了，效率也提高了。这就叫生产效率。20世纪30年代以后，经济学中开始出现了资源配置效率。资源配置效率是另外一个意义。假定投入既定，用A方式组合生产要素，配置资源，可以产生N效率；用B方式组合生产要素，配置资源，可以产生N+1效率。这就表明资源配置效率提高了。所以，一定要重视资源配置。

资源配置效率与生产效率的意义不同，对宏观经济来说可以更有效。资源配置效率会带来两个观念变化。一个观念变化是：过去经济工作中，管融资的企业职员，从事人事组织工作的职员，从事宣传工作的职员和做行政管理的职员，都被看成是非生产人员。他们不在生产第一线，生产效率跟他们没有关系。资源配置效率提出后，情况就变了。管融资的人，使资源得到更好的配置；管人事组织工作的人，把人力资源配置到最佳位置；做宣传工作的人，调动了每个工作者的积极性；做行政管理的人，把物质资源跟人力资源更好地结合在一起，可以使效率提高。这样一来就不能认为从事这些工作的人员与效率提高是无关的。另一个观念变化是：对资本市场、产权交易市场的看法改变了，它们都是提高资源配置效率的最佳场所。因此，要发展资本市场、产权交易市场，这是有利于资源合理配置的。

当前，国有企业的产权改革还没有完成，对国有企业行政干预太多。《决定》指出：“健全协调运转、有效制衡的公司法人治理结构。”今后，国有企业应一律按法人治理结构来管，因为它们已经是股份制企业了，有些已经是上市公司了，是独立的市场主体。

四、关于民营企业：产权必须清晰，必须界定

关于民营企业改革问题，我提出不用“体制改革”这几个字。因为用“体制改革”会引起误解：民营企业会误以为是要国有化！我提出用“体制转型”。所谓体制转型，是指民营企业的产权必须清晰，必须界定。

据调查，有些民营企业的产权也是糊里糊涂的。比方说，有些民营企业为什么现在会出问题？一个重要原因是当初成立的时候就没有很好地界定产权。因为当时有当时的情况，当时有当时的惯例，这就造成产权一开始就不清晰的状况。民营企业原来可能是家长制，因为家长是个能人，他有凝聚力，有经验，等等。后来，这些民营企业规模大了，到了第二代，是不是一定要实行家长制管理呢？根据我们在广东、浙江的调查发现，民营企业第二代中有些人是留学回来的。他们在国外学习，但不一定是管理人才，而是某一行业的专家，所以谁来接班就是个问题。民营企业中的家族企业，其接班无非是两种选择：一是选贤，谁能干挑谁，不一定是家庭成员，可以到社会上去选聘；一是选亲，挑选

跟自己的关系最密切的，如长子或者最信得过的儿子，等等。但这是不适应发展潮流的。今后，民营企业也要走完善法人治理结构的道路，企业规模扩大以后一定要走这样的道路，即采取职业经理人制度，可以从外面聘经理人，也可以从家庭内、家族内聘经理人。经理人重在能干，能把企业搞好，民营企业也能持续发展下去。

《决定》指出："公有制经济和非公有制经济都是社会主义市场经济的重要组成部分，都是我国经济社会发展的重要基础。"这涉及对国有企业与民营企业关系的认识。我认为，国有企业与民营企业既不是"国进民退"，也不是"国退民进"。它们的目标是双赢，当然，双赢的目标现在还实现不了。因为它们中不少企业还不完全是独立的市场主体，所以今后要有国有企业体制改革，要有民营企业体制转型。民营企业如果不进行体制转型，也谈不到今后的大发展。这就是当前中国的情况。

五、关于收入分配：初次分配更重要

关于收入分配体制改革，我的一个基本思路是：初次分配是重点。这跟现在一些人的看法不同。有的人认为，二次分配更重要，二次分配便于抑富济贫。也有的人认为，初次分配、二次分配同样重要，应两者并重。我的观点很明确，初次分配更重要。这里，我举几个例子说明 。

第一个例子，农民必须有产权，农民没有产权是初次分配不到位的表现。关于这一点，前面已经提到。

第二个例子，劳动力市场的情况。劳动力市场有供求双方，供给方多数是农民工和城市中的中下层，这些人都是单个进入市场的，他们是弱势一方。需求方是大企业、大事业单位，它们是强势一方。供求双方力量对比不对称、不平等。大企业力量强，工资给多少，由需求方说了算，弱势群体没有发言权。这种情况不改变行吗？国外的经济发达国家是怎么解决这个问题的？他们靠工会的力量。工会维护低收入者权益。遇到工人工资过低或者企业主欠工资不发的时候，工会替供给方说话。工会是一个强势群体，它介入供求矛盾的处理过程，双方的力量对比就变化了。农民工干了这么多年，他们也是工人，但因为他们是农村户口，工会管不着。所以，这种情况要改变。

第三个例子，农产品销售市场。出售农产品的，主要是单个农户、牧户，他们的力量是弱的，即使收购方在他们家门口把农产品收购了，供方还是弱势。而收购商、大超市，或者食品加工企业等收购方，它们是强势单位。他说不要你的产品，就不要你的产品，你到哪里去卖？你自己去卖，成本更高。所以，这种情况要改。在发达国家，农民组成了农业合作社，农业合作社有联社。我到荷兰、丹麦考察过，在新西兰也考察过，他们的农业合作社联社的力量很大，自己有车队、船队、仓库、冷藏库、码头，等等，农产品直销国外。在中国还不行，因为中国的农业合作社刚成立，都是以村、以乡为单位的小规模经营。联社现在还没有开始组建。

第四个例子，教育制度的改革。教育制度关系到初次进入市场的就业者的工资待遇情况。在中国，由于存在城乡二元结构或者城乡二元体制，往往出现这样一种情况：城市人均教育经费多，农村人均教育经费少。所以，农村义务教育校舍差、师资差、设备差，学生学习质量不高，农村的孩子读完初中以后不想升高中。他们说，升高中有什么用，反正考不上大学，考不上大学还不如现在就找工作，所以初中毕业就找工作。但是，农村孩子初中毕业找工作，能找到什么好工作？当一个简单的、重复性的体力劳动者。这在西方发达国家叫作二元劳动市场，一些人只能从事低等劳动工作。这种情况，慢慢就会在中国社会上形成社会阶层固化，或者叫职业世袭制。举个例子说，农民工的孩子还是农民工，孙子可能还是农民工，他没有其他技术，没有受过较好的教育，他不当农民工能当什么？这就影响到收入的初次分配了。所以教育资源的配置一定要均衡化。

关于收入分配问题，我强调初次分配的重要性。产权问题重要，劳动市场上的双方力量要对等，农产品销售市场的供求双方力量也要对等，再加上教育改革，这些都是能说明中国的初次分配重要的问题。当然，二次分配也重要。在中国目前的二次分配中，最重要的是城乡社会保障一体化。社会保障一体化表明，我们可以有西方市场经济发达国家一样的福利制度。西方市场经济发达国家的情况是：初次分配不足，二次分配补，通过二次分配缩小收入差距。中国现在的情况是：初次分配有差距，二次分配又扩大了差距，因为城乡社会保障不一样，城市职工看病有公费医疗或医疗保险，能够办合作医疗的农民工看病也要交一部分钱，有些连合作医疗都没办。这种情况要改。

（原载《新华文摘》2014年第3期）

适应改革新形势，谋求教育新发展

——答《中国教育报》记者陈中原问

《中共中央关于全面深化改革若干重大问题的决定》提出了全面深化改革的总目标是完善和发展中国特色社会主义制度，推进国家治理体系和治理能力现代化。同时明确指出，紧紧围绕使市场在资源配置中起决定作用，深化经济体制改革，坚持和完善基本经济制度，加快完善现代市场体系、宏观调控体系、开放型经济体系，加快转变经济发展方式，加快建设创新型国家，推动经济更有效率、更加公平、可持续发展。

为此，记者专访了全国政协常委、北京大学教授厉以宁，就市场在资源配置中起决定性作用的问题以及对教育的影响等话题进行了交流。

记者　在我国，市场机制的地位，从1984年的辅助作用到1993年的基础性作用，到如今的决定性作用，标志着我国经济体制改革进入核心领域。这样的经济体制改革将对全社会以及教育产生什么样的影响？

厉以宁 紧紧围绕使市场在资源配置中起决定性作用深化经济体制改革，对社会发展提出了新要求，这个要求就是建立全国统一的市场，让资源在城乡之间平等地流动。这就要求建设城乡一体化的社会。

当前我们正在进行的城镇化，不是一项简单的建设，而是一场复杂的改革。从古至今，我国始终存在“城乡二元结构”，但是“城乡二元体制”是新中国才有的，在1958年户口制度实行城市户口、农村户口后，城乡的人口流动受到了极大限制。在此之前城乡人口是自由流动的，现在的改革不是简单恢复1958年以前的人口自由流动，因为我们的社会经济状况完全不同于以前了。可以说“城乡二元体制”是与社会主义市场经济水火不相容的！既然要建立市场经济，那我们就应该破除“城乡二元体制”！城镇化主要的目的是“城乡一体化”。“城乡一体化”就包含了破除“城乡二元体制”，或者把破除“城乡二元体制”作为一个必经的阶段。

城镇化可以扩大投资、扩大消费，这是大家都知道的。“城乡一体化”最要紧的是，破除城乡不同的待遇、不同的权利，让城乡都能够处在权利平等的地位。权利平等，特别是受教育权利的平等，成为建设社会主义市场经济体系的必然要求。经济体制改革推动着城乡一体化，推动着城乡教育的公平。城乡教育公平问题已经成为日益紧迫的社会问题，数以亿计的进城务工人员子女要求到父母工作地接受教育、参加中考和高考。因此，教育要加快改革，主动适应社会主义市场经济改革的新形势。

记者 随着城镇化建设的深入，全社会教育资源的配置将面临格局性的大调整。政府如何把握好教育的资源布局调整、教育的公平与效率问题？

厉以宁 有统计说，每提高1个百分点的城镇化率，就意味着每年有1000多万人进城。这些人进城不是简单的就业问题，他们需要一个城市化的历练，所以人的城市化是城镇化的关键。而人的城市化关键在教育，这个教育包括社会教育、学校教育和家庭教育，这些方面的教育要帮助他们加快适应城市生活，融入城市社会。

因此，教育适应城镇化不是简单的教育资源布局调整就能够满足的。要真正适应城镇化，教育改革与发展面临着两个方面的问题：一是教育资源的布局调整问题，二是如何帮助千千万万进城务工人员适应城市生活、融入城市社会的教育内容问题。

教育资源的布局调整过程中，究竟是完全由政府来操作还是由市场来实现，是一个需要认真对待的问题。有些地方政府职能转变不到位，习惯于直接插手，有形之手伸得比较长，结果不仅滋生了腐败，而且降低了教育资源发挥作用的效率，因为主观主义和官僚主义往往同时起作用，导致教育资源配置失当。因此，随着城镇化的进程，教育资源配置还是要发挥市场的决定性作用。至于如何发挥市场在配置教育资源中的决定性作用，需要大胆地实践探索。在城镇化过程中，政府关键要做好城市规划，引导城镇建设开发者完成城市规划中教育、卫生、安全等基础设施建设。

市场做市场可以做的，政府做政府应该做的。政府有形之手要伸入的领域是适应城镇化的教育内容建设、区域之间教学条件（特别是师资条件）的公平性调节。

记者 1992年明确提出建设社会主义市场经济体制的时候，上海、北京等地出现了许多政府机关干部、教师、科研机构技术人员下海的浪潮，于是出现了一些学校开学没有教师上课的现象。资本市场、劳动力市场影响着全社会人力资源的配置，当然也影响着教师队伍的建设。随着市场在资源配置中起决定性作用的经济体制改革深化，学校以及政府如何才能吸引全社会优秀的人才当教师呢？

厉以宁 如何让优质的社会资源，特别是优质的人才资源，配置到教育领域，这确实是一个重大的问题。随着我国资本市场的发育，越来越多的优秀人才不愿意留在学校当教师，而是纷纷去创业。我们教育界如何创造一种有利于教师创业的环境，让优秀教师在创业的同时兼顾教育以及教学工作，是一个值得注意的问题。

与此同时，在激烈竞争的劳动力市场中，如何吸引优秀人才担任教师，如何留住优秀的教师心甘情愿继续从业，这是一个不可小视的问题。教育界要吸引、留住优秀人才，就需要加强自身市场竞争力的建设。

劳动力市场对于教师队伍建设的影响是一个方面，另一个方面是教育如何适应、满足劳动力市场的需求，积极化解结构性失业的问题。教育市场为劳动力市场提供人力资源，劳动力市场为教育市场提供需求信号、动力信号，二者密不可分。目前在劳动力市场上，大学本科、专科毕业生不如职业高中、技工学校的毕业生，具有普通高中学历的人也受市场欢迎，这是一个严重的浪费问题，值得政府和教育界反思。为什么会出现这样不利于教育发展的现象？原因肯定是多方面的，其中有劳动力市场的规范问题。无论是正规的劳动力市场还是非正规的劳动力市场，都面临一个规范的问题。只有规范才能避免劳动力市场给教育发送失真的信号，误导青少年，防止读书无用论的沉渣泛起，防止“拿手术刀的不如拿剃头刀的”“制造导弹的不如卖茶鸡蛋的”现象再度发生，才有利于建设一个和谐的社会。

记者 教育投入实际上是资源配置问题，如何发挥市场在资源配置中的决定性作用，吸引越来越多的资金投向教育领域？

厉以宁 光讲教育投入是不够的，必须注意重视“资源配置”问题，增加投入不一定产生高的效益和效率，只有资源配置合理了才会提高效率和效益。当然，教育的投入远远是不够的，实现了4%的目标后，教育投入相对于社会对教育的需求来说依然是杯水车薪。为了争取把更多资金资源配置到教育领域，需要高度重视教育资金来源的多元化。

目前教育投入主要来自政府的公共财政，而且占了绝大多数。众所周知，公共财政的教育投入，从经济学上讲属于第二次分配；通过市场实现的收入分配，被称为“第一次分配”；个人出于自愿，把可支配收入的一部分或大部分捐赠出去，可称为

“第三次分配”。在第一次分配中，教育界可以通过多种途径获取资金，如鼓励企业投资参股创办或改造教育机构；鼓励企业捐赠设备等方式；为师生提供实习机会，比如由学校承包一条生产线等。在第二次分配中，也可以从多方面来设计获取更多投入，如像追求4%一样以执政党和政府文件形式明确，也可以通过广泛参与社会经济建设各个领域获取。在第三次分配中，教育界要发挥校友等人脉优势，争取社会公益事业的捐献。

（原载《中国教育报》2014年3月12日）

社会和谐红利是最大的制度红利

一、看《闯关东》，反思城镇化

不要把城镇化单纯看成城镇建设问题，城镇化是长期的。当前，我们推行城镇化，除了考虑建设问题，最要紧的是体制问题，城镇化是一个体制改革的过程。

城镇化需要改变什么体制？我们从计划经济时代一直到现在，都存在城乡二元体制。城乡二元结构从古就有，但城乡二元结构到了20世纪50年代末期，就制度化了，就变成了城乡二元体制。

举个例子，电视剧《闯关东》讲的是清朝末年、民国初年，山东的人迁居到东北的故事。山东的农民到了东北，他可以在城里建房、买房、开店，生下小孩以后，就是城里的孩子；他愿意下乡、愿意种地、愿意在农村建房，也可以。在城里居住的可以搬到农村，在农村居住的也可以搬到城市，这就是：有城乡二元结构，没有城乡二元体制。

中华人民共和国成立后，户口制度一分为二变成城市户口和农村户口，导致生产要素的割裂，城乡之间的流动受到极大限制。这个难题不消除，我们就与市场经济还有不小的距离。

二、国企改体制，民企改观念

第二个例子，国企跟民企的双赢问题。“国进民退”“国退民进”都不是我们的目标，我们的目标是共赢，但是共赢需要改革，制度是要创新的。

在国有企业方面，主要是国有资本体制的改革。国有资本体制改什么呢？它是管资本而不是直接管企业，资本有流动性，国有资本能够发挥更大的作用。这里有一个概念需要搞清楚：资本的力量不是看资本本身的数量多少，而是看资本所控制的数量有多少。1000亿的投资，如果100%国有，那么国有资本控制的是1000亿，如果50%国有，则国有资本能控制的是2000亿。

国企走股份制道路、走上市公司道路，除了一些个别产业外，应完全按法人治理结构来调节，股东会、董事会、监事会，再加上聘任总经理等，这样的话，它就能够和民营企业一样成为独立的市场主体，既竞争又合作。

同时，民营企业的竞争体制也要转型。首先是观念的改革。很多民营企业是从小企业做起来的，带有小生产者的意识，不适合现代市场的意识，比如认为“肥水不流外人田”。现代企业要做大，为什么要上市？就是为了提高资源的配置效率。第二代是不是一定能够管好企业？当这个企业突破了家族制的范围、成为公众的企业之后，还能这么做吗？

三、社会和谐红利的三大前提

最大的制度红利是社会和谐红利。市场调节在资源配置中起决定性作用，这意味着根据资源配置效率来决定资本的配置，这一点很重要。

根据资源配置效率来决定资本的配置，第一个前提是要公平竞争。有了公平竞争，市场就能充分发挥作用。政府直接干预企业的资源配置，不利于经济的进一步发展。

从经济学的观点来说，20世纪30年代以前，经济学里面看重的是生产效率。什么叫生产效率？投入产出之比，在一定的投入之下产出越多越好，在一定的产出之下，投入越少越好，这就是生产效率。

20世纪30年代以后，特别是第二次世界大战以后，西方经济学界着重讨论的、重视的是资源配置效率。资源配置的前提是什么？投入是既定的，用A方式配置资源能够产生N效率。用B方式配置资源，能够产生N+1效率，这就是资源配置效率提高了。首先，它是一个宏观意义上的效率，而不是一个单纯的企业内部的车间里的投入产出之比。资源配置效率的提高是结构意义上的效率提高。

第二，重视资本市场。没有资本市场，经济怎么上一个新台阶？没有产权交易平台，怎么来实现资源的最佳组合？

第三，每个人都和资源配置有关。长期以来，人们的认识是，搞筹资、融资工作的，搞人事、组织工作的，搞宣传工作的，或者说凡是搞行政管理工作的，都是非生产人员，因为他们不在生产第一线，跟生产效率没有直接发生关系。资源配置效率出来后，大家的观念变了：从事融资、筹资工作的人是直接在从事资源优化配置；做人事组织工作的人，是把人力资本放在最有用的地方去配置；做宣传工作的是调动每一个投入者的积极性；还有做行政管理工作的，是把物质资本和人力资本更好地结合起来，从而产生更好的效率。我们要重视生产效率，但更要重视资源配置效率。

四、员工持股是社会和谐的重要一环

中共十八届三中全会指出，要积极发展混合所有制经济，混合所有制经济是实现我们基本经济制度的重要形式。无论对国企、民企来说，这都有极大的意义。

对国企来说，把门槛降低、放开，欢迎大家参加国有资本的配置，能够让自己真正建立法人治理结构，而且是完善的健全的法人治理结构。

对民营企业来说，要鼓励它们打破家族制的束缚，走上混合所有制经济道路。其他经济成分的进入有利于民营企业的发展、壮大。

此外，还有员工持股。员工持股是发展混合所有制经济的一个方法、一条道路，但它的意义更深远。因为根据经济学理论，利润是物质资本投入和人力资本投入创造的，是因两个资本的结合而产生的。

既然如此，如果利润只归物质资本的投入者所有，投入多少股就分多少钱，而人力资本的投入者只能够获得工资收入，而这个工资是包含在成本中的，这就产生问题了。要让人力资本的投入者，也像物质资本的投入者一样按一定的比例分享利润，这才合理。这是调动职工积极性的方法，也是展示社会和谐的一个重要方面。

我们调查过，在国有企业，假如实行了员工持股，员工的积极性就会很高。过去下班的时候，一些员工会把厂里的木料什么的都带回家去，厂里也不管，拿就拿。实行员工持股后就不行了。“你别拿了，还有我的一份在里头。”员工有这个积极性了，对企业的经营好坏更关心了。

资源重新配置效率的提高，市场起决定作用，关键在于公平竞争。企业走向混合所有制也是合作和竞争，各种所有制发挥各自长处，民企和国企既有竞争也有合作。

国企有国企的优势，民企有民企的优势。国企资本雄厚、装备先进、人才聚集，而且干部有丰富的经验，要在好的体制下能更大地发挥作用。民企则机制灵活，敢于冒险，自负盈亏。员工持股能调动员工的积极性，加上十八届三中全会指出的，教育资源的均衡配置，这将产生社会和谐红利。

五、“发展经济学”可归纳为四句话

社会和谐红利不是天上掉下来的，是要通过改革逐步实现的。我们制度的优越性在哪里？我们制度最大的优越性表现在社会和谐红利。应该更多地关心社会和谐红利。社会和谐红利不是短时间就能够实现的，只有通过改革，我们才能逐渐得到社会和谐红利。

我曾经把“发展经济学”这门课归纳为四个观点、四句话。第一句话，就业是靠就业扩大的。一批人就业了，就有了收入，花掉，别人就就业了。第二句话，富裕是靠富裕带动的。一批人先富裕了，会帮助自己的亲戚、朋友、同乡、熟人，然后还能够起示范作用，有更大的影响。第三句话，繁荣是靠繁荣支撑的。有了经济的繁荣就有了投资的潜力、投资的机会，收入的增加，增加了购买力，所以繁荣靠繁荣支撑。第四句话，和谐靠和谐积累，和谐从自己做起、从身边做起、从社区做起、从家庭做起。我相信，社会和谐红利将是我们最大的制度红利。

（本文为作者在第十三届中国经济论坛的演讲，原载《中国经济周刊》2014年1月3日）

新社区正在发生变化

新社区是中国新型城镇化的三个组成部分之一，而且是新型城镇化中不可缺少的一个组成部分。有条件的新农村转变为新社区，是新型城镇化中一个必经的阶段。在新农村基础上，园林化了，循环经济化了，公共服务到位了，城乡社会保障一体化了，再加上由村管会管理改为社区管委会管理了，就完成了由社会主义新农村向新社区的过渡。这时，城乡二元体制在新社区已经消失，新社区中的居民同城镇居民一样享有充分的居民权利。这时，新社区可以正式称为“新社区”，前面不必再加“农村”或“农民”这两个字。

但新社区的升级和发展不会到此止步。新社区的建立并不是终点。在民间积极性继续发展的条件下，新社区将继续升级，继续发展。

以前我曾多次指出，中国的新型城镇化体现了中国经济双重转型的特征。中国经济的双重转型是指：这种转型既是“发展转型”，又是“体制转型”。“发展转型”意味着中国从农业社会过渡到工业社会。“体制转型”意味着中国由社会主义计划经济体制过渡到社会主义市场经济体制。自从1979年中国实行改革以来，“发展转型”和“体制转型”在中国一直是重叠的。因此，中国的新型城镇化实现之日，正是上述双重转型成功之时。

需要探讨的是：下一步，新社区将朝哪个方向继续升级和发展?

一、新社区中够条件的将过渡到新城镇

随着新社区人口的不断增加，越来越多的外来的商人、手工业者、各种自由职业者、服务业的从业者聚居于新社区，有一些新社区完全有可能向新城镇过渡。这是新社区继续升级的主要步骤之一。

要知道，这些由新社区转变而成的新城镇，同绝大多数原有的城镇（或称之为老城镇）有一个区别，即原有的城镇（包括老城区）是历史上经过多年的发展而逐渐形成的，而由新农村先转变成新社区、再由新社区转变而成的新城镇则是新型城镇化过程中的产物，是一场悄悄的“造城造镇”活动的结果。也就是说，中国现阶段正在悄悄地“造城造镇”，先形成“新社区”，再扩大和充实“新社区”，使农村居民迁入“新社区”，让“新社区”繁荣起来，最终，循着这条道路转变为新城镇。这不是人为

地靠行政手段、靠长官意志或指令而建立的新城镇，而是靠市场经济的力量来开拓发展起来的新城镇。过去在计划经济时代，在一些偏僻的矿区和冶炼企业所在地，也有过“造城造镇”活动，除了建立矿山矿井和冶炼企业而外，还建立了居民区（职工宿舍区）、服务区（商店、服务业企业事业单位）等。这样建立的城镇，虽然也是“造城造镇”活动的结果，但在很大程度上是靠计划经济体制的指令而推进的，这就是它们同新型城镇化过程中靠市场机制及力量推进的“造城造镇”活动之间的巨大差别。

但绝不是所有的新社区都会发展成为新城镇。这是因为，新社区所处的位置不是都适宜将来发展新城镇，新社区不一定都有产业支撑，非农产业不一定能提供那么多的就业机会，以及新社区不一定有较多的空地和较多的淡水资源供给。如果没有空地和淡水资源供给，那么它的发展空间有限，发展余地不大，这也就限制了新社区向新城镇的转变。

虽然只是一部分新社区有可能转变为新城镇，那也是很了不起的成绩，这是因为，通过市场经济力量而推动的“造城造镇”活动毕竟有了原来意料不到的结果。这再一次证明了新社区之所以有可能朝着新城镇方向转变，政府的规划和社区管理层的指导固然有主要的作用，但不可否认的是民间蕴藏的极大积极性和新社区居民们的创业精神扮演着不可替代的角色。如果没有这种积极性，没有创业精神，市场经济的力量不可能充分显示出来。“谋事成事均在人”，这句话千真万确。

总有一些新社区由于种种原因未能转变为新城镇。这有什么不妥之处呢？没有。本来它们就是地地道道的农村，后来建立了社会主义新农村，新建和扩建了居民楼，后来渐渐变成了新社区。这已经是重大的变革了。作为新社区，这里已经户籍一元化了，已经是新城镇化的三个组成部分之一了。具备条件的可以进一步升级为新城镇，还不太具备条件的依然是新社区，相比于过去，这个成就是不能抹杀的，因为新社区的农民在户籍一元化、城乡社会保障一体化的条件下已经市民化了，这不是社会的进步又是什么？新社区还正在继续发展，说不定将来某一天转变为新城镇的条件成熟了，不是照样可以转变为新城镇吗？

新型城镇化的实现意味着城乡二元体制已经结束，作为新社区的居民，权利同城镇居民一样，福利待遇比过去强多了。

二、农民将成为一种职业

未能转变为新城镇的新社区，户籍已经一元化。这里的居民，尽管过去长时间内是农村户籍，但在新型城镇化推进过程中已成为城镇居民，权利同城镇居民一样。他们中的务农者，依然是农民。在户籍一元化和城乡社会保障一体化后，农民成为一种职业，而不再代表一种身份。从身份上说，他们都是市民。

不仅已经转变为新城镇的新社区如此，而且散居于偏远山村里的居民也是如此。只要他们依旧务农，依旧从事种植业、养殖业、林业、牧业，他们的职业都是农民。农民不再是他们的身份。将来的农民，可能是家庭农场主、家庭林场主、家庭牧场主、家庭渔场主，也可能是给家庭农场、林场、牧场、渔场打工的工人，但由于从事的是农林牧渔业劳动，所以不管他们是不是家住在新社区、新城镇或原有的城镇，也不管他们是不是散居于偏远的山村里，他们的职业都是农民。

根据中国的国情，务农的农民及其家属，在城镇化完成或接近完成的时候，合起来大约占总人口的20%。这就接近中华人民共和国成立100年之时中国人口的职业分布情况。简单地说，到那时，务农人口约占全国人口的20%。由于这些农民中有一部分住在老城区、新城区和新社区，所以按常住人口计算，中国的城镇化率大约在80%以上。

再往后看，城镇化率还会发生什么样变化？现在还很难说。我们只能做一些推测，从事农林牧渔业的人员（包括家庭农场主、林场主、牧场主、渔场主及其家属，以及这些农村牧渔场所雇用的工人及其家属）变化不会很大，可能仍占全国人口的20%，或略低一些，而城镇化率则可能也在80%，因为到那时，会有一些家庭愿意住在乡间，他们认为在乡间可能比在老城区、新城区、新社区中生活要清洁些、安静些、舒适些。这意味着“反城市化”倾向在中国同样会显示出来。一代人有一代人的偏好和生活方式，虽然对于年轻一代、更年轻一代的情况我们很难有把握地预测，但爱清洁、安静、舒适的生活环境，可能是人之常情，带有普遍性。

三、走向双向的城乡一体化

最后，我想探讨一下城乡一体化的走势。

在西方发达的市场经济国家，城乡一体化都是双向的，这里所说的双向城乡一体化是指：住在农村的人，可以进城投资，建工厂、开商店、办手工业工厂或作坊、做雇工，也可以在城里购房、租房、建房，在城里安家落户；同时，住在城里的人，可以到农村去投资，购地、租地、办农场和牧场，可以在农村购房、租房、建房，在农村安家落户，过着清闲的生活。将来在法律上、政策上这些都不会有障碍。然而迄今为止，在中国只存在单向的城乡一体化，即只有农村居民迁入城镇的可能，而禁止、限制城镇居民到农村去购房、建房、租地、购地、办农场，等等。

那么，在新型城镇化推进过程中，中国的单向城乡一体化的情况会有所改变吗？中国会从单向的城乡一体化转变为双向的城乡一体化吗？我们有必要从中国的国情出发来探讨这个问题。

当前，关于双向城乡一体化的难点，不在于由农村迁往城镇这一环节，而在于由城镇迁往农村这一环节。原因是中国存在着城乡二元体制，农村的土地在集体所有制的前提下实行了家庭承包经营制和宅基地使用制，承包地和宅基地都是按农户计算的，即“一户一块承包地”和“一户一块宅基地”，农村地少人多，城里人要在乡下买地是绝对不容许的，要种地或建房，首先遇到的问题是地从何而来。农民既不能把地卖给城里人，也不能把宅基地上自建的房屋卖给城里人，这些房屋被称作“小产权房”。城里人既然不是本地农村户籍的人，凭什么到农村里来分得土地呢？这个问题不解决，还谈什么双向城乡一体化？

城镇化推行后，能解决城里人下乡购地或购房的难题吗？看来仍无法解决，因为城里人无权分享农村的承包地和宅基地，私下买卖土地和房屋是违法的。然而，从发展趋势上看，城里人下乡种地和居住有可能以变通方式处理，这在某些地方已经在悄悄地进行了。比如说，采取租地、借地租房、“暗卖明不卖”的做法，甚至“抵押房屋，长期不赎”的做法。这些做法至少暂时不会出问题，至于将来怎么办，那就只好静观其变了。供求双方都在观望之中，双方都希望这方面的政策有所调整。长期的变化现在还不能预测，而从近期看，禁止私下把承包地或宅基地公开出售给城里人的行为虽然不会改变，但出租或转包承包地或宅基地的做法可能有所松动，于是双向城乡一体化有可能在某些地方被试行，而“小产权房”的租赁或抵押的行为也有可能在某些地方被允许。

应当承认，适当地、有分寸地调整承包地、宅基地和“小产权房”的流转政策，对城镇或对农村未必不是一项有利于资源有效配置的好事，可以吸引民间资本投入农林牧渔业，也有利于调动民间振兴农林牧渔业的积极性。经济生活中要正确处理的一个主要问题是兴利除弊。怎样除弊防弊？可以采取严格的审查制度和准入制度，以防止借双向城乡一体化之名而行投机、垄断，争取暴利和侵害农民权益之实的行为。

后代人会比我们这代人更加聪明，更有智慧。我们何必为他们在这些问题上绞尽脑汁，为他们操心呢？

（2014年4月在北京大学光华管理学院研究生班关于城镇化的研讨会上的发言）

江西南昌五星垦殖场体制改革的探讨

一、从北京大学江西分校旧址陈列馆说起

鲤鱼洲是江西鄱阳湖西南湖畔的一片垦殖区，属南昌县管辖。在北京大学和清华大学辟为“五七干校”之前，该地是原江西生产建设兵团第九团所在地。

1969年7月，为响应毛主席“五七指示”精神，北京大学军宣队、工宣队派出先遣人员在江西考察，准备选择合适的地点作为“五七干校”。清华大学的军宣队、工宣队也派出了先遣人员进行“五七干校”的选址工作。两校都同意在江西南昌县的鲤鱼洲建立农场，作为“五七干校”。北京大学大约1500名教职员工于1969年10月乘火车由北京到达南昌市，再乘船在鲤鱼洲堤岸登陆，从此开始了长达两年的农垦劳动与生活。清华大学下放江西的教职员工也同时到达鲤鱼洲。这样，在面积达55平方千米的鲤鱼洲，由江西生产建设兵团九团、清华大学“五七干校”（后改

称清华大学江西分校）、北京大学“五七干校”（后改称北京大学江西分校）三家共同从事农垦活动。一年以后，清华大学和北京大学都招收了工农兵学员，他们都在鲤鱼洲农场边劳动，边学习。根据统计资料，北京大学江西分校教职员工有1500人（在1971年9—10月间分批返回北京大学前），教职员工、工农兵学员（400多人），再加上家属（包括中小学生、幼儿）一起，大约超过2300人。在我认识的死在鲤鱼洲的同事中，有心理学系桑灿南教授等人，他们永远留在鲤鱼洲荒凉的土地上。

从1971年到今天，已经43年。今天我们参观当年劳动过的地方，感慨万千，尤其是参观至今仍保存下来的几处遗址，更是有一种说不出来的感受。大仓库是当初刚修建的砖瓦建筑，现在仍在。记得1969年10月份我们刚踏上鲤鱼洲时，这里是临时集体宿舍，所有男性（不仅包括男性教职员工，还包括跟随下放而来的中小学生中的男生），全住在大仓库里。整个大仓库内摆放了双层床，并排排列，上下都是大通铺，而不是一人一个床位，大体上两个床位睡三个人。夜间起来上厕所，摸着找自己的鞋，怎么也找不着，只好随便找一双合脚的，穿上后直奔厕所。吃早饭、晚饭时，炊事员把大桶稀粥、大筐馒头放到仓库大门外，每人一碗稀粥、两个馒头、两片咸萝卜，就地吃完，然后就上工了。在大仓库里睡了4个月，等到各个连队（系的编制取消了，都改为连队）自建的茅草棚盖好了，我们才一个连一个连地搬出大仓库，住到本连队自建的茅草棚去。大仓库空出来以后，就成了堆满早稻、中稻、晚稻的地方。往事如昨，今天重回鲤鱼洲，看到大仓库仍完好地留在原处，真有说不出的感受。这是因为，尽管大仓库里面住得非常拥挤，但屋顶上铺的是瓦，不漏雨。外面下大雨，仓库里的人仍可以睡一个好觉。而搬到各连自建的茅草棚以后，屋顶全是稻草，没有不漏雨的。外面下雨，屋里漏雨，半夜起床，忙着用塑料桶、脸盆接雨水，甚至在床上再加一层塑料布再入睡，以免把被褥打湿。

当年的茅草棚有好多座。这次回鲤鱼洲，四处寻找，相隔40多年了，茅草棚早已拆光，没有留下任何茅草棚。那么，除了大仓库以外，北京大学江西分校还留下了什么遗址呢？只有当初军宣队、工宣队办公和住宿用的一排砖瓦平房。那是北大分校党委和指挥部所在地，一般教职员工是进不去的。现在用作“北京大学江西分校旧址陈列馆”。陈列馆内墙上挂了一些当年拍摄的照片，还有工具、炊具、床板等旧物，书柜里装了一些当年用于教职员工学习的毛主席著作，包括《毛主席语录》等。

我们在旧址陈列馆内参观时，桌子上已经铺好一张宣纸，笔墨砚台也摆好了，请我这位当年在这里劳动两年的北大人题词。触景生情，毕竟已过去40多年了，当初在这里，我刚好40岁，如今已84岁了。我站在桌前，写下七个字“事非亲历不知难”。的确如此，不是亲临其境，不知劳动的艰辛、创业的艰难和生活的艰苦。这是我人生中永远不会忘却的一段经历。一想那时跟着家长一起到过鲤鱼洲的幼儿（大约200人），如今也已经40多岁或50多岁了，有的也退休了。鲤鱼洲，还是同40多年前一样，静静地躺在鄱阳湖畔。

二、为什么改革开放这30多年以来鲤鱼洲变化不大

1972年10月，北京大学江西分校，清华大学江西分校的师生撤回北京后，分校的建制也就取消了。江西生产建设兵团接管了北大江西分校、清华江西分校的草棚和稻田。生产建设兵团哪有这么多劳动力来从事垦殖呢？鲤鱼洲农场成为江西省接收下放知青最多的农垦单位，其中有上海知青3600多人、南昌市知青3400多人。“文革”结束之后，在这里劳动的上海知青、南昌知青，陆续返回原籍，有些考取了大学，有些进了工厂，还有些被行政部门录用。但大片农田、草地不能没有劳动力来垦殖，于是鲤鱼洲成为附近农民向往的地方。农民移民来到这里之后，安了家，妻儿老小也就搬来了。原来北大、清华教职员工所建的大草棚不适合一家一户农民居住，被陆续拆掉了。农民盖起了砖瓦房，一家一套，虽然简陋狭小，但还能一户住在一起。

江西生产建设兵团第九团的建制取消了，所辖55平方千米垦殖范围的鲤鱼洲，成立了国营五星垦殖场，实行“场带村”的体制，迁移到鲤鱼洲来的几千户农民，仍保留村的建制，但又统归垦殖场管理，垦殖场则由南昌市农垦办管辖。所有制是单一的，即国有国营。

实际上，在国有国营体制之下，南昌市农垦办的资金是不足的，无法使经济进一步发展，而且管理仍按照国有农场的原有方式，不能调动农户的积极性。垦殖区内的人口不断增长，资金有限，农户的积极性调动不起来，行政指挥不灵。特别是改革开放

以后这么长的时间内农民们还是贫困，再加上青壮年农民为了挣得较多收入，纷纷外出打工去了，村子里主要是老弱妇孺，再好的建设规划也实施不了，垦殖场干部着急，村干部着急，农户着急，连主管机构农垦办也着急。这样拖下去，出路何在？这么多年鲤鱼洲变化为什么不大，根源何在？我们在鲤鱼洲考察时，同行的全国政协经济委员会的委员和专家们的一致意见是：体制不顺，必须从体制改革着手。

三、走混合所有制道路

在鲤鱼洲，我们同江西省政协、南昌市政协、南昌市农垦办、五星垦殖场的领导开了一个座谈会，主要是研究怎样使鲤鱼洲这一大片丰饶的土地摆脱原有的体制束缚，跟上全国改革发展的脚步，把资源的潜力发挥出来。

大家都提出要把五星垦殖场改造为混合所有制企业，但究竟怎样改革，并没有明确的想法。大家希望我讲讲有关混合所有制经济如何推进的建议。盛情难却，我谈了以下六点建议，供江西省和南昌市参考：

1. 混合所有制企业应当是一个独立的市场主体，而不能再设一个主管机构对这个企业进行行政管理或干预。否则，企业就不可能成为真正的企业，成为一个有活力的企业，在这种情况下，只能是虚有其名，混合所有制经济的优势（机制灵活，自主经营，适应市场变化而不断调整自己的策略等）不可能显现出来。

2. 投资主体多元化只不过是走上混合所有制企业道路的第一步。关键是要建立完善的公司法人治理机构，并正常发挥作用。公司法人治理机构，包括股东会、董事会、监事会等，要按时开会，发挥作用，还要执行总经理的聘任制、任期制和责任制。混合所有制企业依法建立上述各种机构后，所做出的决议要切实实施，任何个人不能违背，更不能置公司法人治理机构于不顾而由农垦当局独断独行。

3. 从原来的国有垦殖场改制为混合所有制公司之后，国家可以逐步通过减持、转让、交换股份等方式从股权存量方面改变股权结构，也可以通过吸纳其他国家控股的企业投资，或通过吸纳民间资本的进入，包括吸纳民营企业的参股，甚至控股。这就是以股权增量的方式对股权机构的改变。要知道，当鲤鱼洲上的垦殖场转为混合所有制时，很可能成为“一股独大”的格局。这是很难避免的。理由是：国有垦殖场既然是国家独资，国有股不可能迅速减少，所以国家绝对控股于改制为混合所有制的企业是极有可能的。要是这样，“国有股一股独大”的格局难以避免，这将十分不利于混合所有制农垦企业的经营和发展，甚至连民营企业投资者也不前来参股。根据上述情况，比较合乎理想的改制为混合所有制企业的垦殖场最好是形成“相对控股均衡”的股权机构，具体地说，就是如下的格局：由几家相对控股的企业（包括国有农场、另一家国有企业，再加上一两家民营企业），各自持股20%左右，处于相对控股而又实力相当的位置，董事会的董事由几家较大投资方出任，有问题拿到董事会会议上进行认真讨论，既可以避免某一家投资者说了算的情况，也可以协商彼此的利益，各方都为这家混合所有制企业的长远利益着想而不致被短期利益所蒙蔽。

4. 关于职工持股制，应当认识到，在五星垦殖场的现实情况下，可以有特殊的处理方式，这就是：可以鼓励农民在土地确权的基础上，采用以承包土地入股的方式。一来，这是农民乐意采用的一种形式，二来，据目前掌握的资料看，五星垦殖场的土地中，国有土地大约占80%，集体所有土地大约占20%，这些原来属于农民集体所有的土地是实行承包制的。因此，在改制为混合所有制企业后，原有的国有土地可以转为国有股，原有的农民集体所有的土地如果实行的是承包制，可以相应地折合为承包者个人的股权；如果实行的是集体经营而没有落实到承包者个人身上，可以根据村并入垦殖场时的情况，把它们折算为农民的个人股。这样，就可以使土地存量得到较清晰的股权界定。但这依然不同于一般混合所有制的职工持股制。至于今后如何在垦殖场的范围内实行职工持股制，可以放在以后再研究、推行。

5. 农村人口的户籍变更问题，应当随着垦殖场向混合所有制企业的转变和城乡社会保障一体化的逐步推进而妥善解决。等条件成熟后，可以采取“分区推进”的模式实施。不要单纯追求城镇化率，而要致力于社区内生活服务设施的建设、城乡社会保障一体化的推进，以及社区管理方式的完善。重点在于人们生活质量的提高。户口一元化对于垦殖场范围内的居民来说，是“水到渠成”的事情。至于居民住房条件的改善，需要跟随新的混合所有制企业的发展而逐步实现。

6. 根据目前的调查资料，五星垦殖场占地达55平方千米，其中有不少荒地、半荒地，预计可复垦的土地达10万亩以上。再加上已经垦殖的土地，在新的混合所有制企业体制下，一个至关重要的问题是有必要制定新的规划。哪些地方适合于种植水稻，哪些地方适合于建设果园，还有哪些地方适合于养鱼养虾养牛养羊养鸡养鸭，都应根据土质、水质和交通情况做出规划。民间资本、其他企业的国有资本如何参与新建混合所有制企业的发展、建设，也应当先有统筹规划，然后逐步落实。在我们考察期间，一些全国政协委员是民营企业家，他们有丰富经验，他们就说：关键在于土地的利用率低，没有规模经济，这等于资源闲置或资源浪费。这句话值得垦殖场的干部们深思。要知道，资源配置效率和生产效率同样重要，缺一不可。但从盘活国有资本的角度看，不仅要进一步调动垦殖场的职工或承包土地经营的农民们的积极性。着力提高生产效率，更主要的是拓宽各级干部，包括垦殖场干部的视野，使他们懂得提高资源配置效率的深刻意义。通过改革，把垦殖场辖区55平方千米土地、资源盘活，这是眼下最迫切的事情。一个新的鲤鱼洲将由此出现在鄱阳湖岸边。

（2014年4月在考察江西南昌县五星垦殖场时的讲话）

［附］北京大学江西南昌鲤鱼洲农场劳动亲历记

一、离北京

1969年，从中共九大于4月份闭幕后，在北京大学校园的教师们中间，天天都在传说“要去‘五七干校’了”，但学校军宣队和工宣队一直不表态，既不肯定，也不否定。直到暑假结束，9月份开学，才有了确切消息，因为派往江西南昌鲤鱼洲的先遣队回来了，说“五七干校”校址已选定，就在江西生产建设兵团农场原址——鲤鱼洲，清华大学“五七干校”所在地和北京大学“五七干校”所在地紧挨着，中间距离10千米。又传说，除了各系的少数骨干分子和70岁以上的教授以外，都可能派到鲤鱼洲去劳动。原来听说陈岱孙教授也要去，但直到临走前才知道陈岱孙教授不去了。尽管1969年陈岱孙先生69岁，在70岁这条年龄杠杠之下，但总算获准免去江西。陈先生的堂妹陈荷告诉我：“他连雨衣、雨鞋都准备好了，不久前才知道不去江西劳动了。”

我自知肯定要去江西，但何时才能回京则难以预料。临走前，我把能带走的衣服都带齐了。唯一放心不下的是留在家中的外祖母、母亲和女儿厉放、儿子厉伟，特别是孤身在辽宁鞍山工作的妻子何玉春。系里通知我们，定在10月中下旬出发，这几天不必来上班了，赶紧料理家务吧。我觉得我的藏书多，过去这些年，有了稿费收入，先买书，结果书多了成了包袱，不如趁此机会卖掉一大部分吧。当时，我填了一首《临江仙》。

临江仙

去江西前卖书有感

一九六九年

相伴多年离我去，只因赶赴农村。
卖书从不辱斯文，肩挑穿闹市，售与拾荒人。

世事欠公须一忍，任凭闲说纷纷。
他年再入学宫门，好书勤选购，旧作待重温。

今天回想起来，最可惜的是全套二十四史，那是历史系同学张盛健特地到东安市场的书店中帮我挑选的。由于是线装书，很占地方，我在海淀所住的房子很小，它不仅堆满了书架，连床底下都塞得满满的。抄家时，红卫兵把它们抄得乱七八糟，一直没有工夫让它们复原，不如趁早把它们卖掉算了。后来到了鲤鱼洲，才知道卖旧书的教师远不止我一个人。

临走前，我专门到东四十条好友马雍家中向他告别。马雍是北大历史系本科毕业生，留校当了两年世界中世纪史研究生。我们合译的美国耶鲁大学教授罗斯托夫采夫所著的《罗马帝国社会经济史》这部世界名著已在1965年交稿给商务印书馆。我对马雍说："这部译稿交稿已经4年了，在我下放以后，如果商务印书馆审稿中发现有什么问题，你就全权处理吧。"他说："商务印书馆的编辑人员现在怎有闲工夫来审读这样的译稿，你不用操心。"我赠给他一首《虞美人》，作为临别纪念。

虞美人

离北京时赠马雍

一九六九年

红楼长夜书灯里，一醉成知己。
未名湖上杏花天，不觉流光飞逝十余年。

匆匆今日离君去，别后难重聚。
辛酸已是过来人，漫道燕园秋尽赣江春。

马雍问我什么时候动身，我说大概三四天吧。我回家之后，隔了一天，收到马雍寄来的一封信，内有马雍赠给我的一首七律，诗云："九州何处不容身，好去浔阳莫问津。江上丹枫曾送客，篱边黄菊正宜人。平生心胆天涯近，南国山川岁暮春。更喜庐峰千丈瀑，为君一洗下车尘。"

当天晚上，我填了一首《江城子》，通过邮局寄给马雍。

江城子

去江西前答马雍

一九六九年

东西南北十年霜，
上斋堂，下荆襄，
又是轻车，千里去鄱阳。
四海为家何所虑，
军令下，整行装。

追思前事却荒唐，
少年狂，尽空忙，
名利浮沉，原是一黄梁。
秋菊江枫依旧在，
迎我到，巧梳妆。

词中的“上斋堂”，是指我1958年下放在京西矿区（今门头沟区）斋堂乡西斋堂村劳动；“下荆襄”，是指我1964—1965年在湖北江陵县滩桥公社泰山大队农村参加“四清”运动。

真的到了快动身离京的时候了。临走前一天，各人把行李先运到学校指定的地点，由学校办托运，然后参加了军宣队、工宣队召开的“表决心、献忠心”大会。会后，我回家填了一首《菩萨蛮》。

菩萨蛮

赴江西前夕。参加军宣队、工宣队召开“表决心、献忠心”大会后有感

一九六九年

少时未解强颜笑，
世间险恶谁知晓。
今日最心酸，
人人悲作欢。

乱中难有治，
聚散寻常事。
泪水莫轻流，
湖乡好放牛。

第二天中午过后，北京大学赴江西南昌县鲤鱼洲农场去劳动的教职工1000多人准时在南门内广场集合，各人携带随身物品，准备登上大客车，前往火车站。我离开家时，厉放（11岁）和厉伟（6岁）吵着要跟我去学校送我。我对外祖母和母亲说：“谁都别送我，孩子更别跟着到学校去。”我们就此在家中告别。但他们还是送到巷子口，大人、孩子都哭了。我强忍着眼泪，步行到学校。

到了学校，入了队列，上了汽车。那天来送行的教职员家属

真不少，有新婚夫妇的男方或女方，有教授们的老伴、孩子甚至孙子，也有留在学校的教职员，等等。下放的外系教职员中，也有同家属告别时哭泣的。我想，母亲和厉放、厉伟幸亏没有到学校来送别，不然他们一样会大哭。这是因为，当时不少人心想，这哪里是“下放锻炼”呀？简直和“流放”差不多！但谁又敢表明这种看法呢？

到了火车站，没有从大厅中走，而是排队走入边门，直通站台。坐的是临时加开的专列，全是硬座，一个人一个座位，火车上供应盒饭。军宣队、工宣队也派人跟随大家一起去，但据说他们是轮换的，大约几个月就轮换一次。他们在单独的车厢里，理由是要研究事情，教职员进不去那个车厢。教职员猜想，那里准是卧铺，还可能是软卧车厢，否则怎么开会？

车过徐州，天在下雨，火车没有停。在车上，听说徐州“文化大革命”中两派武斗甚烈，不久前才平息下来。我在车上久久难以入睡，写了一首五绝。

五绝

车过徐州

一九六九年

云低风转急，

夜雨水流声。

寂寞黄淮道，

落花遍古城。

火车经过南京时依然没有停车，这时已是上午，外面仍下着小雨，灰蒙蒙的，远处什么都看不见，尽管有放晴的可能，但至少要等到中午吧。在车过南京时，我眼睛盯着窗外，火车过了长江大桥，过了下关，过了玄武门一直向东开去。我填了一首《浣溪沙》，写出我当时的心情。

浣溪沙
车过南京，忆高中阶段往事
一九六九年

谁见洲头白鹭飞？
夕阳空照断残碑，
游人争说不如归。

无景何妨寻美景，
天灰未必映心灰，
坐看明日又朝晖。

我想，天不可能总是灰暗的，人世间的状况不可能总是这样动荡不安，天灰而心不能灰，无景之中也许真的有好景，关键在于你从哪个角度来观察，或者说，就看你从哪个层次上进行分析。

傍晚之前，火车到达上海，在上海北站停留一个小时。我的妹妹厉以凤和妹夫严修赶来会面。他们打听到北京大学去江西的专列大约在下午停靠上海北站。以凤妹自幼喜爱文学，擅长写小品、散文，1954年毕业于湘西卫校，被保送到河南医学院学习，1959年毕业后与严修结婚。严修的母亲是我远房的堂姑母，所以以凤妹和严修是亲上加亲。以凤妹此后一直在上海从事医务工作。记得以凤妹当初进入河南医学院学习时，我曾为她填过一首《武陵春》。

武陵春

闻以凤妹被保送到河南医学院学习

一九五四年

少小曾表升学意，
弄笔更相宜。
却入杏林换白衣，
机遇怎能知？

自古中原征战地，
满目尽疮痍。
愿到千家解病危，
不负改从医。

妹夫严修毕业于复旦大学中文系，留校任教至今。他们夫妇已有两个儿子，大的叫严均（比厉伟小1岁），小的叫严立（这时才1岁）。严修告诉我，复旦大学的“五七干校”已经定在崇明岛，可能不久他也要下放到那里去。

这次短暂的晤面，使我回到火车上写了一首七绝。

七绝

过上海车站，晤严修妹夫和以凤妹

一九六九年

听雨难眠驿路长，
梧桐叶落转秋凉，
今生不必都门老，
未老还乡莫断肠。

诗的后两句是想起唐末韦庄《菩萨蛮》中的“未老莫还乡，还乡须断肠”而写的。

又隔了一个晚上和一个上午，火车大约在中午时分到了南昌火车站。早已准备好的小轮船停在赣江码头，大家排队上船，驶向鲤鱼洲。这时已进入枯水季节，船在驶入鄱阳湖区的时候，根本看不见广阔的水面，一路都是从这个小河沟弯到另一条小河沟，船快到鲤鱼洲时，才见到比较大的水面，但也不是一望无际，而是有浅沙滩在湖中躺着。船家说：这就是秋天的鄱阳湖了。

二、踏上鲤鱼洲

船在鲤鱼洲的码头停靠，船家先铺好跳板，我们一个个紧挨着下船，走过长跳板才到岸。当时不少教职员带着手提物品走过长跳板时都胆战心惊，因为跳板很窄，人走在上面，一颠一颠，站不稳就会跌落水中。没想到几个月劳动之后，我们都习以为常了。尤其是卸水泥，一袋一百斤，一人扛一袋，从跳板上走下来，登岸，爬台阶，再走平地，扛入仓库，仓库内水泥袋一层一层铺着，水泥袋堆高了，又架上跳板，人往上走，卸货比从船上的跳板登岸要难多了，因为仓库里的跳板是人由下往上走的，何况肩头上还扛着水泥袋。

上了堤岸，又要循台阶而下。堤岸越高，夏季防洪的作用越大。赣江发洪水时，鄱阳湖水上涨，有时离堤岸很近了；还有长江上游发洪水了，江水会向鄱阳湖倒灌，湖水也会逼近堤岸。堤岸被湖水冲刷得厉害，所以年年冬天劳动力都要挑土上堤，整修堤岸。湖水一旦漫过长堤，或者堤岸有崩塌之处，堤下会成为泽国，后果不堪设想。

领路的把我们带到大仓库边。大仓库是砖砌的，里面摆满双层床，我们的临时宿舍就在这里。在大仓库里，住了好几百人。有的下放教职员把孩子也带来了，孩子也跟大人一起住。吃饭靠大食堂供给，白米饭敞开供应，早晚都是咸菜拌饭，中午有一道蔬菜，炒一大锅，每人分得一勺，就盖在饭上。

刚到鲤鱼洲，我们被分配去打柴、挑柴。距大仓库有八九里路远的地方，有一块低洼地，长着许多灌木，这是我们砍柴的地方。带我们去的当地老乡告诉我们，幸亏天气凉下来了，如果是夏天，根本进不来，地上全是积水和淤泥，穿高筒靴子也没有用，一陷进去，没法出来。而且天热时，陆上和水中都有蛇，蚊子又大又多，防不胜防。他说："你们趁现在秋凉，赶快砍柴吧。砍完后，用绳子捆结实了，用扁担挑着，循原路回去。"说完，他就回去了。留下我们经济系的10位男教师，就开始砍柴了。这个活太累了，砍了两个多小时，每人才捆好两捆柴，用扁担一挑，怎么那么重啊，足有100多斤，原来砍下的灌木全是湿漉漉的，当然很重。肚子又饿了，没有带干粮，原来以为很快就完成任务，可以赶回去吃午饭，不想这么费时间。虽说是循原路回去，但来的时候，每人只扛着扁担，腰上系着两根麻绳，插上一把砍刀，走过的小河沟上铺着两根树干，空身过去还是很轻松的。不料回去就不一样了，每人挑着100多斤的湿柴，绳子用于捆柴了，砍刀没处可插，只好一手握砍刀，一手抓住前面那捆木柴上的绳子，怕它左右晃动，这时再走双木桥，的确不容易。有一处，双木桥上有一根树干半截掉下水了，变成了独木桥。这怎么走过去啊！幸亏，有两位教师年轻，有力气，会干农活，他们先过去，放下捆柴，站在河对岸的岸边，我们一个个过河，他们二人分别站在两旁，作为接应，才让大伙平安地过桥。湿柴似乎越来越重，走不远就休息一下，等我们赶回大仓库旁边的大食堂时，已经下午了。每人赶紧吃一大碗开水泡冷饭，加两片咸萝卜，填填肚子。这样砍柴、挑柴的活，一连干了三天。大家反映自己去砍柴费时间太久，砍回的柴湿漉漉的，燃烧不好会弄得厨房里全是烟，不如到天子庙那里的一个集市去买干柴吧！

接下来的任务就是修路、上堤、卸货。

修路，就是在广阔的鲤鱼洲农场内修成一条可以让汽车行驶的碎石路的大道。鲤鱼洲同南昌相连接的有水陆两条交通运输线。水路是指小轮船可以由南昌从赣江出发，弯进小河，左拐右拐，可以到达鲤鱼洲堤岸的码头。陆路是指汽车离开南昌，可以抵达南昌县的滁槎镇，然后从滁槎镇沿堤岸走（堤岸较宽，可走汽车），但汽车开到鲤鱼洲以后，也只能停在堤岸上，客人上下都在堤岸上，货物装卸很不方便。修公路是指从堤岸顶上修一条可以直接让汽车开进办公区（即军宣队、工宣队指挥部）的路，既便于客人上下，又便于装货卸货。此外，堤岸上的公路太窄，错车不便，甚至易于翻下堤去，需要加宽。

上堤，是指从堤内挑土上堤，加固堤防和修补堤岸坍塌之处。这本来是江西鄱阳湖周边各县农民每年冬季必须从事的劳动，但因为鲤鱼洲农场这一带的农民都迁走了，所以上堤任务留给下放的北大教职员来干。这也是一桩很累的活，风雨无阻，从早挑到晚。不知道是什么缘故，鲤鱼洲的土地又烂又滑。烂，指的是土地松软，一脚踩下去就会陷得很深，如果穿上套鞋、雨鞋，那么只能拔出脚，鞋子陷在泥里，要靠铁锹来挖。滑，指的是行人容易跌倒，北大教职员中有些人就摔伤了。因此雨天走路时，最好是光脚走，这样反而不会把鞋子陷在泥里，而且慢慢走，一步一个脚印，也不易跌倒。

卸货，这是临时性的任务，一切听从指挥部的调遣。比如说，半夜里小轮船到了，或帆船到了，上面装载着由南昌运来的水泥、砖瓦等建筑材料，急需劳动力到岸边去卸货，指挥部马上派人通知某个连队（一个系或两三个系编为一个连，法律系、政治系和经济系编成第十连），立即紧急集合，跑步向大堤奔去，然后，不论男女，一律排成几个长列，有几个身强力壮的男同志先上船卸砖。他们一次把两块砖放在一起，传递给下一个，一个递一个，最后把砖堆放在大堤上，好让船卸空了开走。第二天白天，指挥部再调其他某个连到堤岸上把砖块挑到指定地点。

三、坦然对困境

鲤鱼洲农场没有邮局，也没有邮筒或邮箱。要从这里向外寄信，要交给连里一个管理来往信件收发的人，他把信件收集在一起，隔几天向指挥部送交一次；外面寄来的信件，也由这位管信件收发的人从指挥部领取，带回连里再发给收信者，这也是几天一次。信件来回都很慢（比如说，寄到北京家中或从北京家中寄来，单程就要10天以上）。

到鲤鱼洲农场以后，我除了给北京家中和给鞍山何玉春处写信以外，也给几位老同学写信。信里有时附上我在鲤鱼洲上写的诗词。看来信件未受拆查，诗词都被收信人收到。

一到鲤鱼洲，就给何玉春写了一封报平安的信，内附《生查子》一首。

生查子

到鲤鱼洲

一九六九年

梦回辽水边，

谈笑花丛里。

惊醒一身寒，

芦荡秋风起。

雁儿飞向南，

怎把家书递？

今夜又难眠，

残月留天际。

因为何玉春此时仍在辽宁鞍山，所以词的第一句是“梦回辽水边”。

我也写了一封给外祖母、母亲、女儿厉放、儿子厉伟的家信。信里说生活已安定下来了，劳动不累，身体健康，等等。还叮嘱两个孩子听话，不要自己上街或在巷子里乱走。

在给好友马雍的信里，也附了一首《潇湘神》。

潇湘神

致马雍

一九六九年

红叶秋，
红叶秋，
怕寻红叶在荒洲。
举目黄沙无一树，
朝朝唯见赣江流。

离开北京前，马雍在赠我的七律中有这样两句：“江上丹枫曾送客，篱边黄菊正宜人。”但我登上鲤鱼洲后，只见沙堆杂草，不见枫树菊花。

我是1969年10月下旬随北京大学下放江西的大队人马来到鲤鱼洲农场的，一个月之后就是我39岁生日。生日无人知晓，我写了一首七绝，自我安慰一番。

七绝

在鲤鱼洲度过三十九岁生日

一九六九年

恍然一梦醒何迟，
惊觉已临不惑时，

风送落花飞似雪，
来年春在小桃枝。

快到年底了，过去在北京时，每逢除夕，老同学都要轮流做东，请大家吃一次饭，已结婚的带上夫人，未结婚的单身一人前来聚会。而现在我已到达江西农村，无法再聚会同乐了。为此，我填了一首《虞美人》，遥寄给远在北京的何持方。

虞美人
自鲤鱼洲赠何持方
一九六九年

燕园空有湖山翠，
未必春光媚。
不如陋室故人多，
一曲清音慷慨听君歌。

鄱阳又是新天地，
往事频频忆。
隔江遥问北风中，
今后年年除夕与谁同？

何持方，湖南郴州人，北京大学俄语系毕业，与我同年考入北大。毕业后分配在北京建筑工程学院任教。他擅长京剧，扮演老生，唱做俱佳，因此我在词中写道：“不如陋室故人多，一曲清音慷慨听君歌。”

这时，我收到马雍自北京寄来的信。信中先说中国科学院哲学社会科学学部的研究人员已陆续下放到河南农村，他自己因体弱多病，仍留在北京。同时，信中附七绝两首，是专门送给我的。其一：“知君雅兴在烟波，沙色湖光不厌多。白日尽教忙里过，黄昏好唱打渔歌。”其二：“寂寞鄱阳湖水头，沉埋剑气已千秋。故人今向西洲住，自有文光射斗牛。”在艰苦劳动之余，读到好友赠诗，十分激动。夜间，填了一首《临江仙》，回赠给马雍。

临江仙

答马雍

一九六九年

自比故乡三月柳，
一生到处安家。
春风伴我走天涯，
漫江微雨过，
含笑吐新芽。

十里沙洲帆影下，

静看湖上朝霞。
惯听渡口浪淘沙，
桨声迎早雪，
清曲唱梅花。

1969年将近岁末之际，劳动之余，收到吴小如先生《鹧鸪天》一首，词云："聚散萍踪事可思，当年魇梦画楼西。百年驹影惊回首，一纸家书慰展眉。新旧雨，短长堤，平生幽素几心知。相看两鬓随缘老，莫待吟成已是诗。"我和吴小如先生是在"监改大院"结识和成为好友的。在鲤鱼洲上，他在中文系，属于第七连，而我在经济系，属于第十连，劳动时各在自己那个连，没有什么接触，只是刚到鲤鱼洲时，大家都住在大仓库里，才能递个纸条。

读到吴小如先生的词以后，我很快回赠他一首《鹧鸪天》。

鹧鸪天
步原韵和吴小如先生
一九六九年

莫道红湖巧遇迟，
萍踪难得两心知。
青莲自幸身无染，
银杏何愁鬓有丝。

堤上路，画中词，
升潮也有落潮时。
江风吹尽三秋雾，
笑待来年绿满枝。

吴小如先生收到我的词后，有一次我们在大仓库门口相遇，他对我说："你比我乐观多了。"我笑着说："愁死、憋死、郁闷死，多不值得啊！"

四、1970年新年

住在大仓库里总不是办法。大仓库是堆放粮食的，从1970年起，几千亩稻田全种上了，早稻、晚稻成麻袋装好，堆放在哪里？所以必须尽快建成教职员宿舍，把大仓库腾出来。最简易的办法是盖大草棚，只要一定数量的竹竿和稻草就行了。先用竹竿搭成框架，用稻草编成的草帘作为围墙和草棚内的隔断。屋顶铺上两层稻草，就可以住人了。鲤鱼洲本来是江西生产建设兵团的农场，兵团战士在我们进驻之前就撤离了，留下了少数砖瓦房，有些留作指挥部办公地点，有些分散在各连所在地，房间有限，就分配给带家属和孩子来的教职员住。于是趁着冬季农闲时节，全连上下都为修建大草棚而努力：男的运竹竿，埋竹竿，搭成框架，女的编草帘，男的再把编好的草帘做成草棚的围墙和内部房间的隔断。最后，挑几个比较灵活的、身体不胖的男教师上屋顶铺稻草。为什么不让肥胖的人上房顶？怕他们把竹竿压断。我被挑选为在屋顶劳动的教师之一。

终于我们十连的大草棚盖好了。草棚真大，大约隔成十多间，留三间作为法律系、政治系和经济系三个排各自的工具房，其余的全是宿舍，有双层床，一个房间住十来个人。起初还没有拉来电线和装上电灯，点蜡烛或油灯，最怕失火，一烧起来，不仅个人的东西全烧毁，连性命都难保。

1970年一开始，我们就从大仓库迁到了新建的大草棚。十连紧靠大堤，于是就成为被指挥部调遣到堤岸边给船上刚运到的砖瓦水泥等建筑材料卸货的机动队，为此，十连经常受到指挥部的表扬。指挥部一表扬，十连的领导就更来劲了，不仅随叫随到，而且督促大家卖命地干。

迁入大草棚后，我曾写过一首五绝。

五绝

迁入茅草屋有感

一九七〇年

秋晴防屋漏，
春旱怕洪灾。
莫谓荒洲静，
无风雨自来。

这是因为，秋天晴朗，预示着秋雨连绵的日子即将来临，春天有旱情，也预示着夏季很可能发洪水。虽然鲤鱼洲一片劳动之声，但谁知道政治上的暴风雨正在悄悄地酝酿呢？果然，从5月份起，有关毛主席和林彪之间有矛盾的小道消息开始在鲤鱼洲上传开了，谁也不知道真相如何，但消息却很快被教职员获知。这可能是有心人为8月份召开的中共九届二中全会（第二次庐山会议）做准备吧。

从到达鲤鱼洲起，我们就从来没有休息日，一直不停地干活，春耕开始前，连里通知大家休整一整天，可以到天子庙去，那里有商店，可以买点日用品。天子庙距鲤鱼洲大约10千米的路程，从大堤上可以直达；如果从堤下走，路不太好走，但近一点。我们几个教师都听说附近有个天子庙，据说还是古迹，都想乘此机会去看看，于是决定从大堤上走去，再从小路返回。

为什么叫天子庙？据说同元末朱元璋同陈友谅的鄱阳湖大战有关。史载，公元1363年，朱元璋与陈友谅在鄱阳湖大战，陈友谅败，退兵武昌，又遭朱元璋军于湖口堵截，陈友谅中飞矢阵亡。朱元璋乘胜进攻武昌。1364年陈友谅之子陈理投降。据说此庙是当年为纪念朱元璋战败陈友谅而重修的。我们去参观时已残破不堪，但仍有乡民去烧香祭拜。

七绝

鲤鱼洲头天子庙

一九七〇年

楼船烧尽炮声消，
败寇成王一步遥。
遗址几经荒草没，
烟云过后雨潇潇。

从天子庙向鲤鱼洲北大干校走，路边有一农舍，空屋无人，周围荒凉不堪，想必是外出逃荒去了。下面这首七绝，是途中所作。

塘边小屋是谁家？
蛛网掩门窗满沙。
一片蛙声人未见，
空余明月照芦花。

五、种稻生涯

鲤鱼洲上的春耕开始了。江西鄱阳湖畔的冬天和开春后，天气都很冷，寒风袭人，凉水刺骨。到了阳历二月末，稻田开始放水，我们把裤脚卷起，下田翻地，有时稻田表层还有碎冰。犁田靠水牛，我们两人一组跟在牛拉的犁后面，用铁锹平整土地。人跟着牛走，冻得嘴唇发青，手也冻僵了。幸亏劳动力多，换班快，大概牛来回三次，就换人来把地沟抹平。所谓换班，实际上只是从稻田里走上田埂，随地坐下，脚不再泡在带冰屑的水中了。厨房这时派人送来了半桶热姜汤，我们就喝一碗热姜汤除除寒气。等到下一次轮换，就再下去把稻田里的地沟抹平。

接着，准备育秧。相对说来，育秧多多少少要比犁田和平地沟的活轻一些。

大概在清明节前后，天气稍微暖和了，插秧工作就开始了。我被分配在插秧组，有些教师被分配在起秧组或挑秧组。起秧，是指把秧田里的秧苗拔出来，用秧田里的水把秧苗上沾的泥土洗干净，再用稻草把秧苗捆成一把一把的，供挑秧组的来运走。挑秧，是指把起秧组捆好的一把把秧苗，装在箩筐里，挑到准备插秧的田边上，把秧苗一把把扔在插秧者身后，以便他们插完手头的秧苗之后，向身后一拿，就有秧苗可用了。范中民被称为挑秧能手，因为他力气大，挑得多，而且把捆好的秧苗扔得远，又扔得准。过了30年，我访问加拿大温哥华时，他已定居于温哥华了。他有一天在请我吃饭时对何玉春说："厉以宁在鲤鱼洲，插秧可快了，是全连数一数二的。"我说："因为我瘦，手脚灵活，那些年，我刚好100斤重。"他接着说："我会挑秧，力气大。"我说："真亏得你挑秧，甩秧，我才有秧可插！"大家哈哈一笑。

插完早稻秧苗后，稍有一点空隙时间，干些轻松的活，如把大草棚附近的土路修好，把大草棚旁边的积水的土坑填上土，把野草拔掉，以防夏天蚊子为害。至于临时性的卸船任务，那是无法避免的，谁让我们十连的位置离大堤最近呢？

正在这个时候，又收到马雍自北京寄来的信，附有七律一首："红楼灯火梦依稀，二十年来两布衣。回首当时俱老大，伤心今日各东西。江南雨腻新蓑笠，燕北春寒旧雪泥。万里相思无以赠，唯将双泪押封题。"我感到这首诗很伤感，特填《水调歌头》一首送给他。

水调歌头

自鲤鱼洲赠马雍

一九七〇年

南北四千里，
别后忆相逢。
当年除夜犹记，
小院蜡梅红。
几盏清茶淡酒
一笑霓虹闹市，
苦乐与君同。
情趣寒窗外，
心血译文中。

秋早逝，
冬将尽，
又暖风。
杏花香里，
江南三月雨濛濛。
北国纵然春晚，
待到燕来雁去，
残雪自消融。
明日景山下，
新绿御河东。

词中，“当年除夜犹记，小院蜡梅红”“情趣寒窗外，心血译文中”等句，指的是1952年1—2月，北京大学放寒假期间，我和马雍同住在北京大学三院丁字楼的一间宿舍内，合作翻译和投稿之事。这是我们两人结下深厚友谊的开始。

这时（1970年），距我自北京大学经济系毕业已经整整15年了。回忆这15年的坎坷经历，我填了一首《江城子》。

江城子
鲤鱼洲有感
一九七〇年

宫墙深院画楼前，

雨涟涟，不成眠，
把酒问君，何处是桃源。
伴我秋灯多少梦，
添白发，已中年。

新来移住赣江边，
月牙镰，放牛鞭，
百里芳洲，好个艳阳天。
莫谓青春难再到，
光脚去，下秧田。

不久，稻田里的清除杂草劳动又开始了，一块田里要先后除三遍杂草。驻在十连的军宣队和工宣队，居然下了一道命令，要大家在稻田里除草时，“50米不许抬头”。当时我们的稻田大约宽50米，整整齐齐，不分男女，每人管两到三行。“开始”！一声令下，几十个人排成一字长蛇阵，统统下水，蹲在稻田里，倒退着行走，只准弯腰除草，不准抬头。谁抬头表示谁在偷懒、磨洋工。军宣队员、工宣队员，他们站在田埂上监视，大家心里都不服，嘀嘀咕咕地低声说：“你们也下田除除草啊！”“农民除草也没有不许抬头的！”“插秧也累，但从未禁止插秧时抬头，伸伸腰！”有什么办法呢？“50米不许抬头”成了死命令，谁敢违背？等到收工回宿舍，脸上、脖子上、胳臂上全是烂泥，洗干净之后才能到食堂去打饭。到晚上，大家都喊腰痛。几天之后，连上厕所都蹲不下来。此外，这时的天气渐渐热了，男同志都脱了上衣干活，颈部挂一条毛巾，以便擦汗。可是一弯腰除草，牛虻就会在背上狠狠叮一口，像针刺一下，很痛，打又打不着。天热了，稻田里的水也热了，蚂蟥到处咬人，小腿肚子尽流血。难怪后来北大经济系教职员们在谈“鲤鱼洲上什么活最累”时，说“稻田里除草”的人最多，说“双抢最累”的人其次。至于砍柴、挑柴这种活，由于只是少数人干过，就不计了。

“双抢”是指“抢收早稻，抢种晚稻”，而且时间是连在一起的，前前后后共计20多天。抢收早稻实际上包括四个环节。第一，是把早稻割倒，放在地里；第二，把放在地里的早稻捆好，用扁担把它们运到打谷场；第三，把早稻送到打谷机上打谷，再把谷子装进麻袋，码在打谷场旁边；第四，把装在麻袋里的稻谷用手推车运到大仓库门外，再用人力把麻袋扛进仓库，码成一层一层，有时还要扛麻袋走跳板，走到高处才卸下来。把早稻从田里向打谷场转运时，中途是不准休息的，因为扁担在中途一停，捆好的早稻一放在地上，就会掉粒，这样就是浪费粮食，是要挨批评的。

早稻抢收之所以累，还同天气变化有密切关系，因为夏天常有暴雨，必须抢在暴雨来临之前把早稻割倒、运回、打谷完毕，再装进麻袋，码在大仓库里，否则遇到暴雨，损失就大了。所有这些环节必须在短短几天内完成，那怎么办？唯一的办法就是加班加点，不睡觉，食堂把饭送到地里头，大家连续干活。最累的一次连续干了48小时，两天两夜在地里头。夜间挑稻谷走田埂，黑漆漆的，每人头顶上绑紧一个手电筒，远看像一条火龙似的。打谷场上，打谷机不断地转动，有人用扫帚把落在地面上的稻谷集中起来，以便用簸箕把稻谷装进麻袋去，装着装着，不知不觉地站着就睡着了。

这一边稻谷还没有装袋入库房，那一边抢种晚稻的活就开始了。过程同种早稻一样，平土地，挑秧，甩秧，插秧。如果暴雨这时来临，只要早稻已打完稻谷并且入了库，影响就不大了。

不料指挥部突然下了命令，各连抽调一部分劳动力，到清华大学“五七干校”去支援他们的“双抢”。清华大学“五七干校”也在鲤鱼洲，不过是在鲤鱼洲的北端，而北大“五七干校”则在鲤鱼洲南端，从清华大学“五七干校”去天子庙，要比从北大“五七干校”去天子庙近得多。到了清华大学“五七干校”后，由他们分配劳动任务，我们北大十连的任务是帮助插秧。每天早去晚归。我们干得很猛，几天的任务提前一天结束了。最后一天，我们留在北大“五七干校”，没有再去清华。就在这一天下午，鄱阳湖边突然刮起大风，一霎时天昏地暗，雷电交加，暴雨如注，有些北大教职员干完活后，上了小船，准备沿湖边驰回北大“五七干校”。不料波浪大，风也大，船被风吹得在湖边直打转。湖水漫过船边，涌入舱中，船有随时沉没或倒翻的危险，真是危险异常。最后由于许多人从岸上拼命抓住船上的绳索，才没有让大浪把小船冲走，真是万幸。而由于我们这一天没有再去清华大学干活，有幸躲过一劫。

六、妻儿前来探亲

“双抢”结束后，总算有了一段休整的时间。大家只干些比较轻的农活，如再盖几间草棚，让教职员住得宽松一点。又如搭了洗澡棚，男女各一个，以免没有地方冲澡。再如，扩大了猪棚、鸡棚、鸭棚，可以多养些猪啊、鸡啊、鸭啊，让伙食改善些。还有，教职员们的衣服破了，鞋破了，要有地方补衣服、补鞋，就辟出两间草屋，作为补衣服、补鞋的工作室，派年纪大一些的一个男教师替大家补鞋，一个女教师补衣服，他们一般就不下田干活了。

有一天接到何玉春的信，她说请准了探亲假，已从鞍山回到北京，准备把儿子厉伟带上，一起坐火车来南昌。厉伟这时6岁半，离上小学还有一年（因为北京市规定，年满7周岁才能上小学）。何玉春带厉伟，坐火车先到上海，见到我父亲和以凤妹，住了两晚，又到了杭州，住在表兄黄业耘、表嫂周静舒处。黄业耘在杭州钢铁公司工作，周静舒在浙江农学院当教员。他们从未见过何玉春，何玉春带着厉伟上他那去了，对黄业耘说：“我没有带以凤妹的信来，你们的住址是她告诉我的。”黄业耘笑了：“要什么信？一看见厉伟，就像年幼时的以宁一模一样。”黄业耘和我同龄，是我二姑母的次子，在我们家中住了很久，1949年后参加了中国人民解放军四十七军，先在湘西剿匪，后参加抗美援朝，复员后分配来杭州工作。他和周静舒的哥哥是战友，因后者在朝鲜战场上牺牲了，他回国后把遗物送往周家，这就认识了我未来的表嫂周静舒，后来结成伉俪，生了两个儿子。

黄业耘夫妇留何玉春和厉伟住下，陪他们游了西湖，然后再送他们去火车站坐火车前往南昌。我从何玉春信中知道她带厉伟在哪一天乘哪一趟火车到达南昌火车站，那么，他们怎么从南昌来鲤鱼洲呢？刚好经济系教员石世奇和张秋舫两人因公出差去南京，我请他们到南昌火车站接一下何玉春和厉伟。他们不认识何玉春，我就把身上带着的一张何玉春照片给张秋舫，请他们按照片接人。石世奇和张秋舫都是讲信义的人，果然不负我之所托，准时赶到南昌火车站。火车到站了，他们站在出站口，辨认女旅客（带小男孩的）中有没有何玉春。但等客人走完了也没有找到何玉春。他们猜想，或者何玉春和厉伟已经出站了，到站外广场上去找吧。找来找去，发现在台阶上坐着一个女的，还带了一个小男孩，好像在等人。事后，石世奇和张秋舫告诉我："你给的相片是何玉春年轻时的相片吧，我们凭相片没有认出来。"石世奇又说："是张秋舫发现这个小男孩有点像厉以宁，我就冒昧地叫一声：你是不是厉伟？"何玉春说："你们是来接我们的吧！"这样一来，何玉春就放心了。石世奇和张秋舫热情地帮何玉春提行李，把母子俩送到北京大学驻南昌办事处，问办事处工作人员："什么时候学校有运货的船到鲤鱼洲？"回答是："后天一早有船去。"于是何玉春和厉伟就在南昌多住了一天。

这已经是40多年前的事情了。石世奇比我小两岁，比我早一年进北大。张秋舫和我同年入学，后来到中国人民大学读研究生，再回北大教书，她也比我小两岁。她的丈夫是我的老师张友仁先生。不幸，石世奇和张秋舫都在不久前去世了。张秋舫去世早一些，她是北大经济学院教授，有一次突患脑溢血，从此没有再醒来，所幸遗下的一子一女均已成家立业。石世奇后来研究中国经济思想史，是这一领域的著名教授，因患肺气肿、哮喘，在病床上拖了一段时间，医治无效，与世长辞，遗下女儿二人，长女石爽，是我女儿厉放的同学。现在回忆我们在鲤鱼洲农场的往事时，好像没有隔多久，因为那段历史让北京大学每一个亲历者都毕生难忘。

何玉春带着厉伟终于坐船到了鲤鱼洲十连。连里在小草棚内空出一间房间，围墙、门和窗同样是草帘编成的。何玉春还带来大包小包，有东北产的苹果，北京的糕点，我母亲专门为我熬了一罐子猪油，说那里没有菜吃，可以用猪油拌饭吃。没有想到鲤鱼洲天气这么热，带来的猪油都化了，只好给了厨房。

厉伟在北京时从未下过乡，来到鲤鱼洲，整天在田埂上玩，或者捉青蛙，抓鳝鱼，捞小虾，说是要送给养鸭的人喂给鸭子吃。养鸭的是经济系资料室主任王克宥先生，他这时已经60多岁了，养鸭棚是他的“劳动锻炼”之地，他现在多了厉伟这样一个小助手，又免得寂寞，高兴得不得了。厉伟还到养牛棚去玩，养牛人每天都要赶着几头牛在大堤上遛遛步，厉伟也跟着牛一起走。大家见了都问：哪里来了个小放牛娃？厉伟就回答：“十连新来的！”很讨人喜欢。

在鲤鱼洲上，我为厉伟填了一首词，词牌是《南歌子》。

南歌子

为厉伟作，鲤鱼洲

一九七〇年

学走黄泥路，
初尝绿菜瓜，
鲤鱼洲上放牛娃，
含笑临风恰似向阳花。

何必京城住，
欣然四海家，
平湖尽处起云霞，
飞过长堤一日到天涯。

何玉春在这段探亲假期间，在鲤鱼洲上干些什么呢？先是把我的破旧衬衣、破旧外衣，该补的补好，该洗干净的洗干净，把床单、被面、被里，洗好叠整齐，留作天冷时再用。把我的被褥拆洗完了，就帮平时和我较好的、家眷又未前来鲤鱼洲的经济系某些教师（如胡代光等几个人）洗被子、洗床单、拆洗棉衣等。她在河边洗被子，被军宣队看见了，就问她："你怎么天天有被子洗？"一问，原来是连里经济系其他教职员的。军宣队说："他们都是来改造思想的，让他们自己洗，并且你自己还得花钱买肥皂，你别替他们洗了。"何玉春答应了，但照样替别人洗，只是悄悄地洗。当时她只穿了一双塑料凉鞋，光脚在小河里洗，她不知河水里是血吸虫最多的地方，万幸她没有生病。除此之外，她还经常帮忙干上堤卸砖瓦、水泥之类的活。

厉伟有时也跑到厨房里去。想帮忙但不知帮什么忙，结果有些场合反而添乱。探亲期间，何玉春和厉伟二人都带着饭碗去食堂打饭，带回到宿舍吃。我们大批下田干活的，听命令收工后，才回到食堂打饭，愿意在哪里吃就在哪里吃，上午收工和下午收工都难准点。有一天快到吃完饭时，厉伟突然对何玉春说："妈，你帮我打饭回来吧，我不想去厨房。"何玉春一听，就明白了，肯定厉伟犯错误了，怕到厨房去。何玉春问厉伟："你闯祸了吧，快跟我一起去厨房，承认错误。"她硬拉着厉伟进了厨房。管厨房和食堂的是经济系教师董文俊和严庆珍，何玉春问他们，厉伟犯了什么错误。他们都笑了，说厉伟是好心，他看到一只鸡从外面跑进了厨房，就想把鸡赶出去，不料他一赶鸡，鸡就飞上厨台，一不小心鸡就掉在一大锅粥里，鸡被烫痛了，飞下了厨台，满地跑，弄得到处都是粥。他们说："这不是厉伟故意淘气，他是'好心办了错事'。"那一锅粥怎么处理呢？董文俊、严庆珍两人赶快用锅勺把面上一层捞出来，准备拿去喂猪，剩下的粥加点水，再煮开就行了。从此厉伟再也不敢到厨房、食堂去玩了。

何玉春的探亲假快到期了。她临走前抽了一天到清华大学"五七干校"去探望她的大哥何重义，因为他作为清华大学建筑系的一名教师。此时也在干校劳动。一清早，她带着厉伟沿着一条小路向清华大学“五七干校”的方向走，没有一个人引路，途中只有一户农舍，养有一条狗，几个孩子在河里玩。没有见到干活的农民，因为有些人已外出逃荒，厉伟对他妈妈说：“我不怕狗。”但狗真的来了，赶快躲到妈妈背后。幸亏他们遇到的狗并未袭击行人，他们终于走到了清华大学“五七干校”。何玉春找到了何重义，中午吃饭休息时兄妹二人谈谈家常，大约一个小时就到何重义该上班劳动的时候了。何重义去劳动，何玉春带着厉伟朝北大干校的方向走。回到北大十连已接近开晚饭的时间。厉伟才6岁半，这一天跟着妈妈走了20千米路。

又过去几天，何玉春了解到有一艘小火轮要从鲤鱼洲北大干校开往南昌。那天，狂风暴雨，我送他们母子去南昌。船一离岸，就在风雨中飘摇。大家都在船舱里呆呆地坐着，不敢站立，更不敢到船头甲板上去，因为站不稳。船走了两个多小时，雨一直不停地下。同舟20多人，无不胆战心惊。他们都是北大教职员，有到南昌办事的，有到南昌市的医院看病的，还有到银行取点零花钱的，因为他们把带来的钱和每月发的工资存入了南昌的中国人民银行了（这是因为，把钱放在身边或草棚的宿舍里，都不安全）。由于我的母亲和子女都在北京家中，每月让学校财务处从工资中扣下15元生活费，直接拨到鲤鱼洲农场，让我去领。其余54元由系办公室派人每月送到家中（当时我的职称是讲师，月工资为69元）。何玉春仍然每月给北京家中寄30元补贴家用（她月工资为62元）。

船到了南昌，雨还在下，只是稍小一点。我带一根扁担，一头挑起铺盖卷，一头挑起一口小箱子，装着衣服和杂物，沿街打听南昌火车站在哪里。到火车站，先买好车票，再在火车站附近找了一家小旅馆，订个房间就住下了。三口人挤在一张床上，凑合着过了一晚。第二天早上，我又挑着行李和箱子，把他们送上由南昌赴长沙的火车，何玉春要带厉伟到长沙，到何玉春的姐夫、姐姐家中住两天，再回北京。

我在南昌，把何玉春和厉伟送上火车后，天已转晴。到北京大学驻南昌办事处一打听，刚好有一艘运建筑材料到鲤鱼洲的船要走，下午我就搭船回连里销假。

在归途中，我把由鲤鱼洲来南昌途中惊险的一幕写在《归自遥》这首词中。

归自遥

狂风暴雨中由鲤鱼洲乘船赴南昌

一九七〇年

江上雾，
恶浪滔滔天已怒，
倾盆大雨空中注。

世途艰险如舟渡，
朝谁诉，
忙人总被闲人妒。

七、抗洪抢险

送走何玉春和厉伟以后没几天，农田的活又忙起来了，因为晚稻田里的除草劳动又开始了。这时，连续收到几封来信，第一封是何玉春已回到辽宁鞍山上班的平安信。第二封是母亲从北京家中寄来的平安信，提到厉伟就要上小学一年级，北京大学附小距离家里太远，让他一个人走来走去，要过好几条马路，不放心，准备就近在海淀镇上的小学入学。第三封是老同学何持方的问候信，这时何持方仍在北京建筑工程学院任教，未离开北京。第四封是马雍自北京寄来的问候信，并告诉我北京的一些信息，说政局可能又有大的变化，因为庐山会议已经召开，陈伯达出事了。

在回复何持方的信中，我附上一首七绝。

七绝

复何持方函，于鲤鱼洲

一九七〇年

千里传书问短长，
三更未睡夏收忙，
感君关注从何说，
只道湖边雨后凉。

正在这个时候，鲤鱼洲农场指挥部下达紧急命令，全体动员，连夜扛着铁锹，带上扁担和箩筐，上堤防洪。除了每个连队留下少数留守人员而外，无一例外。我们起初感到意外，因为鲤鱼洲一带天气晴朗，怎么突然防洪呢？上了堤以后，才知道一方面赣江上游下暴雨，赣江发大水，另一方面，四川长期下大雨，洪峰已过湖北湖南，正在逼近九江，长江洪水可能向鄱阳湖倒灌，造成洪灾。我们农场附近的堤岸，由其他连队防守，法律、政治、经济三系所守的十里防区，则在十多里外的一块叫作“豆腐腰”的堤岸。的确，那里的堤不高，水面离堤岸已经很近了。大家站在堤岸下，铲土装进麻袋，两人一组，逐级向上运送装好土的麻袋。从堤内上堤的路不好走，天又黑，也有年轻力壮的教职员独自扛麻袋上堤，但很容易摔倒，所以不如排成一列一列，逐级搬运麻袋上堤。我起先不知道，以为这同搬运装粮食的麻袋差不多重，不料一搬运，才发现这比粮食袋重得多，因为粮食是干的，而泥土是半干半湿的。

在大堤上的人很紧张，眼看着湖水一点一点往上涨，决不能让湖水漫过大堤，否则堤下全被淹了，怎么得了？这样的艰苦劳动干了一个晚上，到天亮时，听到堤上的同志喊道：“湖水不往上涨了。”又过了几个小时，堤上的同志又喊道：“湖水开始下降了。”大家这才松了一口气。到了傍晚时分，在堤上堤下干了将近20小时的十连教职员一个个精疲力尽，撤回农场宿舍，换了其他某个连队接防。我们则在宿舍里休息，就地待命，准备再战。

所以在给马雍写回信时，我附上了一首《生查子》。

生查子

致马雍

一九七〇年

孤洲耕地人，
多谢勤相问。
千里赐嘉音，
路远心声近。

忽闻奔大堤，
八月长江汛。
草草复君函，
纸短言难迟。

八、稻色金黄又是秋

我们是第一批下放到鲤鱼洲劳动的北大教职员。到10月份就是一周年了。轮换工作也开始了。每个系轮换了一小部分人。回北大校内的，大体上有这样三种情况：一是校系干部，有的要重新安排工作，担负新任务；二是骨干教师，因为第一批工农兵学员已经进校了，他们有授课任务，但骨干教师不能全部回校，因为“北大干校”已经改名为“北大分校”，分校的工农兵学员也快进校了，要有人授课；三是体质太差的、年龄偏大的教职员。我无疑是继续留在鲤鱼洲的劳动力之一，教书是无缘的。每个连队通过轮换来了一些新人，填补了空缺。法律系的年轻教员杨敦先就是其中之一。他是苏北人，和我是老乡。他一到鲤鱼洲，第二天就下稻田除草，我们就认识了，并从此成为好友。

来鲤鱼洲一年了，感慨不少。我在一首《鹧鸪天》中，表达了我的心情。

鹧鸪天

来鲤鱼洲一周年有感

一九七〇年

稻色金黄又是秋，
文思未绝复何求，
闷雷有意常惊梦，
破帽无情也恋头。

诗易写，信难投，
赣江北去却东流，
潮声仿佛春蚕曲，
吐尽愁丝再不愁。

苏轼在《南乡子·重九涵辉楼呈徐君猷 》中曾写道："酒

力渐消风力软，飕飕，破帽多情却恋头。”我在这首《鹧鸪天》中却写道：“闷雷有意常惊梦，破帽无情也恋头。”我把苏轼的“破帽多情”改为“破帽无情”，可能更符合史无前例的“文化大革命”期间中国的实际情况。

以前传说中的“陈伯达出事了”的小道消息，这时已被证实是真的。回想1966年6月1日陈伯达所写的《横扫一切牛鬼蛇神》这篇文章，在《人民日报》发表后，陈伯达是何等的跋扈、嚣张，目空一切，而如今呢？在鲤鱼洲上没有人会同情他，为他辩解。我以一首《卜算子》把当时的感想记述下来了。

卜算子

鲤鱼洲之夜

一九七〇年

苇影月明中，
渔火江村里。
挑谷穿梭去又来，
汗湿黄花地。

休叹世情凉，
劫后皆余悸，
今日河东转眼西，
谁敢违天意？

常言说“三十年河东，三十年河西”。可能如今运转加快了。陈伯达倒台，不正说明“三年河东，三年河西”吗？

转眼又到了我40岁生日。在鲤鱼洲上，我填了一首《相见欢》。

相见欢

四十自述

一九七〇年

几经风雨悲欢，

志未残，

试探人间行路有何难。

时如箭，

心未变，

道犹宽。

莫待他年空叹鬓毛斑。

九、为何玉春调人农场而忙碌

正是在1970年11月，传出了可以把在外地的妻子调到江西鲤鱼洲农场来的准确信息。起初我还不大相信，后来到军宣队那里询问，他们说确有此事。由于何玉春来此探过亲，军宣队认识她，就说："你们两地分居很久了，现在有机会了，赶快申请吧！"我立刻写信，通知她，让她拿主意是不是调来。我的信寄出后，天天盼回信。终于等到了回信，她同意调进鲤鱼洲。我立即打报告交给军宣队。这段时间内，我和何玉春之间为了调工作之事，通信多，而且埋怨信件在途中走得太慢了。当时我曾写了一首《生查子》如下：

生查子

代家书

一九七〇年

上回投信时，
犹见中秋月。
前日接来函，
满地枯黄叶。

荒洲无可谈，
昨夜头场雪。
一早去挖沟，
脚下皆冰屑。

在填这首词时，不禁想起陆游的词《渔家傲》中的名句：

“写得家书空满纸，流清泪，书回已是明年事。”

不过，何玉春这次调工作却异常顺利。北京大学给鞍山钢铁公司的商调函一发出，鞍山钢铁厂在征求何玉春本人同意后，很快，正式调令就由北京大学发出，要何玉春1970年12月末以前来北京大学报到，接着来江西南昌的“北大干校”上班。

何玉春毕竟在鞍山10多年了。她在鞍钢发电厂平时接近的几位工人师傅的帮助下，把自己的衣服装在皮箱内，其他的生活用品、书本、杂物等装在木板箱里，从鞍山火车站直接托运到江西南昌火车站，连一辆女式26自行车也一并托运了。然后，她办完离职手续就坐火车回到家中。

据后来何玉春告诉我，为了她要落户于江西南昌一事，我母亲起初还不愿意，说：“你落户在南昌，以宁怎么办？岂不是再也回不了北京了？”何玉春说：“将来的事将来再考虑吧！”至于两个孩子究竟到哪里去，我母亲坚持要把孙子留在身边，女儿厉放则吵着要随妈妈去江西。最后也只好这么安排了：女儿厉放一起去江西，儿子厉伟跟着奶奶在北京。这时，母亲接到我弟弟以京夫妇的来函，他们请母亲带着外祖母和厉伟去广州华南工学院，因为以京弟在华南工学院工作，弟媳张凤鸣在华南师范学院工作。何玉春带着厉放就这么乘火车离开了北京，途经上海，再到南昌。不久，母亲、外祖母、厉伟三人把海淀租的房屋退还给房管局，把家具存放在亲戚家，乘火车到了广州。

接到何玉春来信，知道他们12月末的某一天到达南昌火车站。我向军宣队和连里的领导请了假，到南昌去接他们。那一天，历史系教授邓广铭刚好要到南昌去，我们同行。我在北大红楼时就认识邓广铭先生了。我的好友马雍是邓先生的高足，我也曾陪同马雍到过邓先生在北京东城区的住所，拜访过邓先生。邓先生一路和我聊天，从马雍的近况谈到中国科学院哲学社会科学学部在“文革”中的作为，再谈到中国政局的演变趋势。他知道我是马雍的好友，对我像对自己的学生那样，所以我们的交谈毫无顾忌。

到南昌后，我和邓先生分手，先找一家旅馆，把房间订好，就去火车站，何玉春带着厉放准时到达。厉放这时12岁，小学还未毕业。从辽宁鞍山托运的行李也运到了，于是我雇了三轮车，把行李统统带到旅馆。然后，我们一起到北京大学驻南昌办事处，打听什么时候有轮船去鲤鱼洲。南昌办事处的工作人员说，第二天早上就有，运食油、酱油、醋、面粉等食品的船，可以载一些客人。于是我们决定不耽误了，第二天一早就走。

两地分居13年的生活就此结束。这也是鲤鱼洲“下放锻炼”的一个意料不到的收获。

我和何玉春、厉放从南昌乘船到达鲤鱼洲的那一天，一些经济系的教职员到堤岸下的码头迎接我们，并帮我们把行李运回大草棚，包括自行车在内。何玉春事后才知道，鲤鱼洲这块地方，根本骑不了自行车。一下雨，土路上全是稀泥，自行车没办法骑。天晴，土路上尽是一条沟又一条沟，有的沟还比较深，也没办法骑自行车。自行车只好堆在房间里，还经常要擦干净，因为屋子常常漏雨，不擦洗自行车就锈了。

连里把大草棚最西面的一间分给我们。那间房原先是工具棚。连里把工具搬走一部分，还剩下一部分，堆放在房间的最北头。放了三张床，好让我们一家三口住。

经济系教员张维福是管劳动出勤的，他是我教过的学生，对我有些照顾。晚饭前他悄悄来到我们房间，对何玉春说："今天半夜有'拉练'，你先做好准备，事先打一个小包，放一床毯子就行，以免临时来不及。"又说："厉放就别去了。"多谢他的事先通知，否则何玉春岂不是很狼狈？果然，半夜响起哨声，紧急集合，人人背上背包，"拉练"开始了。连里的孩子们不参加"拉练"，留在房间内。张维福和另外几个干部担任保卫，负责安全，如防火、防盗、防止不明身份的人闯入。

"拉练"不走大路，尽走小道，路窄难行，不准说话，不准打手电，一个紧跟一个，走了两个小时，等于绕了一大圈，回宿舍后宣布解散，大家才回去睡。可是，当我们回到房间时，厉放一直没有睡着，因为我们"拉练"出发以后，她本想入睡，却听得房间角落上有响声，一会儿跑出一个比猫小一点的动物，有一个大尾巴，她不知道这是什么动物，就喊了起来。值班的听见喊声，跑进屋内一看，原来是只黄鼠狼，躲在工具棚内。她也就睡不着了。第二天，我和何玉春把屋内藏工具的角落清扫了一遍，没有再发现黄鼠狼，估计已经逃走了。

何玉春分在十连三排（经济系）的一个小组内，平时同小组一起活动、学习和劳动，同时还兼本连的电工。厉放则转入北大分校附小读书。由于快到1971年元旦了，晚稻收完入库了，小组一般成员没有什么专门的农田里的活，大家无非是清扫宿舍周边的垃圾。何玉春说："听说牲口棚还没有装上电灯，那里有教员（饲养员）住，快过年了，替他们装电灯吧。"军宣队同意了，所以元旦那天，大家都休息，只有何玉春和经济系教员周振华二人加班，周振华当了电工助手。在野外干了两天，包括埋电线杆、架电线、装电灯等，总算让喂牛喂猪喂鸡鸭的教师都有电灯可用了。但何玉春刚来鲤鱼洲，不知道冬天鄱阳湖湖边之冷和寒风之凌厉，她在露天之下待了两天，又不知道要用围巾把脸部遮住，脸上长了冻疮，也就是冻伤以后长出的小红点，发痒、溃烂。她刚来鲤鱼洲的那个下午，看到一些女教师脸上有冻疮，还很诧异，"怎么会长痘痘呢？"现在她自己也开始有冻疮了。"我在东北工作十几年，怎么没听说长冻疮呢？"别人向她解释："东北的冬天，屋内有暖气，白天在外面受冻了，晚上在屋里暖暖和和地睡一觉，就缓过来了。"还有的女同志告诉她：指挥部边上有个小卖部，那里有蚌壳油卖，赶快去买，外出干活时，脸上、手上涂一点蚌壳油，就没事了。何玉春赶快去买，后来果然不再长冻疮了。

厉放比她妈妈更不经冻。每天早上吃早饭以后，同连里的教职员的孩子一起排队去上学，学校距十连所在地还有一段路程，中午回来吃饭，饭后再去，下午课完了才回家，吃晚饭。要做作业，房间里没有桌子。何玉春在外面捡了几块砖，砖上放个木箱子，再铺上一块塑料布，这就是"桌子"。鲤鱼洲上每人都领到一个小马扎，到指挥部旁边的广场开大会或看电影时，人人都带上小马扎，可以坐下。现在，小马扎在房间里摆在搭成的“小桌子”前，厉放可以做作业，一家三口从食堂打饭回来，也可以坐在“小桌子”边，共同进餐。过了几天，我们突然发现厉放脸上有一块块紫色的斑。怎么会这样？连里有两位校医院的女医生，一位是李贞爱，朝鲜族，另一位是张葆春，都很和蔼。我们请她们来给厉放看病。她们都说：这不是病，是不习惯这里的气候，冻出来的。又说，不用吃药，涂点蚌壳油就好了。又过了几天，厉放适应了鲤鱼洲上的冬天，脸上的紫斑也消失了。

十、再一次在鲤鱼洲过春节

1971年的春天，是在鲤鱼洲过的。连里杀了猪，又宰了一些鸡和鸭，还腌了一些鸭蛋。连里的菜园提供了新鲜蔬菜。厨房人手不够。抽调一些教职员去帮厨，男女都有，干些洗菜、切菜、炒菜、洗锅、洗盆子之类的活。还准备了一些糕点、花生、瓜子，供联欢时用。三个系（法律系、政治系、经济系）都要出节目。有些教职员请假回去探亲了，有的家属从外地来鲤鱼洲探亲了。真正从外地来鲤鱼洲落户的家属，到此为止还只有何玉春一人。有些妻子在外地的教职员，仍在犹豫，究竟把家属调来还是不调来。

春节过得很热闹，大家回忆1970年的春节是怎么过的，感到一年来鲤鱼洲的变化还是相当大的。一年前的春节，是在极其简陋的条件下过的，没有电灯，整天照常干活、卸货、修路、啃咸菜、喝粥，过春节时从南昌运了一些猪肉来，煮了一大锅白菜肉丝汤，蒸了糖包，这就是加餐了。

过完春节，回家探亲的教职员纷纷回来，来鲤鱼洲探亲的家属陆续离开了，大家又开始为春耕做准备了。经济系教师田万苍家在天津，他会理发，一直是经济系的义务理发师。这一次他回天津探亲归来，见到何玉春，对她说："我刚从天津回来，看到天津目前正流行一种发型，我学会了，帮你理个新发型吧！"何玉春说："不必了，我在鲤鱼洲之前在北京刚理过发。"田万苍说："很快就理成了，不耽误我们出工。"于是田万苍就动手了，不料理成的是运动员型，很短，像个男的。何玉春赶快找了一顶帽子戴上，说："不戴帽子，多难看！"军代表问她："天这么热，你戴帽子干什么？"

隔了10多年，田万苍几次作为访问学者到日本东京大学、早稻田大学进修，他在国内已经是著名的日本经济专家了。那时我们同住在北大中关园宿舍。有一次，我和何玉春上他家里去看他，谈起了他在鲤鱼洲帮何玉春理发之事。田万苍教授笑着说："你看，女的理成运动员发型，现在不是很流行了吗？"大家都笑了。

厉放也开学了。连里上北大分校附小的孩子已有十来个人，要选一个队长，厉放被选上了，任务是带队去上课和回家。她倒很负责，早上集合，点名，不准迟到，学生有病要家长签名写假条，中途不准停留。放学回家，也要排队，人齐了再走，中途不准掉队。孩子们都服她。董文俊在边上看到后说："孩子们一定要守纪律。鲤鱼洲这么大，孩子放学后四处去，迟迟不回家，岂不把家长急死了？”

鲤鱼洲上各连都有值夜制度，每天晚上有两人共同值夜：两个男人，或两个女人。从一排、二排、三排轮流转。值夜的主要任务是阻止农场以外的不明身份的人前来偷窃，以及防火、防堤岸坍塌等。大约每两个月轮值一次。值夜者夜间如果饿了，可以在晚餐时多存些馒头、包子之类，或留下米饭，用开水泡着吃。值夜者第二天上午可以休息，但下午仍照常下田劳动。我从1969年冬天起就参加轮班值夜了，当时曾填过一首《豆叶黄》。

豆叶黄

鲤鱼洲上值夜

一九七〇年

长堤秋色水滔滔，
几处鸡鸣破寂寥，
晓月残星送落潮。
过危桥，
芦叶茫茫十里遥。

现在，何玉春来鲤鱼洲了，轮到她那个小组出两个女同志值夜。何玉春和系办公室的姜明二人当值。姜明来鲤鱼洲一年多了，有经验，她领着何玉春先到大堤内外巡逻，转了大半圈，又回到食堂，动手做起饭。忽然不远之处发现一个女的，披头散发，衣衫不整，直朝十连食堂走来。把姜明和何玉春二人吓得要命，赶快叫醒管食堂的董文俊老师，要他走出食堂去拦住她。原来以为这是个疯子，或者是饥民，都不像，看来是逃婚的，更像是受婆婆或丈夫虐待而出奔的小媳妇。大家好不容易把她拦住了，给她一些吃的，再给她一件旧衣服，让她披着，她才离开。

第二天，何玉春对大伙儿说，幸亏有董文俊、姜明在场，如果只剩自己一个人，还不知道该怎么应付呢！

十一、江南斗笠好遮头

春耕开始了。何玉春是新来的，一切从头学起、做起。她不会插秧，跟着女教师一起插，慢慢也学会了。不过速度较慢，她说："我不会分秧，所以插得慢。"我是插秧快手，这也是熟能生巧。她也不会弯腰除草，"五十米不许抬头"，大家都这么做，她也坚持下来了。在这段时间内，我为她写了几首词。有三首《鹧鸪天》、一首《忆江南》、一首《菩萨蛮》。

鹧鸪天

迎何玉春来鲤鱼洲

一九七一年

往事难留一笑中，

离愁十载去无踪，
银锄共筑田边路，
茅屋同遮雨后风。

朝露冷，晚霞红，
门前夜夜稻香浓，
纵然汗渍斑斑在，
胜似关山隔万重。

鹧鸪天
赠何玉春，鲤鱼洲
一九七一年

堤外有堤洲上洲，
渡船撑出小河沟，
花开两岸红黄紫，
草绿平台春夏秋。

晴日暖，晚风柔，
江南斗笠好遮头，
今年学做庄稼事，
汗水权当雨水流。

“花开两岸红黄紫”是鲤鱼洲春天的一景。红色的，是当作绿肥的红花草；黄色的，是油菜花；紫色的，是蚕豆花。

鹧鸪天
春忙，鲤鱼洲
一九七一年

大地春回三月三，
犁田汗出湿衣衫，
今朝肩痛青还紫，
又命插秧北至南。

休抱怨，且前瞻，
堤边小坐数轻帆，
长年习惯京城住，
谁见天空如此蓝？

忆江南
为何玉春转入农场户口而作
一九七一年

清明过，
春满翠堤边。

芳草有情留客住，
何愁落户在农田，
植树盼来年。

何玉春的户口落在江西南昌县鲤鱼洲农场。我们两人有同样的感觉，认为这也比多年两地分居好。

菩萨蛮
鲤鱼洲上新居
一九七一年

春风吹遍沙洲路，
江村处处留春住。
堤下好安家，
半坡油菜花。

花开河岸外，
花落香还在。
新籽出新苗，
明年分外娇。

实际上，我们在鲤鱼洲所住的茅草房远没有农民家里的茅草房那么好。我有一次被派到距离鲤鱼洲30多里以外的一个农村，去打听有没有鱼卖。那是一个已有一二百年历史的小村，居民全是外地迁来的移民，以垦荒种地和打鱼为生。农民住的全是茅草房，但四周仍是砖墙，房里的隔断墙也是砖砌的，有木板做的门，木条做的窗户。屋顶铺的是稻草，铺得比较厚，不漏雨。问农民为什么不铺瓦？他们说，铺稻草，凉快些，否则夏天太热。而我们在鲤鱼洲住的茅草房，铺的稻草不够厚，老是漏雨，屋外下大雨，屋内下小雨，要用塑料桶接水。周围的墙是用稻草编的草帘连接起来做成的，外面一刮风，屋里就听见飕飕的响声，不御寒。这完全是简易的、临时性的草房，没有长久打算。但不管怎么说，我们总算有一个栖身之地了。何玉春将我们住的工具草棚用油布挂起来作为隔墙，屋内三分之一放工具，三分之二住人，又用竹片做了一个窗户，夜晚用一张草帘挂上，白天拿下进阳光，还用带来的木箱铺上塑料布做桌子，用竹片条做了一个洗脸架，放脸盆和脚盆。虽然地下是黄土，但由于天天打扫，地面已光滑，没有一点土了，总算有了一个比较舒适的家。

十二、文艺汇演

何玉春来鲤鱼洲后，不但兼做了电工，还是连队文艺队的队员。1971年初夏，早稻插秧已经结束，指挥部下令要各连准备文艺节目，每连报一个节目，准备一个月之后演出。军宣队主管这次文艺汇演，十连争取得个好成绩。连里决定出一个舞蹈节目。

导演是孟继有，他是教公共英语的教员。另外从各排抽出四个男的、四个女的当演员，他们既要会唱，又要会跳。挑来挑去，何玉春被挑上了，成为女演员中的一个。还要找一个编写歌词和快板的人，我被挑上了。而我这时已被任命为十连的植物保护和消灭害虫的技术人员，到生物系所在的那个连队接受培训几天后刚回到十连，任务是下稻田查看虫情，准备配洒药剂，在已发现虫情的稻田里和可能发生虫情的稻田里喷洒农药。每天早上起，就背着一个喷雾器，在稻田中走来走去，喷洒农药，同时还告诉连里的劳动者，哪几块田刚喷过农药，不要下水。尤其是告诫小孩，不要到稻田里去抓小鱼小虾。现在又给我加了编歌词和快板的任务，我只好晚上抽空来编写。我编好以后，演员们试唱试跳，认为歌词和快板不顺口，或有哪些语句还需要修改，我就晚上再修改，白天仍然是在稻田里了解虫情，喷洒农药。连里让厨房给我晚餐时加两根生黄瓜，作为喷洒农药的额外补助，我就留在晚上修改歌词和快板时吃。有时还分一些给何玉春和厉放吃。

文艺汇演开始了，一连好几个晚上，所有“五七战士”都各自提了小马扎，穿上长裤长袖衬衫，脖子上涂上防蚊子叮咬的清凉油，到指挥部前面的广场集合，看文艺演出。十连的节目是“修大寨渠之歌”。修渠，是1971年刚开春的劳动。“大寨渠”是军宣队给这条渠起的名字，表示“学大寨”的运动已在鲤鱼洲上展开。最后评奖时，十连的节目被评为一等奖。大家都很高兴。这一个月的排练公认是有成绩的。

早稻长得不错。我依然负责植保，劳动任务是喷洒农药。这时，指挥部又交给十连和二连一项任务：试制插秧机。二连以物理系、无线电系为主，位置是在十连以西，他们的稻田和十连的稻田紧挨着。指挥部来人说："清华干校已经试制成功了，北大不能落后，也要试制出一台。"于是要二连抽几个教员、十连抽几个教员，组成一个插秧机小组，十连所抽出的人中就包括何玉春在内。

插秧机小组组成以后，先到清华大学"五七干校"去参观学习，然后回来试制，整天开会讨论，大家心中没有底，因为北大和清华的情况不一样。清华的教员中有学工的，学机械制造的，而北大二连中抽调的教员是学物理的，学无线电的，北大十连中抽调的教员是学法律的、政治学的和经济学的，何玉春虽说是华中工学院毕业生，但她的专业是发配电。虽然她10多年一直在工厂工作，但所在单位是鞍山钢铁公司发电厂电气车间，与插秧机不沾边。但命令既然下达了，插秧机小组建立了，清华大学那台试制的插秧机参观过了，于是只得硬着头皮上。

负责采购零部件的教员在南昌市有关部门协助下到处购置所需要的材料，运回鲤鱼洲。有人试制秧箱，敲敲打打。据何玉春告诉我，为了试制秧箱，整天敲打和剪裁铁板，累得连胳膊都抬不起来了。两个月后，试制的插秧机终于可以下稻田试着插秧了。大家都围在稻田周围，观看插秧机表演。这台插秧机可以插秧，但问题在于插秧速度比人工插秧慢，而且分秧多少不匀，秧与秧之间的距离偏大，这样就会影响每亩稻谷产量。所以在插秧机插完之后，还要派人去补插秧苗。

插秧机还需要进一步改进，但不管怎样，北大的插秧机终于试制出来了。指挥部很满意，表扬了二连和十连。

从这以后，何玉春和物理系、无线电系的一些教员也熟识了。直到现在，我们在北大蓝旗营宿舍院内散步时，时常会遇到当初下放鲤鱼洲时所认识的物理系、无线电系的教师，还会谈起40年前制作插秧机的情形。真没想到，一转眼大家都是七八十岁的老人了。

十三、北京近况

1971年我41岁，马雍比我小一岁，我属马，他属羊。他的生日在8月份。在他即将过40岁生日时，我寄信祝贺他，并附上一首《八声甘州》。

八声甘州
在鲤鱼洲为马雍四十岁作
一九七一年

忆潇湘千里下衡州，
雁回楚峰高。
笑君山孤冷，
金陵寂寞，

北上迢迢。
跃马长安年少，
对酒赋情豪。
杯底论今古，
笔落狂飙。

一十九秋萍聚，
念人生最贵，
患难相交。
纵天涯水隔，
无处不春潮。
等闲看，
当时王谢，
过大江，
新浪正滔滔。
问明日，
文坛锦色，
谁领风骚？

马雍，湖南衡阳人，衡阳有名胜回雁峰，民间流传雁不过衡阳，所以这首词一开始就写道：“忆潇湘千里下衡州，雁回楚峰高。”马雍的父亲马宗霍先生，是国学大师，以经学见长，受业于章太炎，抗战前在南京金陵大学任教授、中文系系主任。抗战期间，马宗霍先生率家避难于湘中，任国立师范学院教授。马雍毕业于国立师范学院附中，考入南京中央大学历史系，后又转入北京大学历史系，所以我在词中有“笑君山孤冷，金陵寂寞，北上迢迢”之句。

马雍收到我的信和附上的词以后，很快回了信。信中除了对我表示感谢以外，还谈到两件事。一是，告诉我“陈伯达确实出事了”，北京的一些同意识形态有关的机构正在清理“文化大革命”以来陈伯达历次讲话，批判陈伯达的错误。二是，传说基辛格访华一事已被证实是真的，近期内中美关系可能发生变化。其中，第一件事在鲤鱼洲上已经传开，不再是什么新闻了，而第二件事却是鲤鱼洲上尚未传开的，如果确有其事，那么是不是意味着外交路线上会有重要的转折呢？只好拭目以待。

十四、告别鲤鱼洲

形势的变化果然比预料的要快。进入1971年8月下旬，鲤鱼洲上突然传开今年9月长江会发生特大洪水的消息，说长江水会大量倒灌鄱阳湖，湖水将猛涨，鲤鱼洲会被淹没等消息。可是我们抽空到大堤上看看水情，未发现有什么异常情况。更重要的是，没有听到让我们紧急上堤做防洪的准备，看来“长江水将大量倒灌鄱阳湖，鲤鱼洲会被淹掉”等不是准确的消息，大家惶恐不安的情绪似乎又平息下来了。

但去过指挥部的十连教职员又传来一个他们亲眼所见的情况，即那里正在收拾文件，有的打包，准备运回北京，有的就地焚烧。这又是为什么呢？难道指挥部要撤出鲤鱼洲？有人猜，指挥部可能不再设在鲤鱼洲这个荒洲上，而会迁到南昌市内，还有人猜，北大分校可能还是保留下来，但不一定放在鲤鱼洲这块洼地，又是血吸虫疫区，也许会迁到南昌市郊某地或江西省某个山区县。但有一个消息是确实无误的，这就是：凡北大教职员中，申请在外地的妻子儿女调来鲤鱼洲的，到此为止，不再接受新的申请；已申请并获批准的，赶快把户口转来，再晚就不办理转户口的手续了。这就明确地告诉大家，北京大学分校（或“五七干校”），不再继续设在鲤鱼洲了，要迁移了，但究竟迁到什么地方，还不得而知。

我和何玉春对此并不着急。调到江西省任何一个县城，也比待在鲤鱼洲好。鲤鱼洲几乎是一个与世隔绝的地方。但是，它又不是一个“世外桃源”，因为这里遥遥受北京大学校本部的领导，一切学习活动都听校本部的指挥，而校本部又在军宣队、工宣队控制之下，鲤鱼洲既不可能是“世外桃源”，又绝对不是“与世隔绝”之地。

又过了几天，连部传达了指挥部的命令，上级决定撤销北京大学江西分校（或“五七干校”），全连教职员，包括从外地调入鲤鱼洲农场的家属和子女，一律返回北京。教职员和家属分几批离开鲤鱼洲。连里接着布置了几项任务：

一项任务是：在两年来北京大学兴建的仓库、宿舍（砖房和草棚）、厨房和食堂、排灌站、电力供给设施，一律妥善维护，完整地移交给当地政府，因为这些都是国家投资的，是国家财产。

另一项任务，所有的办公用具（如办公桌、文件柜、保险柜）和生活用具（如床板、双人床、电灯泡、厨房炊具）一律装箱打包，运回北京，学校今后可能用得着。小农具和小工具，都带走。大的，如打谷机、木船、手推车、插秧机等，移交给当地政府。

这些任务都可以理解。而且在大家共同努力下，很快就完成了。

只有一项任务，大家全都不能理解，也不愿意接受。这是什么任务呢？原来大片晚稻田里早已插上了晚稻秧苗，现在已经将近一尺高了。指挥部下通知给各连，连里又命令所有教职员，不分男女，一律排成一列一列，光着脚板，下到晚稻田里，把稻秧踩到泥中，不让它们再生长。大家就问了："这些稻秧已经活了，长得不错，为什么要把它们踩到泥里，让农民来收，不也很好吗？"上面的回答是："不要让农民产生'不劳而获'的思想！"大家听了这种解释，真是啼笑皆非。但有什么办法呢？军令难违，只好在稻田里走个过场，能踩多少踩多少，也就糊弄过去了。

连里还养了牛、猪、鸡、鸭等。牛是不许宰杀的，就留给当地政府，让他们去处理。猪和鸡鸭，则分批宰杀。所以临走前10多天内，伙食大大改善。特别是教职员是分批离开鲤鱼洲的，留下的人越来越少，伙食也越来越好。肥猪肉到后来都没有人想吃了。不过大家的情绪都很好。晚上，自告奋勇参加值夜的人不少，因为附近的农村也知道了“北大的老师要回北京去啦”，夜间前来捡东西的不少，如果不是拿公家的东西（如扛走床板、剪电线、卸门窗），我们就不管了。私人丢弃的热水瓶、面盆、旧皮鞋、旧棉袄（因为这时仍是夏天）、小孩玩具，值夜的就睁只眼，闭只眼，不去过问。

在离开鲤鱼洲那一天，我填了一首《鹧鸪天》。

鹧鸪天

别鲤鱼洲

一九七一年

烟柳朦胧赣水边，
汗珠洒遍稻田间，
骄阳似火抢收日，
秋雨连绵打谷天。

离后聚，苦中甜，
共迎铁树放花年。
忽闻星夜回京去，
此刻心思却惘然。

当时我们确实不知道为什么1971年9月中旬北京方面下令北大清华两校下放在江西的教职员全部火速回京。回到北京以后才知道，原来发生了林彪事件。但这依然只是小道消息，不敢公开说，只是私下耳语传递信息。

离开鲤鱼洲，坐船先到南昌，再换乘火车回北京。到达南昌后，由北京大学驻南昌办事处为我们安排食宿。晚上，我有所感悟，写了一首七绝《赣江渡口》。

七绝

赣江渡口

一九七一年

风雨行人小木船，
江中摇晃自悠然，
一生漂泊如舟渡，
长伴春归两岸边。

正如舟渡一样，一个人在任何环境下都应当有信心，应当乐观地看待一切。艰难只不过是种磨练。经不起挫折的人，往往会控制不了自己的情绪，时而悲观失望，时而得意忘形。这样的例子在“文化大革命”中难道还少见吗？说自己什么都想开了，这也许是一种空话，一种自我安慰的做法。真的如此，那也不错了。可惜有的人，实际上没有想开。抱着这样一种想法来看待我从“监改大院”来到鲤鱼洲的经历，真的如同“长伴春归两岸边”。从“文化大革命”一开始算起，到坐上从江西南昌火车站驶往上海的快车，已经整整五年了，各种打击都承受了，但在我的一生中，这又算得了什么呢？这才是真正的想开。所有这些经历，无非是一种人生的磨练而已。

十五、我的经济观点发生变化

在鲤鱼洲上，我待了两年：1969年10月到1971年9月。我最大的收获是什么？从家庭生活的角度来看，解决了10多年的婚后两地分居问题，并且出乎原先的预料，夫妇两人又一起回北京了。从我个人思想变化的角度看，可以说，这是我经济思想转变的一个主要阶段：从计划经济体制的赞成者到计划经济体制的怀疑者的转变，正是在鲤鱼洲上实现的。

我在北京大学经济系学习时，的确是计划经济体制的赞成者、拥护者。1952年春季，我曾投稿于香港《经济导报》，发表过一篇文章《波兰经济新面貌》，全篇都是歌颂计划经济体制的，只不过是以波兰统计机构公布的数字为例而已。1988年我应张五常教授的邀请去香港大学讲学时，有一次在宴会上遇见了香港《经济导报》的总编辑，他说要派记者对我进行一次专访，我答应了。我顺便说了一句：“其实，早在1952年春天我读大学一年级时，就向《经济导报》投过稿件，还刊出了。”那位总编辑先生说："回去后我去找一找。"几天后，他派出的记者来采访了，并且把1952年我在《经济导报》刊登的那篇文章复印件给了我。我说："当时我太年轻了。"

在北京大学经济系学习时，虽然读了不少书，但赞成和拥护社会主义计划经济的观点未变。我反对或至少不同意米塞斯、哈耶克的自由市场经济学说。所以说，大学毕业时学生党支部说我思想有问题等说法，是冤枉我的。我仅仅是看不惯一些现象，发表一些个人的想法而已。我赞成计划经济体制的立场未变。

"大跃进"年代，我开始对政府采取的种种过激的措施有过怀疑。而对我刺激很大的是河南的灾情。1960年后，我曾偷偷地写下一首《踏莎行》。

踏莎行

惊闻河南信阳地区灾情严重有感

一九六〇年

雀跃千家，
欢腾万户，
前年此日敲锣鼓，
牛羊鸡鸭尽归公，
三餐粥菜同锅煮。

税赋依然，

向谁诉苦？
榆槐皮剥皆枯树，
人间行路已艰难，
天堂分外难行路。

即使出现了饿死人的惨状，但我当时认为问题主要出在干部身上，他们把党的政策歪曲了；为了自己升官，谎报瞒报，强迫命令，不顾农民死活。我没有认为是计划经济体制本身有什么问题。

参加湖北江陵县的“四清”运动和北京朝阳区高碑店公社的“四清”，我的工作是积极的、踏踏实实。我仍然认为，干部不能推卸责任，正是他们违背政策，胡作非为，才使党群关系恶化。

即使在刚到鲤鱼洲时，我看到鲤鱼洲和附近一些农村的凄凉和残破，看见逃荒的农民生活穷困，孩子骨瘦如柴，我仍坚持认为这是政策出了问题。我没有提到体制的高度来分析这些现象。在1970年我填的一首《蝶恋花》中，反映了我那时的想法。

蝶恋花
鲤鱼洲至滁槎途中
一九七〇年

薄雾滩前湖岸浅，

不见渔舟，
只见南飞雁。
漫漫荻花遮住眼，
云低更觉青山远。

小路那边枯叶遍，
乱草危墙，
破落农家院。
政策如风时刻变，
向谁细诉村民怨？

经过反复思考，从我离开鲤鱼洲时起，我已经感觉到，中国农村的贫困、中国经济的低效率和落后，不是干部的不称职或强迫命令作风的问题，也不是政策多变或政策决定者个人判断失误的问题，而是更具有根本性的体制问题。在长期的计划经济体制之下，经济中的动力被扼杀了，人民任何要求变革的主动性、积极性被压制了，计划经济体制的统治同领导人个人说了算的体制紧密地结合在一起，成为中国经济发展的最大绊脚石。

我终于得出了不能再走老路的结论。老路是指苏联式的计划经济道路。我带到鲤鱼洲来的书籍不多，只有少数几本社会科学的书，其中有一本是美国经济史学者罗斯托的《经济成长阶段》（国际关系研究所编译室译，商务印书馆，1962年出版），另一本是《美国历史协会主席演说集（1949—1960年）》（何新等译，商务印书馆，1963年出版）。

罗斯托在这本著作中提出了起飞理论，就是一个国家是如何从传统社会转变为现代工业社会的。当时的译者把“起飞”一词译为“发动”。罗斯托的一个中心思想是：要实现现代工业社会，除了需要有较高的投资率以外，还需要有一个中间的企业家阶层，以及一种精神力量、一种创业创新的信念。英国、美国、法国、德国都是这样完成“起飞”任务的。而苏联则不然，它的工业化走的是一条特殊的道路，它是以强制剥夺国内农民的方式实现了非正常方式的积累，以牺牲效率（同时也牺牲了公平）为代价取得了工业化的进展，但却使经济活力下降，经济进一步发展受到阻碍。

我并不同意罗斯托关于经济成长阶段的理论，但在当时的情况下，我仍然认为罗斯托对苏联工业化的做法和给国民经济造成的问题的分析是可供参考的。所以我得出了中国不能走苏联那样的工业化道路的判断。这就是我离开鲤鱼洲时已经形成的观点。

《美国历史协会主席演说集（1949—1960年）》一书也是我带到鲤鱼洲来的少数社会科学书籍中时常翻阅的一本。我喜欢读的是这样三篇演说：一是李的《历史学家的社会责任》，二是莫里逊的《一个历史学家的信仰》，三是哥特肖克的《一个处于困境中的历史教授》。这三位都是1949年以后历届美国历史协会的主席，也都是著名的历史学教授。这三篇演说之所以吸引我，同演说的主题有关。我从北京大学经济系毕业以后留校工作，所从事的研究是外国经济史，后来教课时所教的课程是外国近代经济史，因此我感到上述三篇演说使我得到了不少启示。此外我还联想到经济学家不也应当考虑自己的社会责任和自己的信念吗？一个处于困境中的经济学家应当如何自处呢？比如说，既然我已经察觉到苏联式的工业化道路不能再走下去，那就应继续在这个问题上进行探索。我想，这是鲤鱼洲归来之后可以做到的。加之，这时由于对苏联制度的批判已经转为“批判苏修社会帝国主义”了，各种有关苏联经济的材料已越来越多，所以对苏联经济体制的分析是有条件越来越深入的。也许这就是在现实情况下可以实现的研究任务。

十六、何时重返故地？

自从1972年离开后，可惜我始终抽不出时间再去一次鲤鱼洲。2006年，我带领全国政协经济委员会的调研组到赣南调研，去了信丰、安远、赣州、井冈山等地，最后回到南昌。在南昌，本想借此机会去一次鲤鱼洲，但北京来电，通知我们速回北京，全国政协有个会议要我参加，又未能了却回鲤鱼洲看看的心愿。

在南昌的招待所中，我留下了一首《南歌子》。

南歌子

重到南昌，忆鲤鱼洲

二〇〇六年

眼底湖天阔，
心随碧水流，
至今犹记那年秋，
芦叶枯黄雨过冷飕飕。

往事诗中叙，
汀洲梦里游，
愁痕尚在小篷舟，
纵已模糊回味几时休。

词中最后一句“纵已模糊回味几时休”，这是实际情况。往事，随着岁月的流逝，记忆会逐渐模糊，慢慢消失。而回味却是无穷无尽的。只要有人从江西南昌来，对我谈起鲤鱼洲的变化，就会使我想起那一段已经逐渐淡去的经历。

（摘自《厉以宁回忆录》手抄本，未公开发表）

效率、道德调节和社会和谐

一、效率的双重基础

我们经常谈效率，效率其实有两个基础，第一个基础是物质技术基础，包括现有的厂房设备，也包括劳动力，等等。效率的第二个基础就是道德基础。如果仅仅有物质技术基础，只能产生常规效率，而超常规效率来自何处？来自效率的道德基础。我们可以举几个例子来说明。

比如抗日战争期间，为什么国民有那么大的热情和积极性，有那么高的工作效率？就是因为效率的道德基础起了作用。没有这种道德基础的话，不可能发挥这么高的效率。

又如特大自然灾害来临的时候，大地震、大洪水，等等，在这种情况下，为什么全国都有那么高昂的抗震救灾精神？也是因为效率的道德基础起了作用。

再比如，为什么移民社会的效率非常高？闯关东，从清朝中期以后一直到民国时期，山东人闯东北。那种凝聚力，那种开发精神，都是前所未有的，这就是道德力量的作用。同样，山西人走西口，广东人、福建人闯南洋，也都是依靠道德力量发挥作用，它把整个家庭家族都凝聚在一起了。我们到福建龙岩参观土楼，土楼是客家人南下以后在那里居住的，土楼都很大，有方的，有圆的，有些是上百户在里面住。外面有土墙，放火烧，土越烧越硬，包围也不怕，别人也打不进来，客家人靠的就是家族凝聚力。我参观以后很有感慨，临走时让我题词，我想了想，写了七个字："人情道德一楼中。"土楼反映了一种道德关系，客家人在当初的蛮荒之地扎下根来，最终从这里走向全世界，这也是道德力量起了作用。

二、道德调节

我们的社会有三种调节方式。市场调节是第一种调节，靠一只无形的手来支配资源的配置。政府调节是第二种调节，靠政策、法规、法律起调节作用，这是一只有形的手。道德力量调节是第三种调节。

既是无形却有形，既是有形又无形。有形的力量是乡规民约，无形的力量就是自律，二者都是道德力量的调节。难道第三种调节真的存在吗？当然。市场不过是几千年以前才出现的，原始社会解体时，部落之间出现了商品交换，于是就有了市场调节。政府的调节就更晚了。但人类社会存在的历史，少说有几万年了吧，更远一些据说有十万年。在这漫长的岁月中，既没有市场，也没有政府。但人类社会存活下来了，而且一直在前进，是什么力量在调节？是道德力量在调节。

即使有了市场以后，有了政府以后，在偏远的地方，政府力量是达不到的，市场力量也到不了，但是这种地方仍然有人居住，为什么？这就是道德力量在发挥调节作用。社会生活是个大领域。社会生活领域中，交易行为只是一小部分，很大一部分都属于非交易领域，如家庭关系、家族关系、社交关系、街坊邻居关系，等等。非交易领域中，社会生活靠什么运转？市场的力量进不去，因为这不是市场活动。政府调节只规定了界限，社会生活不能违背法律，违背法律我就管你，不违背法律我就不管你。比如说，家庭关系，政府不管，但发生家庭暴力，政府要管，因为超过了法律的界限。但是多数场合还是在道德力量调节之中。

中国古代有句话："小乱居城，大乱居乡。"小乱，乡下人往城里跑，因为城有城墙，有兵把守，所以乡下人投亲靠友到城里来。大乱居乡，大乱的时候人往乡下跑，为什么？因为城市是兵家必争之地，包围、断粮、断水、火攻、水淹，破城以后还大开杀戒，所以人们都怕了，跑得越偏僻越好。市场当时是瘫痪的，起不了作用，政府是无能的，在战乱期间管不了那么多。但人类存活下来了，就是靠道德力量起作用。这些都告诉我们，道德调节是存在的。

现在深化改革遇到阻力了，阻力在哪里？我在全国政协会上答记者问的时候提了两条。

第一，利益集团的干扰。这一点大家都清楚了。

第二，就是制度惯性的存在。制度惯性在经济学里面又叫路径依赖，就是说习惯了老办法，适应了老一套，所以人们不想变，也不准备变。

下面，我再补充两条。

第三，要有完善的、独立的市场主体。没有完善的市场主体，市场化改革是难以推进的。我们正在通过国有企业的改革，通过民营企业的转型，来逐渐使市场主体完善化。

第四，就是信用体系的建立，也就是道德力量的作用。道德力量的调节是重要的，在没有市场调节，也没有政府调节的时候，它是唯一的调节。有了市场以后，必须要有完善的道德力量的调节，要有有效的道德力量，这样，市场才能更好地起作用。人一定要讲信用，一个没有信用的社会是不可能建立市场经济的。

三、信念和信心

19世纪末、20世纪初，德国著名的经济学家、社会学家和历史学家马克斯·韦伯，写了很多书，包括经济学的、社会学的、哲学的。最著名的代表作是《新教伦理与资本主义精神》，这本书当时轰动了德国全社会。他解释了一个问题，为什么资本主义在十六七世纪的时候在荷兰和英国产生。因为大家知道，最早的资本主义的萌芽都在地中海沿岸，如意大利，意大利经济很繁荣，但意大利没有最早发展成资本主义。

古代中国经济也很发达，但是中国也没有走上资本主义道路。那为什么荷兰和英国最早建立资本主义制度呢？我们用唯物主义史观来解释，我们讲物质生产是最重要的，我们用生产力跟生产关系等来解释。韦伯是用宗教伦理观念来解释。中世纪的意大利是天主教社会，天主教的伦理观念是这样的，人是上帝的仆人，人都是有罪的，人怎么赎罪，两条途径你选择。一条途径：进修道院当修女、当神父，把终身奉献给上帝。第二条路，如果去不了修道院，就把钱捐献给教会，让教会帮着做好事，也就可以赎自己的罪了。所以当时的天主教会还发明了一种赎罪券，买多少赎罪券，自己的罪就会少多少，等等。这两条路现在看来都不能发展经济。人都不结婚，都进修道院去念经了，经济怎么发展？人把钱都捐给教会了，这也不能发展经济。所以天主教不能促进经济向前发展，意大利也不可能最早发展成资本主义市场。

韦伯认为，拿古代中国来说，中国以三种宗教为主。

第一种宗教，就是外来的佛教。佛教在观念上教导人：这一辈子做好事，下一辈子就会过好生活；这一辈子做坏事，下辈子变猪、变狗、变羊、变马。所以人们把希望都寄托在虚无缥缈的来世。这当然很不现实，讲究轮回不能使经济发展。

中国的第二种宗教是土生土长的道教。道教分上下两支，上支的道教追求享乐主义，比如王公贵族追求长生不老、炼丹，等等，追求享乐。下支的道教讲究平均主义。东汉末年黄巾起义就是道教徒的起义。五斗米道，出五斗米就入道了，大家有福同享，有难同当了。这是平均主义思想，所以这也不能使经济进一步发展。

第三种宗教，其实并不是宗教，而是我们所说的儒家思想。有时我们也称儒教。儒教就是要忠君，要做一个清官，帮助皇帝治理天下，这种思想也不能使经济进一步发展。

韦伯认为，荷兰和英国之所以能发展资本主义，因为当时实现了宗教革命，基督教分成新教和旧教，旧教就是天主教，新教有新的伦理和资本主义精神。新教的伦理是这样的：人是上帝的仆人，人都是有罪的，人怎么赎自己的罪呢？勤奋工作、积累财富、创造事业，因为是以上帝的名义在创造事业，事业做得越大，在上帝面前完成的任务就越好。正是这样一种精神，促进了资本主义发展。

第二次世界大战结束以后，全世界出现了韦伯热。韦伯已经去世多年了，为什么会掀起韦伯热？西方国家从韦伯的书里得到了启发，那就是必须要有一种创业精神。尤其是战败的德国，德国人认为，如果没有创业精神，就不可能再起来了，所以就拼命地干，韦伯讲的就是这样一种思想。

改革开放以后，中国有一阵子也出现了韦伯热。一个重要的原因是，必须有一种动力，一种竞争力。没有信念，没有精神，是不行的。信念需要精神力量。中国曾经落后那么多年，现在时机到了。改革开放以后，大家就应该贯穿这种精神，没有信念，没有信心，中国经济不可能起飞。

四、最大的红利是社会和谐红利

我们谈过很多红利，比如有资源红利，旧的资源红利消失了，但科学进步导致新的资源红利不断出现。旧的人口红利也会慢慢消失，因为廉价劳动力时代过去了，这个时候就要加强教育，培养新的人口红利。发展方式的红利很重要，改变发展方式就产生了新的红利。但是所有这些红利都不是最大的，最大的红利是社会和谐红利。

在其他发展中国家，以及一些西方资本主义国家，论资源红利，他们可以有新的；论人口红利，他们也可以有新的；论发展方式的转变，他们同样可以有新的红利，他们的发展也可能走在中国前面。但社会制度的和谐红利，他们不可能有，因为我们的社会制度决定了我们会产生这个红利。这就表明，我们不仅要重视资源红利、人口红利和发展方式红利，更应当创造社会和谐红利。而社会和谐红利要依靠信用体系建设，要使人成为有道德、有信念、有信仰的个体。这样，社会就有动力了。社会和谐红利要靠我们去创造。

有人问我，怎么来理解市场在资源配置中起决定性作用？这就跟人的素质有关系，假如人都是讲信用的、有信念的，这就能够建成，否则就建不成。

混合经济所有制在于投资主体的多元化，要真正实行法人治理结构，健全混合所有制，我们还需要做很多工作。比如员工持股制。员工持股制实际上在探索一条走向社会和谐的路。因为从经济学理论上来讲，财富、利润是人力资本和物质资本共同创造的，既然是共同创造的，为什么利润被物质资本的投入者占有，而人力资本投入者却没有？最重要的是实现产权激励制度，让那些发明者、管理者，一切做出贡献的人，都能够在自己创造利润的过程中得到一部分的股权。

比尔·盖茨、乔布斯不是他们个人多么聪明，而是公司培养了一支研究团队。正是研究团队充分发挥作用，公司才不断发展。他们用什么力量调动这个团队呢？靠的就是产权激励制度。这就告诉我们，在进一步探索混合所有制经济的过程中，要不断试点，不断总结经验，最后实现社会和谐红利，这是我们最大的红利。

（本文为作者在第五届紫光阁论坛上的发言，原载《紫光阁》杂志2014年第5期）

《论信托》一书的序言

提起信托时，人们首先想到的是舶来品，是西方已经发展成熟的事物，后来传进国内的。其次，人们会以为这是一种金融手段，而且是主要为机构或者高收入目标人群服务的金融手段。所以，当新中国成立后第一家信托公司，也就是荣毅仁先生在1979年创立“中国国际信托投资公司”时，许多人还不知道他们是干什么的，和普通百姓有多大关系。似乎这个改革开放后兴起的名词离人们的生活很远，解释起来也费工夫。当时连在这个领域工作的人，认识都比较迷茫，不知道信托在中国的前景是什么样子。

事实上，信托既不是舶来品，也不只是金融手段，而是一种古老的人际关系和生产关系。信托离我们很近，它存在于人类社会各个领域，在不同的人类关系中一直发挥着作用，也在不同的社会发展阶段中有不间断的创新。这是《论信托》一书给人带来的强烈信息。这本书在信托这个古老命题和普通人认知之间建立了一座桥梁，以通俗易懂的方式解释信托的理念，阐述信托的精神，同时还列举了古今中外许多例子作为佐证。

1997年，当时我还在全国人大常委会工作，任第八届全国人大常委、全国人大法律委员会副主任委员，我为朱善利教授等主编的《中国信托投资业的地位及其发展方向》[①]一书作序，并在序言中呼吁国内立法者加快《信托法》制定，至今已经10多年过去了。这一段时间内最重要的变化就是随着划时代的《信托法》的出台，信托业经过几次整顿重新获得了新生，并且迅速成长为中国金融业中不可或缺的重要力量，也越来越为更多的人所熟悉。

信托是市场式的，其产生源自于受托人和委托人也就是供求双方各自的需求，和商品对市场关系一样，没有需求就没有信托。但是信托和商品不同，它开始反映的是自然形成的人际关系，以后这种关系逐渐发展成生产关系，还带有浓厚的法律色彩，以至于到目前，无论从社会哪个角度看，都会发现这种关系的存在。

信托是自愿式的，是一种心甘情愿的、无怨无悔的，即使委托人托付的是自己的整个身家，那也是他发自内心的行为。所以信托行为不应该是指令性的、强制性的。无论利他式信托，比如那些在西方已经很成熟、在我国正在蓬勃发展的公益性信托，还

① 朱善利、王韬光、朱妍兰主编：《中国信托投资业的地位及其发展方向》，经济科学出版社，1997年版，序言。

是利己式信托，或者利他利己混合式信托，都是个人发自内心决定的。

信托是契约式的，它是双方甚至多方经过通盘考虑、深思熟虑之后所做出的决定，一旦达成信托协议就要严格履行，每条规定应该有落实，不能反悔。为此，双方信守协议是信托关系的关键。信托的不可逆性就像是一条不能倒流的河，即使是口头约定，也得忠实地执行直到结束。否则，就只能诉诸司法，但是即使是判决也得遵循事先的信托约定。从这个意义上讲，信托源于自然需求，却可能落实于法律约束。

信托及其在近代西方国家表现出财富转移安排的有效性，都值得研究。这是既符合中国现实又具有人类共识的一种安排，它既有人际关系的层面，又有生产关系的层面，还有法律关系的层面。

我们知道股份制分离了所有权和管理权，尽管股份所有者被剥离了管理权，但他的收益可能更好，可能获得收益最大化。而信托这种方式不仅分离了所有权和管理权，还分离了所有权和受益权、分离了管理权和受益权，在这三方面的权利中划定了边界，使三方的权利和义务相互独立，互不干扰。这样，委托人的意愿得到了充分的体现，受托人的能力得到了充分的发挥，受益人的利益获得了最大化，这是一种三赢的安排。

难得的是，《论信托》一书的作者都来自金融行业第一线，他们不仅从事着信托业的具体工作，还能静下心来研究理论问题。看来社会应该关注信托，高等院校应该增加信托方面知识的讲授，立法机构和行业协会也应该加强对信托立法方面的研究。比如，在美国有十几个关于信用制度的法律，而在中国这方面几乎是个空白。中国的经济建设已经获得了长足的发展，理论研究和法制建设也应该得到相应的提高。

希望本书的出版能推动中国信托业的进一步发展。

（为蒲坚、张继胜、车耳、周萍、周勤等著《论信托》一书撰写的序言，中信出版集团，2014年4月版）

中国道路与混合所有制经济

一、支持并鼓励混合所有制经济的建立和发展是中国社会主义经济理论重大创新

长期以来，在社会主义经济理论中存在着简单的两分法，即非公即私，非国有即私有，非国营即民营的划分。这样，就把处于两端之间的中间地带忽视了。经济实际上是多元的。就以两分法所提到的公有制和私有制这两端来说，其实无论是公有领域还是私有领域都存在着不同类型的公有经济或私有经济，不宜笼统而言。而在公有和私有之间的中间地带，同样存着不同类型的混合所有制经济。这是客观存在，不容我们忽视。

混合所有制这个名词，在1997年召开的中共第十五次代表大会时的官方文件就已出现。中共十六届三中全会通过的《中共中央关于完善社会主义市场经济体制若干问题的决定》对混合所有制经济有明确的论述，强调要大力发展国有资本、集体资本和非

公有资本等参股的混合所有制经济，实现投资主体的多元化，使股份制成为公有制的主要实现形式。这些论述是以往社会主义经济理论中所没有的。

2013年中共十八届三中全会的决定，对社会主义经济理论中有关混合所有制经济的地位、性质和作用做出了更加明确的表述，即把发展混合所有制经济作为我国基本经济制度的重要实现形式，既鼓励国有经济走向混合所有制经济，又鼓励非公有经济走向混合所有制经济。具体的做法将体现于改革之中，使国有资本和民间资本都能因参与混合所有制经济的建立和发展而增加活力，提高效率，增加收益，从而切切实实地使中国经济登上新的台阶。

从这个意义上说，中共十八届三中全会有关建立和发展混合所有制经济的决定确实是中国特色社会主义经济理论的重大理论创新。

二、建立和发展混合所有制经济的理论基础

首先从经济学中有关效率概念的发展谈起。

在经济学中，生产效率一直是人们关注的重点。生产效率指的是投入产出之间的关系。有投入，才有产出。如果投入减少，产出能维持原状，或者，如果产出增加，而投入能维持原状，都表明生产效率提高了。因此，人们关注生产效率的提高或下降，

是合理的，生产效率是必须重视的。但自从20世纪30年代以后，尤其是第二次世界大战结束以后，经济学中出现了第二种效率概念，即资源配置效率。

资源配置效率是指：如果投入为既定，以A方式配置资源，能有N产出，而以B方式配置资源，则有N+l产出，那就表明资源配置效率提高了；如果以C方式配置资源，有N+2产出，那就说明资源配置效率又提高了。因此，资源配置效率实际上比生产效率更重要。生产效率主要是从微观经济的角度进行分析。一个企业、一个生产单位无疑需要走技术创新和加强管理之路，以便不断提高生产效率。但从社会的角度、从宏观经济的角度进行分析，资源配置效率的提高无疑更为重要。关键在于：只有从宏观经济的层面把资本盘活，使资源配置得更合理、更有效，资源配置效率才能不断上升。重视生产效率，是对的。但如果忽视资源配置效率，物不能尽其用，人不能尽其才，土地不能尽其利，货币不能畅其流，那就谈不上经济运行是有效的。这是因为，资源配置效率低下，实际上是资源的最大闲置与最大浪费。

三、建立和发展混合所有制经济的现实意义

就当前中国经济体制改革和经济发展而言，没有比提高资源配置效率更为迫切的了。

为什么中共十八届三中全会的决定中强调市场调节在资源配

置中起决定性作用？这正是为了大幅度减少政府对资源的直接配置，充分发挥市场的调节作用，大大提高市场在资源配置中的作用。因此，政府和市场的界限就显得十分重要。政府做自己该做的事情，而且一定要做好。市场做自己可以做的事情，也应该做好。凡是政府可以做、市场也可以做的事情，只要市场愿意做，就交给市场去做。政府只做市场做不了或做不好的事情，如公共产品（国防、司法、治安、义务教育、社会保障等）的提供、地区收入差距的缩小、个人收入分配的协调、公益性重大工程的建设、稀缺资源的开发和分配、宏观经济调控，等等。

政府干预市场对资源的配置，或政府未把自己该做的事情做好，都有损于资源配置效率的提高，这是力求避免的。

1.为了消除各方阻力，必须确定市场调节在资源配置中的决定性作用

需要指出的是，即使市场调节在资源配置中起决定性作用的方针已定，并不等于在实现这一方针时不会遇到较大的阻力。要消除的阻力主要来自以下四个方面。

一是消除利益集团的干扰。

利益集团已存在多年，具体表现于它们在特定的行业或地区形成了行业垄断或区域垄断，从而获取特殊利益。一旦贯彻市场调节在资源配置中的决定性作用，利益集团的行业垄断或区域垄断行为或迟或早会被打破，所以它们会阻挠市场化改革的推进，即使认识到市场化改革已是大势所近，不可阻挡，但总感到能拖延多久就拖延多久。

二是消除制度惯性的作用。

在经济学中，制度惯性，又称“路径依赖”。这是指：一个人或一群人在旧制度下生活久了，在旧道路上走惯了，觉得自己已经适应了，不想改，不愿改，并未感到旧制度和旧生活方式有何不妥。甚至还认为，一切按旧的方式行事，是最安全、最保险的行为，这样，改革遭到的无形阻力就会大大增加。

三是独立市场主体大量存在。

市场要想充分发挥资源配置中的决定性作用，要有大量独立的市场主体，它们的产权清晰，自主经营，自负投资的盈亏，能够认真考虑投资的可行性和未来的经济效益，而不受行政部门的指使或干扰。就中国现阶段的国有企业而论，如果在体制上没有实质性的改革，很难符合和适应市场化的要求。大多数民营企业也与国有企业相似，同样受到行政部门的干扰，有待行政部门审批的环节太多，即使目前已经有所减少，但距离目标模式还有一定距离。

四是加强信用体系的建设。

市场建设中不能置信用体系于不顾，这是世界上许多已经工业化、市场化的国家的普遍经验。社会必须讲诚信，包括企业、个人、社会团体，也包括政府在内。要打击违法、违信的企业、个人，等等。社会失去了诚信，市场秩序就乱了，市场预期也就紊乱不堪。西方谚语说：“他骗了所有的人，最后他发现，他被所有的人骗了。”那么，怎样建立诚信社会呢？一靠法律法规，二靠道德建设，而道德建设中包括每个人、每个企事业单位的自律。尽管信用体系的建设非一朝一夕之功，但必须从现在起，全社会应当把信用体系建设和道德建设放在重要的位置上。

2. 有利于盘活资本，将国有资源开发和使用列入规划，纳入中国经济建设中

基于上述分析，转入第二个问题的讨论，即为什么中共十八届三中全会的决定中强调建立和发展混合所有制经济的必要性？前文已经谈到提高资源配置效率的重要意义。据保守估计，目前的国有资本存量约有若干万亿人民币，如果把尚未资本化的国有资源（如土地资源、森林资源、矿产资源、水力资源、海洋资源、风力资源、太阳能资源）计算进去，那么国家资源也有若干万亿人民币之多。资本不用，资源闲置，都是损失。资本低效率使用、资源不断浪费，不断流失，同样是损失。由此可见，提高国有资本、国有资源的资源配置效率的迫切性与重要性了。也就是说，不仅要把国有资本盘活，让国有资本有效地发挥作用，也要把国有资源的开发和使用列入规划之中，使它们参加中国经济的建设，发挥其应有的作用。

在这里，建立独立的、完善的市场主体起着至关紧要的作用，而建立和发展混合所有制经济正是建立独立的、完善的市场主体的不可忽略的一步。

四、建立和发展混合所有制经济的途径

中共十八届三中全会把混合所有制经济作为我国基本经济制度的重要实现形式，这表明对建立和发展混合所有制经济极为重视。建立和发展混合所有制经济的途径很多，但基本上可以归纳为以下四个途径：

1.鼓励现有的国有企业走向混合所有制

鼓励现有的国有企业走向混合所有制，包括容许非国有资本参股国有企业，使国有企业由全资国有转为多种所有制合营。

2.鼓励发展非公有资本控股或参股的混合所有制企业

在鼓励发展非公有资本控股或参股的混合所有制企业方面，应采取自愿原则，即民营企业或民间资本是否参股于国有企业，是否愿意同国有资本共建一个混合所有制企业，完全听其自愿，不采取硬性规定，不摊派，不强制。

3.加强员工持股的规范化

无论是国有企业还是民营企业，是否愿意实行员工持股制，由它们自行决定。在政府政策许可的情况下，员工持股制的实行应当规范化，这样才能避免出现种种后遗症。

4.界定不同行业的国有企业功能，以及针对不同行业特点提出改革措施

比如说，以城市供电、供水、供气、公共交通、垃圾处理、廉租房建设和管理等保障民生为目标的公益性国有企业，国有资本可以控股，但也可以发行一定比例的股票，供民间投资购买。

这样，可以促进这类企业在提供公共品方面发挥更大作用。又如，石油、天然气、电信、供电系统、公共交通、稀有金属开采与分配等具有自然垄断性的行业，仍需国家控股，但这不排除国有企业股权设置的多元化，也不影响规范地实行员工持股制（包括产权激励制）。在这里，需要说明的是：国有资本的实力不在于资本存量本身，而在于国有资本的控制力大小。如果某家国有企业的资本存量是1000亿元，百分之百由国家控股，那么国有资本的控制力仅仅是1000亿元。如果国家以50%的股权可以控股，那么国有资本的控制力将是2000亿元。如果在股权分散的条件下，国家以25%的股权就可以相对控股，那么国有资本的控制力将增加到4000亿元。可见，资本的控制力比资本存量更能说明问题。

五、建立和发展混合所有制经济的五大好处

通过以上分析，可以清楚地了解到，建立和发展混合所有制经济至少有下列五个好处：

1. 把国有资本盘活了，通过国有资本的合理配置、有效配置，资源配置效率将大大提高，有利于经济的持续增长。

2. 建立适合市场调节在资源配置中起决定性作用的机制，减少行政部门对资源配置的干预，切实做到政企分开、政资分开；在完善的法人治理结构充分发挥作用的前提下，经营管理水平将

不断提高。

3. 有利于各种所有制取长补短，发挥各种所有制的机制的长处，参与市场竞争，企业的活力将增加。

4. 通过员工持股制的推行，有利于调动员工的积极性，包括产权激励制度实行后对高管、高级技术人员的积极性的提高。

5. 市场调节的作用将在不断资产重组的过程中显现出来。资产重组是生产力发展的新起点。混合所有制经济的效率也正是在不断的资产重组过程中涌现出来的。市场调节下的资产重组活动将把每一个企业、包括混合所有制企业推到前沿，不进即退，不进即停，每一个企业在市场和资产重组的压力下，都将求实创新，增加收益。这样，中国未来的企业界必然是生机勃勃的市场主体的组合。

六、澄清关于混合所有制经济的偏颇认识

关于混合所有制经济，社会上讨论很多，最近笔者在某些省市做了一些调查，发现对混合所有制经济存在或多或少的误解，所以感到有澄清的必要。

1. 投资主体多元化是否等同于混合所有制企业的建成?

有些人认为，到目前为止，许多国有企业已经改制成为股份有限公司或有限责任公司了，股份制改革在这些国有企业中已经实现了，有些国有企业甚至已经成为上市公司，它们或在内地上

市，或在香港上市，或在国外上市。这表明混合所有制经济的建立和发展已经取得了巨大成就，今后基本上沿着现在的路子走下去，就可以了。

这种说法是不准确的，甚至是错误的。要知道，建立混合所有制企业，绝不是简单的投资主体多元化问题。一家国有企业要成为名副其实的混合所有制企业，关键在于建立完善的法人治理结构，形成现代企业制度。投资主体多元化只是最初的一步，这一步必须跨出，但这与建立完善法人治理结构并不是一回事，比如，完善的法人治理结构包括股东会、董事会、监事会、总经理聘任制和任期制等制度的依法产生，并依法发挥各自的职能。试问，国有企业改为股份制企业或上市公司后，股东会开过没有？股东会是否按时召开，行使权力？董事会是如何产生的，董事长是上级行政管理部门委派的，还是股东会选出来的？监事会是否存在？是否起作用？总经理一职是否由上级行政管理部门委派的？如果这些问题根本没有解决，那就不符合现代企业制度的基本要求。因此，要让国有企业成为现代企业式的混合所有制企业，一定要有完善的法人治理结构，这才是实质所在。怎么能认为照现在的国有企业股份制的路子走下去，就可以建立混合所有制经济呢？

2. 国有资本减持是否等同于国有企业实力的减弱？

还有人说，现在国有经济、国有资本已经退到不能再退的地步了，再退就要越过底线了。

这种说法也是一种误解、误导。前面已经指出，国有资本的实力不在于国有资本的存量，而在于国有资本的控制力。也就是说，在一些现阶段仍有必要由国有资本控股的行业和企业，在股权相当分散的条件下，国有股减持到相对控股的程度，实际上意味着国有资本的控制力增大了。这并不会影响国家控股经济在经济中的地位。

再说，在一些竞争性的行业和企业中，国家是不是一定要控股是可以讨论的。如果说在这些行业和企业中，国家已经控股了，甚至已经绝对控股了，为什么不能减持国有股呢？减持国有股并不是国有股的消失或流失，而恰恰是国有资本重新组合的一个步骤，国有资本减持后可以被用于其他方面，包括投资到高新科技产业、新兴产业，从而提高国有资本的资源配置效率。

进一步说，在某些经营不善、管理不善而亏损累累的国家控股的企业中，如果不采取国有股减持或让民间资本参股、甚至控股，使这些企业继续亏损下去，直到破产清理，将使国有资本蒙受更大损失。从这个意义上说，采取国有股减持或让民间资本参股、甚至控股的做法，是拯救国有资本、使国有资本得以新生的途径，而不能认为是国有资本的消失或流失之路。

最后应当说清楚的是：国有资本的底线在哪里？什么叫作国有企业已无退路了？这是需要澄清的大问题。的确，现有的国有企业和国有资本控股的企业，是多年以来国家投资和企业积累而辛辛苦苦创办和发展而形成的。然而处于当前市场激烈竞争的形势下，不融资、不筹资，不转亏为盈，不增加新的资本，不改善经营管理，怎样才能使竞争性行业的国有企业、国家控股企业走出困境？人们并不是没有想过办法。但经验表明，通过国有股的减持，吸收民间资本参股，包括欢迎民营企业前来控股，不失为一种可行的做法。因此，竞争性行业的混合所有制经济的发展，不仅不是国有企业的灾难，而正是国有企业、国有控股企业的新生之路。

还有人说，“这又是一场国退民进的活动”，这种看法也是不准确的。“民进”是对的，“国退”却不符合实际，因为我们的视线并不死死盯着某一个竞争性行业中的具体企业，而是以国有经济的资源配置效率提高为着眼点，这样看来，从宏观经济的角度分析，应当是“国进”而不是“国退”，应当是“国进民也进”，而不是“国退民进”。把国有资本的减持看成是“国退”，显然不正确。

3. 国有资本减持、国有企业重组是否等同于国有资产私有化?

国有企业改制为混合所有制企业的过程中，或国有股减持的过程中，不能忽视在缺乏监督的条件下，有可能成为不法分子攫取国有资产的机会，结果会形成国有资本的大流失，使国家遭受严重损失。这是必须关注的。

再说，上述说法并不是没有道理。比如，有些人以苏联和某些东欧国家在20世纪90年代的改制转型过程中国有资产的私有化为例，认为不能不严禁这种廉价出售国有资产或容许某些有权势的国企负责人把国有资产化为个人私有的行为。这的确值得我们警惕。

但是，难道因为苏联和某些东欧国家发生过这些情形，我们就不允许国有资本的减持和国有企业的重组吗？难道因此就不再考虑建立和发展混合所有制经济吗？当然不应如此。从中国的实际出发，我们该如何推进改革，应按中央的决定和部署施行。我们该如何建立和发展混合所有制经济，该如何防范国有资产的流失，如何杜绝私人对国有资产的侵吞，一切必须按法律法规、规章制度执行，这是必须遵循的原则。

规范、有序、公开，这六个字是每一个主管国有资产和国有资本的机构和每一个从事国有资产和国有资本工作的人员务必牢记的。不规范、不公开，不仅以后会发生各种后遗症，而且会导致国有资产和国有资本的流失，包括使国有资产落入私人腰包。有序进行，是指成熟一个，改革一个，切不可一哄而起，表面上轰轰烈烈，但弊端丛生，后患无穷。

七、民营企业或民间资本参股、控股混合所有制企业应遵循的原则和努力方向

民营企业或民间资本参股，甚至控股混合所有制企业将遇到一些问题，如何解决？

1. 应遵循自愿原则

当前，民营企业和民间有资本是否愿意参股于国有企业的资产重组或改制为混合所有制企业的活动，首先应当遵循自愿原

则，即不摊派，也不强制。但问题并非仅限于此。在国有企业与民营企业家座谈如何建立混合所有制经济时，不少民营企业家担心，在国有企业控股的情况下，民营企业一旦参股进去了，很可能等于把钱白白送给了国有企业，受到名为混合所有制企业，实际上仍然是国家控股企业的摆布，重大决策都由国有资本决定。那么，如果民营企业投入的资本数额多，成为民营企业控股的企业，会不会发生上述状况呢？民营企业仍然很不放心。他们说，国家控股企业本身做不了主，它们受上级行政部门控制，只要行政部门说了算，这不是同样置参股，甚至控股的民营企业于附庸的地位吗？可见，民营企业家、民间投资者的上述担心不是没有道理的，所以必须遵守自愿原则。

2.努力方向

怎样解除在民营企业、民间资本参股，甚至控股混合所有制企业过程中产生的顾虑呢？至少应当从以下三个方向着手：

一是加快国有资本体制的改革。

国有资本体制的改革分两个层次。第一层次是国有资本配置体制的改革，以资源配置效率的升降作为主要考核指标，即国资委不再具体管辖一个个国资企业，而只管国有资本的运作。为此，在国资委下面设立国有投资基金公司体系，包括按行业划分的若干个国有投资基金公司。无论是行业性的国有投资基金公司还是综合性的国有投资基金公司，都不直接管辖国有企业，包括国有控股企业，以及有国有投资的混合所有制企业，而只负责国有投资的增增减减，进进出出。其目标是用活、盘活国有资本，以提高国有资本的资源配置效率。

二是要加快国有企业管理体制的改革。

国有资本体制改革的第二层次应是国有企业管理体制改革。这里所说的国有企业，既包括因行业特殊而保留的国有独资企业，也包括国有控股企业，还包括有国有投资在内的混合所有制企业。所有这些企业都应当把完善法人治理结构放在首位，即建立股东会、董事会、监事会和总经理聘任制、任期制、责任制的体制，并使它们充分发挥作用。不管民营企业是参股于上述国有企业，还是对上述国有企业进行控股，也不管上述国有控股企业是否已成为民营企业控股企业，一律按法律、法规、规章制度办事，国有投资基金公司只管资本的进出和增减，而不干预企业的运作。这样，在上述企业中，国有资本的投资方和民间资本的投资方一律处于平等的地位，企业在法人治理结构充分发挥作用的前提下，成为自行决策、自主经营的市场主体。

三是国有股减持、退出、转让过程的规范化与公开化。

在混合所有制企业建立过程中，尤其是在国有股减持、退出、转让的过程中，一定要规范化，一定要公开化。对于国有资产的评估，一定要经过严格的审计。如果在改制过程中漏掉了必不可少的环节，或模模糊糊，将来会成为后患。国有企业负责人为什么对于组建混合所有制企业有顾虑，因为他们害怕以后说不清楚，若干年后再翻出来追究，被扣上诸如“侵吞国有资产”“贱卖国有资产”“受贿”“中饱私囊”等罪名，所以往往处于“被动”状态而不热心混合所有制企业的筹划和国有股减持、转让等工作。民营企业家同样如此，他们担心以后会被指责“行贿”“对国有资产巧取豪夺”，从而使“化公为私”“内外勾结，变国有资产为私有”等罪名一股脑儿加到自己头上。所以必须规范化、公开化、有序化，这样就可以证明他们一切按照法律法规和规章制度办事，以示清白。

由此看来，上述三个问题的妥善解决在民营企业和民间资本参股，甚至控股混合所有制企业的过程中是十分必要的。说得更确切些，这是民营企业和民间企业在建立有国有资本参与的混合所有制企业的过程中不可回避的重大问题。

八、民营企业在混合所有制经济建立和发展过程中将向现代企业转型

中国现阶段的民营企业家，大体上由三部分人构成。

1. 从个体工商户、小业主逐年积累而形成的一批民营企业家。他们改革开放以后最早在市场中摸爬滚打而挣得一份家业并由此扩大生产经营规模，成为民营企业创办人、合伙人。

2. 因乡镇企业改制而兴起的一批农民企业家。其中不少人就是当初的社队企业（后改为乡镇企业）的负责人或骨干。他们有能力，有市场意识，并有创业远见。他们在发展市场方面是有贡献的。因为当时，他们所在企业的产品需要自找市场，自谋销路。他们带着样品和订单，走遍城乡，在共同努力下，一个处于

计划经济体制之外的乡镇企业市场终于形成了，大一统的计划经济体制终于被打破了。以后，随着乡镇企业的转型、改制，乡镇企业的产权明细化并落实到个人，这些当初的乡镇企业的负责人和骨干也就转化为民营企业家。

3. 所谓“九二派”。也就是1992年邓小平南方谈话以后，从体制内转到体制外，自行创业，逐渐发展壮大，而陆续成为企业界人士。当然，“九二派”是一个笼统的说法，实际上20世纪80年代内就已经有不少从体制内转到体制外的先行者了。他们之中有不少人曾经在政府机构和国有企业中担任过干部，有高等学历，又有实际部门工作的经验，并且熟悉体制内经济和管理的操作。特别是，由于他们对国外的经济状况了解较多，对世界科技进步的趋势有较深刻的认识，所以，他们无论在科技界、工商界、金融界还是在新兴产业方面都有较大的潜力，于是他们一旦由体制内转到体制外，很快就在民营企业界占据优势，创办的民营企业也居于上风。他们在素质上的优势是小业主出身的民营企业家和乡镇企业负责人出身的企业家远远不及的。

以上三类不同背景不同经历的民营企业家中，第一类民营企业家不易摆脱小业主意识，他们依然把小业主阶段的创业经验牢记在心，从而形成浓厚的家族中心观念，即使认为有必要采用股份制形式，但实质上仍然是家庭成员持股制，坚持“肥水不流外人田”。

第二类民营企业家的背景和经历中，乡镇企业的经营理念和管理理念依然牢固存在。与第一类民营企业家比较接近的是：他们也形成了家庭中心的观念，所以即使采取股份制形式，家庭成员持股制也仍是基本的。如果一定要找出第一类民营企业家和第二类民营企业家之间的差异的话，也许可以这样认为，即出身于乡镇企业的民营企业家，除了家庭中心的观念以外，可能还带有乡土观念，这是指：当初走向民营企业的过程中，可能有好几个家庭都曾是乡镇企业中的创业者，他们既是同村的好友，又是创业时的伙伴，现在企业做大了，于是形成了几个家庭共同主持已经壮大的民营企业，分庭抗礼，势力不相上下。这样一来，反而会出现一种意想不到的后果，即如果遇到困难，或遇到影响本企业发展前景的大事，几个不同家庭的代表会坐在一起商量对策，这就与单纯由小业主成长起来的民营企业不一样了，因为在那里只有家长一个人拍板做主，家长是权威，一言九鼎，大家都得服从他。虽然家长有经验，但经验可能是财富，也可能是包袱。而由乡镇企业演变而成的民营企业，如果不是以一个家庭为中心，而是有几个家庭共同主持，所有可以采取的重大决策由会议讨论，共同通过决策，这就比一个家族拍板，一位家长说话算数要前进了一步。当然，这也不否认另一种可能性存在，即当几个家族的代表各有看法，难以形成统一意见时，这家民营企业可能由此分裂，结果形成两家或多家民营企业。

第三类民营企业家与前面提到的两类民营企业家相比的最大特点是，他们有高学历，懂科技，了解世界经济和产业的发展趋势，再加上他们有从体制内转向体制外的经验，一心想把自己创办的民营企业转型为现代企业。在许多人的眼中，他们是新型的民营企业家，他们是中共十一届三中全会决定的坚定拥护者，他们不仅同意市场调节在资源配置中起决定性作用的决议，而且也同意加快建立和发展混合所有制经济。他们对法制建设重要性的认识同样是深刻的。在法制不健全的条件下，他们一般不会轻易参股于国有企业。只有在法制健全，而且有法必依、违法必究的情况下，才会把投资于混合所有制企业作为自己的发展途径。

同样，我们还可以设想，今后会有越来越多的以私人小企业为背景起家的民营企业，以及更多以乡镇企业为背景发展起来的民营企业，会从家庭制企业走向混合所有制企业。在这方面，一是要有信心，因为走向现代企业制度是大势所趋，但家庭企业仍会继续存是无疑的；二是要有耐心，对家庭企业的转型改制要等待一个时期，因为这些家庭在实践中将会逐渐体会到现代企业制度对企业的发展肯定更适合、更有利。

九、企业员工持股制的理论基础、基本形式及我国的实施步骤

在调查混合所有制经济现状的过程中，我们发现与企业员工持股制有关的一些误解。

1. 调研中发现的对于员工持股制的误解

一是，把员工持股制的好处着重放在短期效益上。比如说，

认为员工持股后，企业一上市，股值一增，马上可以抛售，就可以稳赚一笔钱。

二是，有人认为实行员工持股后等于增加了福利，员工人人有份，这跟企业工作是否改进没有什么关系。个人有了股票，既可以分红，急需钱时还可以卖掉，这不是员工福利是什么？

三是，有人认为，既然员工持股是一种福利，那就应当“旱涝保收”。怎样才能做到“旱涝保收”呢？有人建议采用“股票兼债券”的形式，也就是说，在企业赚钱时，持股的员工可以按股分红；在企业赔钱时，持股的员工等于持有企业债券，按固定的利率领取利息。

四是，认为在实施员工持股制以后，可以在企业中设立一个组织，叫职工持股会，影响企业的决策，通过有利于员工的各种决议，这样，员工的发言权就增加了，员工对企业决策的影响力也就增大了。

以上这些认识实际上都不准确。不能把员工持股制视为一种单纯的员工福利措施，也不能把员工的短期利益放在主要位置，更不能采取所谓“旱涝保收”的做法，破坏员工持股制的规范化。至于职工持股会之类的组织应符合企业的规章制度，保证企业法人治理结构的作用的发挥而不要形成对企业法人治理结构的干扰。

2. 推行员工持股制的理论基础

首先需要从经济理论上说清楚为什么要推行员工持股制。

经济学界都承认人力资本投入的意义，认为财富和利润归根到底是物质资本投入者和人力资本投入者共同创造的。只有物质资本的投入而没有人力资本的投入，不可能创造出财富和利润；同样的道理，只有人力资本的投入而没有物质资本的投入，也不可能创造出财富和利润。既然如此，那么在利润分配问题上便产生一个疑点，这就是：为什么利润只分给物质资本的投入者，而人力资本的投入者只能领取成本中的工资部分作为自己的报酬？这公平吗？这合理吗？

于是就出现了“共享经济学说”。简单地说，这里所说的“共享经济”实际上就是“共享利润”，即物质资本投入者和人力资本投入者分享企业的利润，也就是说，人力资本投入者不仅仍然从成本中领取自己的工资，还应当分享利润的一部分。至于人力资本投入者应当分享利润的多大比例，要从行业的性质和人力资本在该行业或该企业创造利润中的作用大小再定。所以，员工持股制的实行是有经济理论的依据的。

3. 实施员工持股制的基本形式

根据国内外的实践，员工持股制大体上有四种基本形式：

一是产权激励制度。

这主要适应于企业高层管理人员、高层技术开发人员以及其他被认为做出重大贡献的人员。产权激励制度的最大好处是调动这些人的积极性，并留住人才，防止他们被其他企业挖走。至于产权激励以何种方式实施，则由企业根据情况而定。从西方发达国家某些大型企业实施产权激励制度的经验来看，成效是显著的。但在国内一些城市的调查表明，民营企业在实行产权激励制度方面还较顺利，而国有独资企业、国家控股企业在实行产权激励制度方面却受限制过多，以至于很难实行。因此在这方面，首要的问题依然是行政部门松绑与否，行政部门需要进一步解放思想，提高对产权激励制度的意义和作用的认识。

二是普惠性质的员工持股制。

普惠性质的员工持股制是指，凡是本企业的员工都可以成为企业的持股人。好处是“没有功劳有苦劳”。凡在这个企业工作已满一定的年限，不分职务，也不分等级，人人有份，这种形式有利于增加员工的凝聚力，调动员工的积极性，提高员工的责任感。由于这样的员工持股制具有普惠性质，所以在企业内部可以减少基层员工与高管人员之间的隔阂。在实施过程中，对于高管人员、高层技术开发人员，以及其他被认为做出重大贡献的人员所实行的产权激励制，如果在实施普惠性质的员工持股制以前就已经实施了，那么，二者可以并存而不必并轨。如果产权激励制度尚未实施，也可以同普惠性质的员工持股制合并实施，既可以“一制双轨”，也可以“两制并存”。无论是“一制两轨”还是“两制并存”，都应当向全体员工说明，普惠性质的员工持股按进入企业工作的员工身份持股，产权激励制以员工为企业做出的贡献大小作为持股的依据，即使是普通员工，只要为企业做出重大贡献也可以享有产权激励的资格而持股。

三是发行新股中规定一定比例的员工股，鼓励员工认购。

无论是混合所有制企业、民营企业还是国家控股企业，在发展过程中，由于筹资增资的需要，准备发行新股，在新股中规定一定的比例划分为员工股，鼓励员工认购。但这不是强制性的，员工可以按自愿原则，量力而行，也可以不买新股。应该认识到这不是非法筹资，而是已纳入企业的增资扩股规划之中；这也不是一种短期集资的做法，要规定一定的年限“冻结”，未到可以转让的年限，不能“解冻”，即不能转售，但可以按股分红。期满后，愿转让的可以转让，愿继续持股的可以继续持股。这是一种调动民间资本进入实体经济的做法，并不违背员工持股制的本意。至于企业增资扩股的过程中，每个员工可以认股的上限是多少，则根据企业具体情况而定。

四是在国有企业或国有控股公司下由群众集资建立子公司。

在国有企业、国家控股企业之下，由群众集资建立一个集体经济、合作经济性质的子公司。这曾经是20世纪90年代初期和中期曾经采取过的一种旨在缓解当时社会失业压力的做法，它被称作“国有企业下面的集体所有制企业”。后来，这种类型的集体所有制企业逐渐不再存在了，有的同国有企业、国家控股企业脱钩而独立了，有的因经营不善而停办了，有的又转为私人承包经营了。其实，这是一种很有启发性的改革措施，但当时没有明确的混合所有制或员工持股制的概念和改革思路，也没有认真总结经验，以至于大多数不了了之。现在回想起来，这种做法是可以从不规范转向规范化的，可以让“国有企业下面的集体所有制”成为混合所有制经济的试点，企业向独立的、完善的市场主体转变。

4.在原有“国有企业下的集体所有制”实践基础上进行混合所制经济试点的实施步骤

将原来的“国有企业下的集体所有制”从不规范转向规范化，作为混合所有制经济的试点，具体说来，可以采取以下的步骤：

第一步，应当有一套着眼于中长期发展的规划。

应当有一套着眼于中长期发展的规划，包括所要建立的子企业的性质、资本多少、主营业务（最好能与母企业的主营业务配套，或者是为一线企业提供零部件，或者是为母企业服务的）、企业将来的规模多大、所需劳动力和厂房从何而来，以及近期的盈亏估算，等等。这样，建立子企业就会心中有数。

第二步，在母企业帮助之下建立子企业。

母企业提供一部分资本，以入股的方式投入，现金，也包括厂房、设备、原材料，均可折股。母企业也可以派出一些有经验的管理人员、营销人员、技术人员到正在创始阶段的子企业协助工作和指导。如果他们愿意今后留在子企业，就尊重他们的意愿，否则在一定时间以后返回母企业工作。

第三步，为新创办的子公司融资、筹资。

子企业不要采用“集体所有制”形式，因为这个概念是不清晰的，而应该采用混合所有制形式。母企业的现金投入和厂房、设备、原材料投入都折成母企业持有的股份，但持股比例应低于50%，最好在20%～30%左右，其余的资本或者来自母企业员工的自愿参股，或来自子企业新招收的员工的自愿参股，也可以来自其他民营企业的自愿参股。这样的股权结构是比较合理的。所有的投资方中，没有一方拥有绝对的控股权，但可以形成几方投资者相对控股的均衡状态，这将有利于子企业今后法人治理结构的运作。要知道，股权过于分散，全是小股东，容易导致企业偏重短期行为而忽略中长期发展。

第四步，混合所有制企业正常运转。

资本、技术、管理体系和营销渠道都具备以后，一个混合所有制企业就可以正常运转了。

这尽管是20世纪90年代已经用过的老办法，但经过上述各个步骤，旧形式已具有新内容，而且是规范化的新形式。笔者在一些省市考察时，听到的反映是：在国家企业、国家控股企业改制转型的过程中，为了减轻就业压力，不妨一试。

总之，中国特色的混合所有制经济之路，是我们自己走出来的。包括体制转型、发展转型在内的中国双重转型之路，不正是一步步通过探索、试验、总结推广而闯过来的吗？

（原载《中国市场》2014年6月）

从北京到延安，青春的梦想与回忆

——《北京知青与延安丛书》笔谈

《北京知青与延安丛书》由延安市委《北京知青与延安丛书》编委会主编，中央编译出版社出版，已出两卷。第一卷《苦乐年华：我的知青岁月》，第二卷《黄土蕴情：我的精神家园》。当我收到样书后，很快就读了一遍。那是一个特殊的年代，当大批北京知青奔赴延安插队的时候，1969年北京大学教职员工1000多人乘火车南下，到江西南昌县鄱阳湖边的鲤鱼洲，在茫茫一片的湖畔荒土上开始了开荒种地的生活。我们在那里整整劳动了两年，早稻收割完毕，立即抢收晚稻，晚稻刚收割完毕，又开始了修筑大坝，建设公路，挖渠引水，准备春耕。对于当时赴延安，赴北大荒，赴云南、四川、甘肃、宁夏等地下乡插队的知青的艰苦劳动，我是完全能体会的。到江西鲤鱼洲劳动时，我39岁，大学毕业已经14年了，但在农场劳动分配农活过程中，我们这些40岁左右的教师仍被当作青壮劳动力对待。这段日子至今未能忘却。

隔了两年，我们回到北京。知青下乡仍然在继续下去。我的女儿北大附中毕业后，分配到北京昌平区马池口公社西坨大队插队劳动。我的侄女，有的到北京南口插队，有的到北京温泉插队。她们全都有过这段经历。

“知青”作为一种特殊年代的特殊身份，早已进入历史档案。知识青年上山下乡作为一场席卷全国的运动，也早已落下帷幕。但“知青”作为那一代人共有的一种称呼，却反映了共和国所走过的艰难历程。据统计，从20世纪60年代末到70年代初，从北京来到延安插队的知青就有28,000多人，年龄小的才十五六岁，年龄大的也不过20岁左右。如果从全国范围来考虑，大概有1700万名“知青”。他们下乡插队或进入各个生产建设兵团时，都记住了一句话：“农村是一个广阔天地，在那里是可以大有作为的。”这句话后来被概括为八个字：“广阔天地，大有作为。”这曾经激励过无数青年报效祖国的宏愿与梦想。但为什么会有这么多年轻人走到全国各地的农村中去？这不可能是自发的行动，而只能看成是一种政策的安排。

上山下乡的知青们对当时的经济形势不会有深刻的了解，他们顶多只能从家长的谈话中知道国民经济的下滑，工厂的停产，不少地方仍在武斗。但他们所得到的印象是支离破碎的。经济学家中，有谁敢直言“文革”以来社会历年积累下来的就业压力越来越大，就业形势越来越严重？然而中央政府却不能不为就业问题而担心。组织“知青”下乡，一举三得：一是大大缓解了社会就业状况，因为到农村插队落户，或者到生产建设兵团劳动，都等于就业了；二是当时的农村确实需要年轻的劳动者，每一个村增加几十名知识青年参加劳动，是可以安排的；特别是山区，增加一批年轻的劳动者，可以垦荒、修路、植树造林，有的是活，不愁安排不了；三是对于这一批年轻人来说，这也是懂得中国国情的一次再教育机会。

然而，一旦一大批“知青”在艰苦的农村待久了以后，他们的思想、情绪、格调都发生了显著的变化。这是我同后来上了北京大学的“知青”们接触时所感受到的。据这些“知青”反映，他们刚上山下乡时，尽管嘴上常说“广阔天地，大有作为”这八个字，但心里还是多少有些埋怨的，特别是他们常常提到，为什么某某同学不下乡，在城里安排工作了，而我们却到农村来了？为什么某某同学即使下了乡，却被照顾性安排到某个条件较好的村，而我们却分到了条件最差的村里，整天上山修路？整天背大石头？牢骚不少，但很自然。

我曾经问过他们：以后怎么样？他们说：“越是穷山沟里，当地的农民越朴实，我们跟他们接触后，受感染了。”他们还说：那时人人在想，这样的日子什么时候到头啊？什么时候可以回城啊？但周围一看，当时农村中的老老少少，一年到头都在这穷山沟里待着，只想靠自己的劳动能有碗饭吃，从没有想过“什么时候可以回城”之类的问题。再看一些同我们年龄相差不大的农村小伙子、小姑娘，他们中有一些人几乎从来没有进过城，也不知道城里是什么样子，同这些真正的山沟沟里的年轻人相比，我们有这种或那种牢骚、抱怨，不感到羞愧吗？只是到了这个阶段，“知青”才从心里开始融入当地社会。

下乡“知青”们渐渐地像变了一个人似的，同当地的农民越来越亲，越来越把这里当成自己的家。他们和当地的农民，其中有老人，有中年人，还有年轻人，逐步打成一片，他们真正融入了当地社会。他们在山间地头同农民们一起叙家常，一起谈论把穷山沟改造成新农村的畅想。问他们：“还想不想家呢？”回答是：“没有时间想，只想到眼前的农村要变化，不变不行，哪有闲工夫去想家呢？”问他们：“有什么打算？”回答是：“加把劲，把穷山沟改造好，这就是我们现在的愿望。”

说上山下乡的几年是自己一生中最有意义的几年，这句话一点也不假。这是“知青”们的心里话。他们变了，他们不再像刚来时那样娇气、文弱，那样自视甚高，那样不合群。他们融入了当地社会。有些“知青”当上了村干部、乡干部，有些“知青”被调去办社队企业了，有些“知青”经过培训成为赤脚医生，还有些“知青”做了小学或初中教师，辛勤地教课，批改学生作业。他们像变了一个人似的。这就是环境的力量。环境在无声无息地改变一个人，重新塑造一个人。

1977年恢复高考，一大批“知青”离开了插队的农村，但他们忘不了培育了自己的黄土地、黑土地。又隔了一年左右，“知青”下乡的政策停止施行。“知青”们的上山下乡运动给当年的国家缓解了就业压力，这已是经济学家们的共识，但这只是“知青”就业问题的一个缓冲，因为就业问题只是拖延了解决的时间，而没有真正得到缓解。“知青”们于1979年大量回城，各地政府用了三年左右的时间才使就业问题在新的政策措施影响下真正得到缓解，新的政策措施包括：鼓励私营和个体创办企业；在国有企业的大框架下建立集体企业，以吸纳新就业者；大力发展乡镇企业，容许乡镇企业自筹资金、自主购买机器设备、自找商品销路，以增加就业，等等。其中，乡镇企业的发展起的作用尤为重要，因为除了吸纳一部分人就业而外，还创造了一个“计划外的乡镇企业商品市场”，从而初步打破了“计划经济体制的一统天下”。

20世纪80年代，我在沿海几个省份考察时，碰见了一批私营企业的创业者（当时还没有“民营企业”这样的称谓）。在火车上、长途汽车上同他们闲聊，原来他们曾经是“知青”，从农村回来后，办起了私营企业，有的当时还挂靠在“集体企业”的体制下。大浪淘沙，潮落潮升，又隔了这么多年，我想其中肯定有些“知青”已成为名闻一方的民营企业家了。

这场涉及人数多达1700万人的“知青”上山下乡运动，虽然早已结束，但给今天的中国社会经济带来了巨大的影响。“知青”们都有过自己的青春年华，有过自己年轻时的愿望和梦想，有过自己的不平凡的经历。相隔45年了，那些“知青”如果当年16岁的话，今年已经61岁了。他们也许还能从自己的相册中找到当初的留影，一幅幅风华正茂、勃勃英姿的老照片给了他们多少欣喜，多少留恋，多少回忆。但他们仍会有当初的气概：“我曾经把自己的青春献给了祖国的农村、山区和边疆。”

读一读《北京知青与延安丛书》吧！丛书前两卷的作者，都是当初下放到延安农村的北京“知青”。他们的文章，不但记载了农村生活中的酸甜苦辣，而且描述了他们的思想转变过程。用纪实文学的语言来概括，可以说由此还原了历史的现场，把那个年代大多数年份中国农村的凋敝，特别是造成农村贫穷的症结在不经意的回忆中展示在我们的面前。那是一个城乡从体制上截然被分割开的时代，二元户口制度之下产生了“盲流”这样的群体，产生了穷山沟里的“黑户”。他们冬天不敢走出窑洞，因为身上只有一件单衣。“知青”们在执行驱赶“黑户”任务的过程中，真是感慨万千。《苦乐年华：我的知青岁月》中有一篇《断黑户》的文章，最感人的情节是：这位“知青”在驱赶“黑户”时，看到那一家人没有足以御寒的衣裳，悄悄地将自己身上的八尺布票、三斤棉花票和五元钱塞到这一家“黑户”手中。这是一种人性的温暖，是真诚的同情心。不是身历其境的“知青”，能写出这样动人的回忆录吗？幸运的是，通过改革开放，城乡二元体制改革终于启动了，逐步推进了。今天再也看不到20世纪六七十年代那种拖儿带女，流窜于深沟大山之间的惨剧了。

尽管“知青”们的上山下乡已成为往事，但他们不仅亲身参与了当年的艰苦劳动，而且还留下了精神财富：写不尽的往事追忆。全国共有1700万名“知青”，东到松花江和黑龙江交汇处，南到海南的椰林橡胶林，西到新疆的边防线，北到大兴安岭的国有林场，全国哪一个地方没有“知青”的足迹？如果全国有更多的知青回忆录出版，那该多好！我想，在实现中华民族伟大复兴的中国梦的征程中，有更多的励志之作问世，必定能激发出更加强大的精神正能量。

（原载《光明日报》2014年8月12日书评版）

经济低碳化的理论和实践

一、经济低碳化的背景和内涵

（一）环境保护和治理观念的转变

关于环境保护问题，应当从1972年罗马俱乐部发表的《增长的极限》报告谈起。在报告中，首次对工业化进行反思，认为环境污染会给人类社会带来威胁。

1992年，在巴西召开的联合国环境与发展大会首次提出“可持续发展”的理念。与此同时，联合国政府间谈判委员会就气候变化问题达成《联合国气候变化框架公约》，明确提出要减少二氧化碳排放，把控制大气中温室气体浓度上升作为国际社会共同的义务和责任。从此，经济低碳化逐渐成为各国政府的共识。

这意味环境保护和治理理念发生实质性的转变。过去，人们认为废水、废气、废渣不能有毒，有毒不能排放。现在，二氧化碳本身没有毒，但它的排放影响气候，影响未来，所以要减排。

（二）经济低碳化战略的背景

经济低碳化作为一种战略之所以被各国政府接受，因为这关系到人类社会的命运。如果全球气候逐渐变暖，南极北极冰山融化，海水上升，许多岛国会被淹没，会影响岛国和某些国家沿海居民的生存。气候变暖，可能造成病毒滋生，世界又将从另一个角度遭受浩劫。此外，还可能引发其他难以预测的后果。

因此，经济低碳化成为各个政府都要奉行的一个大战略，各国都有责任减排。这是任何国家都无法置身事外的共同义务。2009年八国集团峰会提出“到2050年使全球温室气体排放量至少减少50%”的目标，这意味着经济低碳化的时代已经来临。

（三）经济低碳化的内涵

经济低碳化实际上包含两方面的内容，一是低排放，二是经济可持续发展。只强调其中任何一个方面，都是片面的。

低排放是指：社会活动全过程，从生产到消费都应当实现低碳化。

经济可持续增长是指：在实行经济低碳化的同时，经济仍应当保持增长的态势，不能使经济增长停止下来，更不能以零增长或负增长作为低排放的代价。

换言之，要懂得经济低碳化的要点在于：寓经济低碳化于经济持续增长之中。

（四）经济低碳化的决策

中国必须走经济低碳化之路。要知道，中国作为一个发展中国家，在经济发展的过程中，经济高碳问题是严重的。从1990—2010年，中国温室气体及二氧化碳排放量逐年上升。而且从2010年起，无论是碳排放总量还是人均碳排放量都在上升。2010年，中国二氧化碳排放量占世界第一，二氧化碳当量占世界二氧化碳排放量的26.8%。中国逐渐认识到经济低碳化的必要性和迫切性。2010年，第十一届全国人民代表大会第三次会议强调要建设以低碳排放为特征的产业体系和消费模式。2012年，中共十八大报告中指出，中国应"着力推进绿色发展、循环发展、低碳发展"。这是"低碳发展"概念首次写入中国党代会的报告。

中共十八大以来，习近平同志一再号召要打造生态文明，建设美丽中国，其中就包含了要实现节能减排和污染防治的决心。2013年5月24日，中共中央政治局进行第六次集体学习，主题就是大力推进生态文明建设。习近平同志在会上强调，生态环境保护是功在当代、利在千秋的事业，要清醒认识加强生态文明建设的重要性和必要性；建设生态文明，关系人民福祉，关系民族未来。

二、绿色增长和绿色GDP

（一）绿色增长

经济低碳化是同绿色增长相适应的。如上所述，经济低碳化包含了经济可持续增长的内容，而只有绿色增长才符合经济持续增长的要求。

简要地说，绿色增长就是无污染的增长，无论对工业、农业、服务业来说，都应当是清洁生产，废水、废气、废渣，其中可以净化的部分，成为可再利用的，就利用。垃圾回收利用，也是绿色增长的内容。

关于废品回收、垃圾回收，有一个经济学概念需要弄清楚。物资回收人员，称为收破烂的，这种看法是不对的。物资回收同生产部门没有两样。他们这些人，同生产工人一样，都在创造财富。不妨设想一下，如果没有废纸的回收，全国一年要多砍多少树才能满足日益增长的需求？如果没有破铜烂铁的回收，全国一年要进口多少金属，才能满足对金属的需求？

（二）绿色GDP

在绿色增长的环境中，GDP也就是绿色的。我们需要的GDP应当是绿色的GDP。

如果生产过程中排放的是未经过净化处理的污水、废气、废渣，一旦排放出去，还需要进行再处理，再回收，再排放。于是在计算真正的GDP时，需要扣除环境治理的所花费的人力、财力、物力。这些费用要从GDP中扣除掉，余下的才是真正的GDP。不治理环境，不弥补环境破坏过程中居民或周边企业所遭受的损失（如纺织业企业、食品企业的收益肯定受到影响），这样计算出来的GDP就不符合实际。

因此，绿色GDP概念是我们必须具备的。可惜这个问题迄今为止还未引起重视。我们在20世纪90年代到湖南一个县考察，当地铬污染严重，井下水打出来烧水喝，不用放茶叶，都是绿色的，谁敢喝？有的工人和农民，两个鼻孔变成了一个，一查病因，是铬中毒，不治理环境，行吗！

（三）低碳产业结构

产业结构合适与否，关系到绿色增长和绿色GDP能否实现。中国现阶段尚未完成产业结构调整，低碳产业结构依然是尚待完成的目标。

一个关键问题是中国低碳技术创新严重不足：

1. 缺乏低碳技术创新主体。主体是谁？市政府还是企业？应当是自主经营的企业，政府使其规范化，并起引领、扶持作用。

2. 知识产权制度还不健全。在法制建国思想指引下，知识产权保护已日益受到重视，否则动力不足。

3. 低碳科研和技术人才严重不足，低碳经济的管理人才同样严重不足。要加快培养。

4. 低碳经济和研究的工作需要有适宜的制度条件。这将在改革中实现。

我们经常谈“红利”，其实，所有的红利都是潜在的，要发现它，挖掘它，使红利变为现实。低碳社会的红利，是具体的。环境清洁了，身体健康了，疾病减少了，社会和谐了，这都是红利！

（四）低碳结构调整和产业升级

低碳结构调整实际上包含以下三项内容：

1. 关停一批高碳排放、污染大的工厂。要多渠道解决下岗工人的安排。

2. 在新建企业中采用低碳技术，是一个必要的条件。要牢牢把好这个关。

3. 现有企业中如果其产品的使用能导致高碳排放的，应停产，其他产品仍可生产。

此外，应根据国内实际情况，促进产业升级，降低碳排放，这是产业升级的普遍要求。这样，就能够把产业升级同低碳化结合在一起。

一定要懂得结构比GDP总量更重要。在日本东京、大阪两个城市考察，中国大使馆一位参赞陪同我们。他说，这两个城市这几年规模没有变化，但走进居民家庭，设备全改了，是智能设备，低碳化设备，包括厨房、卧室、卫生间的。可见，在低碳设备制造业和产品的推广使用方面，我们与日本还有差距。

三、农、牧、林、渔业的低碳化

（一）走向农业低碳化

农业低碳化是农业生产模式的转换，即从高能耗、高污染、高排放、低效益的农业生产模式转变为低能耗、低污染、低排放、高效益的农业生产模式。

至今，我国农业碳排放居高不下，达8000万吨。

走向低碳化的具体措施有：①减少化肥投入；②规模经营；③农业废弃物转化为生产资料，如秸秆；④加大农业基础工程投入；⑤充分利用土地，如稻田养鸭，稻田养鱼养蟹。

农村土地确权以后的好处：①农民安心种地；②家庭农场；③土地流转，高效利用；④农民合作社；⑤农业企业下乡，资本下乡，技术下乡。因此，中国农业的低碳化是可以实现的。

（二）走向牧业和草业的低碳化

牧业和草业是密切结合的。只分析牧业而忽视草业，很容易忽略低碳化的实现。

先谈牧业。当前的问题在于：①牧业废弃物排放促进碳排放量上升；②牧业排放废弃物污染水源，人畜饮水困难；③牧业排放废弃物污染土壤，使土壤状况恶化。对策：①对牧业废弃物做无害处理，产生沼气，成为牧区新能源；②振兴牧业饲料工业，改善饲料质量；③改善草质。

因此草业是大有发展前途的。推广耐寒、节水、低碳排放的草种，进而提高牧业的效益。同时，为城市绿化提供新草源，特别是固碳、节水的草种。高尔夫球场的草，要符合节水、防病虫害、多年生的要求。

中国草地面积占世界第二位。培植新草种，有前途。除了有利于牧业，有利于城市草地发展，还可出口。据估计，中国天然草地年固碳量约为6亿吨，占全国年碳排放量的一半。

（三）走向集体林业和国有林业低碳化

分两部分阐述我国正在进行的林权制度改革。

先谈集体林权。这是迟到的改革。大约从20世纪90年代后期在福建、江西等省试点，2008年中共中央和国务院下文，在全国范围内推广林权承包制。有三个突破：①承包期70年不变；②林权落实到户，发林权证，使承包户放心；③林地可以抵押，可以转让。这样，林地就活了，林下经济也就发展了。这是林业低碳化的一大成就。

再看国有林业的改革。这方面的改革正在试验阶段。据黑龙江省的调查，大体上有三种经验：①辟为国家森林公园、保护区；②工业企业（包括森林工业公司等）承包制；③一场两制，即原有林场之下，分为两种体制，即国有林场直接管理的林地和国有林场职工家庭承包的国有林地，职工在承包地可以发展林下经济。

（四）走向渔业的低碳化

关于海洋渔业，一切按照政府部门的禁渔和开禁的规定，避免短期行为，保护渔业资源。关于陆地的湖泊和大江大河，如果政府部门已经有禁渔和开禁规定的，也严格按照规定执行。

关于农业的水塘实行承包制的，按承包制的内容执行。

总之，渔业的低碳化不要忽略。只有按政府的规定管理，或者按承包制的规定去做，才能够保护水资源，防止鱼类被过度捕捞。

在农业、牧业、林业、渔业领域内，低碳化过程中有许多工作要做。特别是农业、草业、林业的固碳功能很大，如能充分发挥出来，对全国经济的低碳化能起更大的作用。

四、低碳技术创新和能源低碳化

（一）没有技术创新就不可能实现经济低碳化

然而，低碳化过程中的技术创新始终是最重要的。在中国，要实现经济的低碳化，绝不能离开低碳的技术创新。

学术界把低碳的技术创新分为三类：

1. 能源替代技术——以非化石燃料代替化石燃料，低碳排放化石燃料代替高碳排放的化石燃料。

2. 节能技术——通过技术进步，节能减排。

3. 碳隔离技术——通过物理和生物的固碳技术，以减少二氧化碳的排放量。

中国目前所走的就是这些低碳化的技术创新之路。

（二）能源低碳化

这涉及现阶段中国能源消费现状必须逐渐改变。其根据有三点：

1. 中国目前能源消费量过大，既污染环境，又依赖于能源进口。

2. 中国目前的能源使用结构不合理，一直以化石能源为主，化石能源占我国能源结构的92.7%，其中，煤炭占68.7%，石油占21.2%。这严重影响我国经济的可持续发展，也意味着我国能源低碳化工作的艰巨。

3. 我国新能源开发的潜力是很大的，但投资不足，研究开发力量不足。如果国家不制定优惠政策，新能源开发很可能缺少动力，企业不愿从事。

（三）能源政策调整

为了解决中国能源结构的不合理状况，必须调整现在的能源政策，其中最主要的是两项：

第一，高污染、高碳排放、破坏资源的企业，应停产的停产，能重组的重组；

第二，对于新能源的生产厂家，以及改用新能源的生产厂家，都应有优惠政策。这种优惠政策可以体现于税收方面，也可以体现于信贷方面，还可以体现于支持这方面的人才培养、职工培训上。对知识产权的保护应落实到企业。

（四）新能源开发

从工业化开始时算起，人类使用的能源已经历了两次大转型。第一次是从工业化起，从木材转向煤炭（当时英国已木材短缺，不得不到北欧去买木材造船）。蒸汽机发明后，深坑采煤排水才有可能。还有，从矿坑向外运煤技术。第二次转型是20世纪初，由煤炭转向石油，归功于汽车和飞机的使用。

目前正处于第三次转型，由石油转为可再生能源、清洁能源。包括核能、太阳能、风能、潮汐能、生物能、可燃冰等。

这里特别需要提到的是核能。核电站不排出二氧化碳等污染物，温室气体排放量也很少。相对于水能、风能、太阳能，核电的发电效率既高又稳定，而且不需要国家补贴。据2006年统计，法国核电占全国发电量的78.5%，瑞士占55.6%，瑞典占46.7%，德国占31%。2010年，日本占30.8%。而2012年，中国核发电量只占全国总发电量的1.97%。至于核电安全问题，只要选址得当、设计完善、管理严格、环境保护到位，是可以保证安全的。

五、低碳消费方式和低碳城市生活

（一）低碳消费方式

不仅生产方式需要转向低碳化，消费方式同样要转向低碳化。这里所说的消费方式的低碳化，既适用于城市，也适用于农村。具体地说，无论城市还是农村，都需要从降低碳排放量着眼，个人生活所需要的燃料，应节省的节省，应改为新能源、清洁能源的就改。

个人饮食习惯中，有些需要改变的也应当转变。例如，有些旧风俗习惯有必要自觉改正，如以青蛙作为食物，任意捕杀，就不利于稻田防止虫害；如大量捕杀蛇类作为菜肴，也不利于生态平衡。应当推广的消费方式，一定要符合生态保护原则、低碳原则和饮食文明原则。

（二）低碳城市生活

新能源的利用始终是低碳城市生活的要求。节水、节电、节约燃料，是低碳城市生活的大事。比较各地的家庭使用燃料，高碳排放和低碳排放的环境效应是大不一样的。以对空气质量的影响来说，据调查，河北省一些农村，冬天仍保留旧式的烧炕取暖方式，但农民却不了解，这正是影响北京、天津等大城市空气质量下降的因素之一。

此外，家用汽车的数量正在不断增长，而汽车排气对空气的污染是不容忽视的。只有加快推广新能源汽车才能改变目前的状态。低碳城市生活不仅要靠居民的自觉，也要靠政策的正确引导。

（三）低碳金融

碳排放权具有金融产品特性，成功的碳排放权交易市场应有发达的金融体系作为支撑，因此低碳金融的发展对于经济低碳化具有重要意义。

低碳金融是伴随着《京都议定书》的生效而逐步产生的。

低碳金融是与碳排放相关的一切金融活动的总称。国内学术界普遍认为，低碳金融是指那些目的在于减少温室气体排放的各种金融制度安排和金融交易活动，包括：①直接投融资；②碳指标交易；③商业银行信贷。

发展低碳金融的目的，是要通过全球的碳市场的完善，促进全球经济走向低碳化，由此涉及碳排放权的交易问题。

（四）碳交易概念和碳交易潜力

2005年，欧盟建立了碳排放的交易体系，于是碳排放权成为一种新的金融产品，碳交易金融市场也就成立了。通过碳交易市场，能及时和准确地发现碳价格，传递碳排放交易的市场信息，沟通交易双方的交易意愿，降低交易成本。换言之，通过碳交易平台，可以降低企业的减排成本。

对于中国来说，碳交易对于国有林场的改革深化具有重要意义。2014年8月，我带领全国政协经济委员会调研组到黑龙江省大兴安岭国有林区和小兴安岭国有林区，同国家林业局的专家对碳交易潜力进行了考察，发现碳汇交易是很好的市场机制，纳碳放氧即碳汇储量惊人，建议加紧研究出台支持国有林区发展林业碳汇的具体政策，建立相关制度和运行机制，及早使碳汇交易的政策齐全，使计量检测机构健全，以便尽快支持大、小兴安岭林区的林业碳汇进入碳汇交易市场，包括香港碳汇交易市场。

当然，我们也应当注意到碳交易仍然存在风险。比如说，

《京都议定书》本身就存在风险。这是因为，《京都议定书》本身只是国际上遵守的碳排放协议，并不具有法律效力，任何国家都可以突然宣布退出《京都议定书》，这就是一大风险。此外，中国在《京都议定书》中属于发展中国家，但近年来国际上颇多质疑，如果中国被划为发达国家，就有可能从碳排放权的净出口国变为净进口国，这对中国各个行业会有巨大压力。所以国际间关于碳交易的争论值得大家关心。

六、中国将在经济低碳化道路上继续前进

（一）中国实现经济低碳化的优势和核心

尽管在经济低碳化过程中，我们的压力很大，解决问题不是短期内就能见成效的（如关闭一些高碳排放的企业，安排下岗者就业，以及改变城乡居民的生活习惯，等等），但制度的优势是我们最大的优势。中共十八大，十八届三中全会、四中全会的决定，使我们明确了既要深化改革，扩大开放，又要依法治国，依法行政。这就使我们增加了实现低碳化的信心。

中国经济超高速增长的日子已经过去，要适应新常态。什么是新常态？经济超高速增长带来的弊病是：①资源过度开发；②生态破坏；③低效率；④产能过剩；⑤错过了结构调整和加快技术创新的机会，其中⑤是最重要的。新常态概念的提出和实

践，中高速增长意义十分重大，值得大家都关注它，维护它。今后的改革措施：经济增长率由刚性指标改为软指标。控制失业率和通货膨胀率。宏观经济调控，重在微调、强调。切忌大起大落。

（二）公众参与和全民投入的经济低碳化

公众参与和全民投入，是经济低碳化得以实现的保证。正如前面已一再指出的，实行经济低碳化涉及生产、生活、交通运输、消费方式和消费习惯等方方面面，如果没有公众参与和全民投入，是难以完成经济低碳化目标的。

公众参与和全民投入包括两个方面，一是公众的监督作用，二是公众的自律。

如果仅有政府的规划、引领和政府的监督而缺少公众对规划的讨论、建议，没有公众的监督，经济低碳化是难以认真执行并达到目标的。公众的自律同样重要。自律是道德力量调解的反映。

（三）让更多的优秀人才投身于经济低碳化的实践中

经济低碳化是长期任务，技术创新是不间断的，它们全都没有终点。

在这个过程中，一定要有众多的人力资源投入。要让更多的优秀人才投身于经济低碳的实践中。无论从科学研究、技术进步的角度看，还是从经济管理、环境管理、低碳金融的角度来看，都需要大量优秀的人才。

从培养优秀的、高端的人才来看，当前需要从三方面着手：一是培养专业的研究生，生源可以来自不同学科，但低碳化研究是方向。二是通过国家和省部门科研项目的确定，吸引有志于环保和低碳方面的人才参与。三是举办各个领域内有关低碳化的培训班、进修班。

（四）中国在经济低碳化实践中将为世界环境的改善做出新的贡献

中国是至今世界上人口最多的国家，中国的经济低碳化实践对全世界的意义是重大的。

一方面，中国的经济低碳化对于广大发展中国家是有明显的示范效应的。不管过去的底子多么薄弱，积累的难题有多少，只要社会关注、政府有决心、民众能齐心，一定能在低碳化方面做出成绩来。

另一方面，中国的经济低碳化是在经济持续增长过程中不断有所突破，有所创新的，这是宝贵的经验。在科学技术进步的基础上，中国既保持了高速增长，又在经济低碳化方面做出了成绩，这就告诉了人们：经济低碳化的推进和经济的持续增长是可以并存的，也是可以互相促进的。一个明显的例子是中国的城镇化：老城区的工业企业外迁，新城区的新工业企业的建设采取“环保一票否决制”，农村的旧房改造和新居民区的建设都体现了经济低碳化的方针。这一例子告诉人们，中国正在“美丽中国”的建设道路上创造新的业绩。事在人为，谋事成事均在人。这就是中国的奇迹。

（2014年12月19日在“大家写小书，名师大讲堂”系列活动启动仪式暨首场报告会上的演讲）